Fonction : chef de produit marketing

Fonction : chef de produit marketing

Hubert KRATIROFF

4e édition

DUNOD

Du même auteur

Gestion de la relation client, Dalian, 2001.

Comment augmenter vos ventes par le marketing direct, Dalian, 1988.

Modèle de lettre et contrat commerciaux, Dalian 1992.

Le Marketing direct appliqué aux vins, Éditions ad'valorem, 1993.

Dix cas de stratégie marketing, méthodologie, commentaires, corrigés, Les Éditions d'Organisation, 1994.

Guide de la secrétaire assistante, Dalian, 1998.

Les Fonctions clés de l'entreprise, Stipe édition, 1999.

Encyclopédie du Marketing, Éditions ad'valorem, 1997.

Pratique des études, enquêtes, EDH, 1998.

Plus de précisions sur le site www.chefdeproduit.com

ISBN 2 10 007456 3

Remerciements

Pour les premiers livres, les remerciements sont sur le registre de la politesse, pour le dernier (en date) ils sont sur celui de la sincérité.

Donc à Virginie, Eliott et Emile.

Table des matières

Introduction

Le mensonge marketing[1]

Avez-vous déjà vu cette annonce ?

« Société, leader dans son domaine, recherche un chef de produit pour renforcer son développement. Diplômé d'une grande école de commerce, 27 ans environ, il aura au cours de plusieurs expériences réussies montré son aptitude à relever des challenges.

Sa mission :

- développer une importante gamme de produits ;
- suivre et analyser le marché ;
- former la force de vente ;
- assurer le technique ;
- contrôler les budgets ;
- coordonner les actions internationales ;
- gérer en collaboration avec les usines le lancement de nouveaux produits ;
- définir la politique commerciale.

1. Marketing : devrait être traduit par le terme officiel « mercatique ». Peu utilisé, nous lui préférerons sa version anglaise, non par goût des anglicismes, mais par pragmatisme.

La maîtrise des techniques du marketing et la pratique de l'anglais sont nécessaires, l'allemand et l'italien seraient un plus. Ses qualités personnelles de rigueur et de créativité font de lui un interlocuteur de valeur dans l'entreprise. »

Vous l'avez déjà lue, et vous y avez peut-être répondu ; pourtant elle n'existe pas. C'est une synthèse de ce que les entreprises croient être un chef de produit, c'est-à-dire un mirage.

A-t-on déjà vu homme ou femme (car elles sont de plus en plus nombreuses à réussir dans la fonction marketing) à la fois créatif et rigoureux, pragmatique et conceptuel, jeune avec une expérience réussie dans la fonction ?

C'est encore croire au miracle que d'imaginer un homme seul remplir toutes les fonctions énumérées. Les entreprises qui laissent passer de telles annonces par leurs cabinets de recrutement ont farouchement besoin de marketing, tant leur pensée est erratique dans ce domaine.

Cet ouvrage se veut la boîte à outils du chef de produit. Il a pour but de donner aux jeunes diplômés les cartes du jeu pour décrypter une fonction méconnue.

Ce livre peut aussi être utilisé avant l'entrée en école, pour documenter un projet professionnel. Les jurys sont friands de détails pratiques sur le plan de carrière que présente l'étudiant.

Pour l'étudiant confronté aux cas de marketing ou de politique générale d'entreprise, ce livre apportera les modèles de rapports à fournir.

Pour le jeune assistant chef de produit, il sera un guide pratique dans toutes les tâches dont il sera responsable. Car tous les sujets du marketing sont abordés sous l'angle de la fonction chef de produit, avec une dimension de « prêt à l'action ». C'est un ouvrage 100 % pratique et comme l'affirme un magazine économique « 100 % recyclable dans l'action ». Et pour être 100 % à jour, consultez le site : www.chefdeproduit.com.

Encore un mot sur cette quatrième édition.

Les principaux ajouts à cette troisième édition concernent le trade marketing, le category management, le CRM, la création de valeur et tous les aspects liés à internet (méthode de travail, net économie, e-business...). Rappelons tout de même que les fondamentaux du marketing ne changent pas : il y a toujours un client (mieux informé), des concurrents (plus nombreux), des outils de production (délocalisés), des agences conseils (plus chères)... et un chef de produit qui essaye, au milieu de tout cela, de créer une alchimie positive (entre satisfaction pour le client et profit pour l'entreprise), le tout avec une image négative du terme « marketing ». Cette perception négative du marketing existe depuis une dizaine d'années auprès du public, des journalistes et même des professionnels qui vivent des investissements marketing des grandes sociétés. Nous vous conseillons de substituer le terme marketing par « pré-commercialisation » qui ne véhicule aucun contenu impropre à la consommation ; la même réflexion vaut pour le couple « profit »/« création de valeur ». On dira certainement que ces substitutions sont encore du marketing...

Ce livre est divisé en quatre parties inégales. La première partie dresse un portrait complet de tous les aspects de la fonction. La lecture de cette partie est conseillée à toutes les personnes en relation avec le service marketing, c'est un mode d'emploi du chef de produit : ce qu'il fait et ce qu'il ne fait pas. C'est une véritable entrée en matière dans l'univers du marketing. Cette première partie peut se lire intégralement.

La deuxième partie est un listing exhaustif de toutes les tâches du chef de produit avec les modèles et tableaux nécessaires à leur exécution. Cette deuxième partie est la plus longue, il convient d'y chercher les informations qui vous sont nécessaires dans l'accomplissement de vos travaux. C'est la partie du « marketing au quotidien ».

La troisième partie est une boîte à outils de savoir-faire et savoir être nécessaires au chef de produit, qui ne sont pas spécifiquement des techniques marketing mais qui aident grandement au succès.

La quatrième partie regroupe des informations nécessaires pour une bonne intégration et une bonne gestion de carrière. Les différentes acceptions de la fonction chef de produit sont passées en revue.

> Les mots en gras renvoient au lexique situé en fin d'ouvrage pour leur définition complète. Pour les mots utilisés fréquemment, seule la première occurrence renvoie au lexique.

Première partie

À quoi sert un chef de produit ?

Le chef de produit représente le marché – c'est-à-dire l'environnement extérieur – à l'intérieur de l'entreprise. Il évite aux entreprises de vivre les yeux fermés. Il apporte la dimension du marché avec tout ce que cela comporte : l'environnement, les concurrents, les consommateurs, les prescripteurs, les utilisateurs-destructeurs, l'État, les distributeurs. Pour faire contrepoids et assurer l'équilibre de l'entreprise, les techniciens apportent la dimension fabrication, les commerciaux représentent, parfois avec trop d'insistance, les intermédiaires d'accès au consommateur : acheteurs et distributeurs.

Après la description complète de la fonction (chapitre 1) nous distinguerons les aspects stratégiques (chapitre 2) des aspects opérationnels (chapitre 3) pour finir par une approche des responsabilités du chef de produit (chapitre 4).

CHAPITRE 1

Définition de la fonction du chef de produit

Le chef de produit est le directeur général de son produit, de sa marque ou d'un couple produit/marché. Il les représente auprès de toutes les instances à l'intérieur et à l'extérieur de l'entreprise.

C'est une première approche globale, que nous complèterons par la description précise des fonctions, du champ d'intervention et des interlocuteurs du chef de produit.

Les rôles du chef de produit : le contenu de la fonction

➤ La définition officielle

Pour le Répertoire Opérationnel des Métiers et Emplois (ROME), publié par l'ANPE, « le chef de produit assure la responsabilité du développement d'une ligne de produits, d'une ligne de services, depuis leur conception jusqu'à leur mise à disposition sur le marché. À partir d'une analyse de marché (information interne, études externes) et en fonction des objectifs de l'entreprise, il conçoit les plans d'action commerciale et les **campagnes** promotionnelles. Le chef de produit suit l'évolution commerciale de sa gamme, assiste la force de vente, coordonne les activités qui concourent à la réalisation du plan marketing/produit. Il peut être responsable des résultats. Il peut aussi, dans les entreprises industrielles, suivre la production et veiller à la qualité. »

➤ Une fonction globale

Le chef de produit fait partie du département marketing de l'entreprise et participe à la globalité de la vie du produit. Sa fonction essentielle est la constante adaptation de l'offre de l'entreprise à la demande et aux attentes des consommateurs et des clients. Il est responsable de l'exploitation d'un certain nombre de références produits qui correspondent à des gammes de produits, à des catégories ou à des marques.

La fonction chef de produit s'inscrit dans le temps ; une marque ne se bâtit pas en un an, un positionnement produit ne se modifie pas en 18 mois. Pourtant, les chefs de produit changent souvent de société ou de portefeuille de produits. Plus le *turn-over* de la fonction se ralentira, plus les marques seront gérées de façon homogène.

Le chef de produit connaît les consommateurs grâce à des études diverses, la plus complète étant l'étude de marché. Il connaît aussi les possibilités de l'entreprise et les ressources – techniques, humaines et financières – disponibles. Le chef de produit est à même de réaliser l'adéquation entre les aspirations des consommateurs, des clients et les possibilités de l'entreprise, cette adéquation devant générer un bénéfice pour l'entreprise.

Le chef de produit est à la base du marketing, entre l'appareil industriel et le marché. L'étendue du rôle du chef de produit dépend largement de la vision marketing de l'entreprise, du secteur d'activité (qui détermine la culture), du partage international des fonctions, de la philosophie (objectif principal et mission des dirigeants).

➤ Une fonction à plusieurs niveaux

La première distinction de niveaux qui vient à l'esprit concerne l'aspect tantôt opérationnel tantôt stratégique de la fonction. Le chef de produit élabore un plan marketing et le met en place avec l'aide de différents départements de l'entreprise. D'un côté, la réflexion, de l'autre, l'action (figure 1.1).

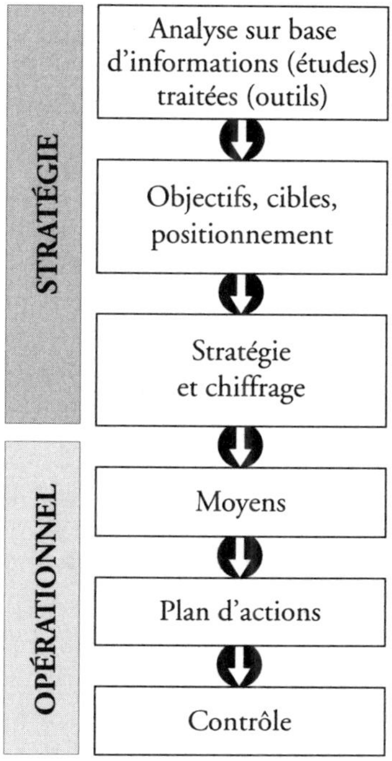

Figure 1.1 – Les deux parties de la démarche marketing

À ce premier double rôle du chef de produit, vient s'ajouter un nouveau double jeu concernant le niveau de la vente : 1er degré ou 2e degré (figure 1.2).

Longtemps les entreprises ont tenté de faire gérer ces deux ventes (en terme de réflexion et d'outils) par la même personne ; aujourd'hui on voit clairement la distinction entre trade marketer et chef de produit. La première utilise les outils du trade marketing pour réaliser la vente aux intermédiaires, la deuxième se concentre sur le marketing-mix pour toucher le consommateur ou client final.

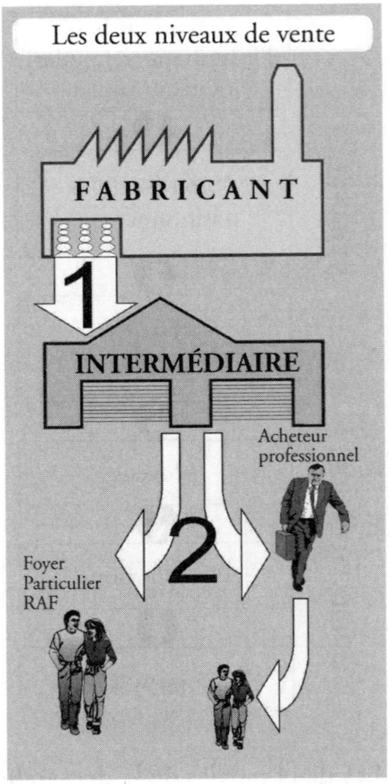

Figure 1.2 – Vente de premier et second degrés

Suivant le secteur d'activité, le contenu de la fonction varie. La plus grande amplitude est observée entre un chef de produit grande consommation et un chef de produit dans l'industrie lourde (la fonction chef de produit dans les industries de service se situant au milieu de ces deux extrêmes). Nous reviendrons sur ces différences tout au long de l'ouvrage, et en l'absence de mentions contraires, nous nous référerons principalement au rôle, plus riche, d'un chef de produit grande consommation.

➤ Une fonction à qualification variable

Le niveau de qualification technique du chef de produit dépend plus du marché que de ses produits, et donc du niveau des clients de l'entreprise. Le chef de produit doit avoir la même qualification que les clients pour déceler leurs attentes et communiquer efficacement. Les connaissances du chef de produit sont nivelées légèrement au-dessus de celles de son marché, pour ne créer aucun décalage dans la compréhension mutuelle et permettre une réelle empathie.

C'est pourquoi les chefs de produit grand public, même s'ils interviennent dans des domaines très techniques, ne sont pas des techniciens. Par exemple, il est inutile de connaître les principes de chimie pour un chef de produit, « colle grand public », alors qu'un chef de produit « colle industrielle » devra, à technicité égale du produit, en savoir davantage sur les réactions chimiques. Les chefs de produit de l'industrie pharmaceutique possèdent souvent un diplôme de pharmacien.

➤ Les différentes appellations

Il existe, suivant la structure et la taille de l'entreprise, différentes appellations pour le même poste : chef de marque, chargé d'étude de marché, chef de marché, responsable trade-marketing, responsable de la pré-commercialisation, category manager et même chargé de communication.

Le travail est dans sa globalité sensiblement identique, même si le chargé d'études de marché agit plus en amont que le chargé de communication. L'intitulé du poste est souvent un héritage des habitudes de l'entreprise ; seule compte la définition de fonction, c'est-à-dire le contenu réel du poste, ses champs d'intervention et le niveau de responsabilité.

Les champs d'intervention du chef de produit

Les champs d'intervention classiques du chef de produit

Il est concerné par tout changement de l'offre de l'entreprise. Il intervient sur toutes les questions concernant son produit (bien ou service), sa marque, son marché. Certaines décisions lui reviennent personnellement, sous l'autorité de son **chef de groupe**. Quant aux décisions qui dépassent son champ de compétence (par exemple pour un changement mineur de fabrication), il est consulté par les techniciens, et son avis est souvent décisif. Dans cette acception, le rôle du chef de produit prend sa dimension sociale dans l'entreprise : il représente son produit et les consommateurs de ce produit. Il coordonne toutes les actions, et il est admis que le chef de produit a un droit de veto sur tout ce qui concerne le produit et la marque au sens large.

Prenons l'exemple d'un chimiste qui veut modifier la formule d'un produit solaire, en changeant un composant coûteux contre un autre moins cher. Ce nouveau composant se substitue parfaitement à l'ancien mais modifie le liant de la crème. Le chef de produit a le devoir de s'opposer à ce changement, non par principe, mais parce qu'il sait que les utilisateurs du produit apprécient la marque pour la douceur de la crème. Pas d'économie sur le territoire de la marque ! Car pour fidéliser à nouveau les consommateurs d'une marque qui a perdu une de ses principales caractéristiques, il faudrait beaucoup de temps.

À travers cet exemple, on perçoit l'étendue du champ d'intervention du chef de produit : il est comptable des deniers de l'entreprise mais aussi du territoire de marque de ses produits. Ce dernier élément, le capital marque, est depuis peu comptabilisé dans les études financières des entreprises. Une marque, si elle a conservé, voire étendu, son territoire, vaut plus que la machine qui fabrique le produit.

Le chef de produit décide, sous l'autorité de son chef de groupe, de tous les éléments du mix-marketing consommateurs qui regroupe les points suivants :

- la définition du produit comme le montre l'exemple ci-dessus ;
- le prix des différentes références de sa gamme de produits ;
- la politique de communication et de promotion de la marque, bien que certaines entreprises préfèrent confier cette mission à une direction de la communication ;
- le positionnement du produit qui est examiné lors de la revue de marque ou dans le cadre du plan marketing ; il fait suite à la segmentation du marché.

La distribution, autre composante du marketing-mix[1], soulève beaucoup de questions, car elle est à la frontière de deux fonctions : marketing et commercial. Habituellement la stratégie de distribution est du ressort marketing et la tactique du ressort commercial. L'analyse du rôle

1. Marketing-mix : plan de marchéage.

de chacun sur la politique de distribution fait apparaître une question plus large sur la différence entre commercial et marketing.

Ces deux fonctions confondues (au sein de la direction Marketing-vente) sont en fait bien différentes. À part la vente directe du fabricant au consommateur, VPC ou ventes directes d'industriels à industriels (B to B ou B to A), toutes les entreprises font appel à un ou plusieurs intermédiaires pour assurer la disponibilité de leurs produits ou services vis-à-vis du consommateur final.

Pour générer un chiffre d'affaires à long terme, l'entreprise doit effectivement réaliser avec succès les deux phases d'une même vente : la première à un ou plusieurs intermédiaires, la seconde au consommateur final. Ces intermédiaires sont des détaillants, des grossistes, des courtiers, des hypermarchés... Et s'il est vrai que le produit doit être présent dans un magasin pour être vendu, le contraire est faux : la présence d'un produit en magasin ne génère pas sa vente. La fonction commerciale prend en charge la vente aux intermédiaires (avec le support du marketing ou plutôt du trade-marketing), la fonction marketing est responsable de la vente finale. Et le marketing est, ou devrait être, une assurance contre la mévente de produits exposés.

Les autres champs d'intervention

➤ Le merchandising

Marketing et commercial conçoivent et mettent en œuvre l'organisation des points de vente (implantation du rayon, présentation des produits, capacité de stockage, informations sur le lieu de vente, profondeur et largeur du référencement, etc.). Le merchandising commence par l'analyse des linéaires et l'étude du **comportement** des consommateurs. Le but ultime est l'optimisation des ventes grâce à l'attractivité maximale des produits indépendamment de la présence du vendeur conseil.

L'attractivité s'obtient par une présentation plus claire, une implantation logique (pour le consommateur), et une meilleure disposition des produits par famille (maintenant par catégorie).

La disposition des produits par famille guide le consommateur dans son choix en reprenant, suivant le rayon, les critères de sélection du consommateur (le premier critère de choix pour les lessives est le poids, pour les biscuits la nature du fourrage).

Les derniers développements du merchandising vont dans le sens d'une meilleure information du consommateur par les techniques d'informations sur le lieu de vente (ILV). Le rayon des vins, par exemple, s'organise par régions, et les conseils d'achat ne manquent pas : fiches de dégustation, températures de service, accords mets-vins, cartes géographiques des régions, capacité au vieillissement, etc.

Le chef de produit veillera à ce que les outils merchandising développés soient en parfaite adéquation avec la stratégie de son produit, plutôt qu'avec le bon vouloir des distributeurs.

Un certain nombre d'indicateurs merchandising-vente sont suivis pour vérifier l'efficacité de l'implantation d'un point de vente à l'autre et proposer des corrections.

On a longtemps cru que le merchandising était réservé au PGC, mais la mise en scène du lieu de rencontre entre le client et le produit (l'offre) permet de nombreux développements dans l'industrie et les services. La théâtralisation des produits financiers dans une agence bancaire avec les présentoirs, les PLV, les kakémonos sont des actions de merchandising. La décoration et la disposition de certains documents dans une salle de réunion lors de la présentation de la société à des clients pour un géant du service financier par exemple, utilisent les mêmes ressorts que le merchandising des yaourts.

➤ Le trade-marketing

C'est bel et bien un nouveau genre de marketing, ou plutôt un nouveau développement de la philosophie marketing appliquée au trade, c'est-à-dire la distribution en général. Son apparition est récente : elle remonte à la période où la distribution est devenue oppressante pour les fabricants, notamment à la suite de regroupement d'enseignes. Devant l'impossibilité d'accorder davantage de remises aux distributeurs, les fabricants ont proposé une relation plus constructive à travers le trade-marketing.

Comme le « marketing consommateur », le trade-marketing a un mix qui comprend : promotion, merchandising, logistique, organisation (EDI), CGV et force de vente.

Le développement de cette fonction spécifiquement orientée distribution ou intermédiaire met en évidence le fait que, pendant des années, le « marketing consommateur » a essayé d'endosser un costume qui ne lui allait pas.

Le trade-marketing prend de plus en plus la forme d'une véritable collaboration. Les opérations de trade-marketing se limitent souvent à une promotion conjointe du distributeur et du fabricant : « Le magasin X propose en exclusivité le produit Y ». Le fabricant calque son plan promotionnel sur celui du distributeur et essaye d'en adapter les thèmes. Par exemple les fournisseurs de Auchan déclinent l'opération « La fête des enfants » ou « Foire aux lots » sur les produits concernés.

Pour compléter les opérations conjointes de promotions qui existaient avant le trade-marketing (le *winner per store* en est un exemple), fabricants et distributeurs tendent dorénavant à collaborer sur les flux de trois types :

– flux physique de marchandises,

– flux d'informations administratives (commande, virement, accusé de réception, etc.),

– flux d'informations consommateurs (panier moyen, rotation, etc.).

Les flux d'informations transitent au moyen de l'EDI (**Échange de Données Informatisées**), intégré à un ERP (**Entreprise Ressource Planning**).

Il est clair que toutes ces nouvelles fonctions réclament de part et d'autre (distributeur et fabricant) des hommes spécialisés. Une nouvelle profession apparaît chez les distributeurs : *category manager* qui remplace les acheteurs. Quant aux fabricants, c'est souvent le chef de produit qui aide le responsable grands comptes à monter les opérations de trade-marketing dans l'attente de la création d'une nouvelle fonction : responsable du trade-marketing ou category manager.

➤ Le catégorie management et le portefeuille produits

Le catégorie management est une nouvelle méthode de gestion des produits par « catégorie » (que l'on peut traduire par sous-marché, type de demande ou segment de marché) par opposition à une gestion unitaire et individuelle d'un produit ou d'une marque. Le catégorie manager gère une offre (tous les produits et/ou services) répondant à une même attente ou à un même besoin des clients. Par exemple chez un fabricant agroalimentaire : le catégorie manager « goûter pour enfants » regroupe tous les produits pouvant être consommés à l'heure ou en guise de goûter par des enfants. Dans cette même entreprise, le catégorie manager « grignotage » gère les produits répondant à ce besoin, même si cela n'était pas leur destination initiale. Il se peut donc que le même produit soit géré par deux catégorie managers car il est à la fois consommé au goûter et en grignotage (il pourrait aussi l'être au petit déjeuner… et ainsi concerner un troisième catégorie manager).

Le catégorie management n'est qu'une nouvelle manière de mettre le client au centre de la stratégie, de mieux tenir compte de ses attentes, de mieux le comprendre. Le catégorie management n'est pas une révolution marketing, c'est une nouvelle appellation qui tient compte de l'évolution et de la puissance de la distribution.

Comment sont choisis les produits (ou marques ou références) qui sont placés sous la responsabilité d'un chef de produit ? La réponse à cette question est l'axe principal de réflexion du category management.

La première méthode de regroupement de produits sous la responsabilité d'un chef de produit est technique : c'est-à-dire que tous les produits fabriqués sur la même machine, dans la même usine, avec les mêmes matières premières ou avec la même technologie sont gérés par la même personne. L'avantage du regroupement technique réside dans la facilité à « faire les comptes », le contrôle de gestion peut facilement isoler les coûts liés à ce groupe de produit. La difficulté apparaît lorsque tous ces produits ne portent pas la même marque ou ne sont pas destinés au même marché.

Avec la deuxième méthode, le chef de produit change d'appellation et devient chef de marque, il s'agit de regroupement par marque, même si cette marque comporte des produits disparates pour des marchés différents.

Le troisième mode de regroupement des produits vise les clients et le chef de produit devient chef de marché. Dans ce cas, il est responsable de tout ce qui est proposé à un segment de clientèle (si ce segment de clientèle est un circuit de distribution, le chef de produit deviendra trade marketer). Un même produit vendu sur trois marchés différents (par exemple : détaillant, grossiste et export) sera géré par trois chefs de marché différents.

La dernière méthode (en date ou à la mode) de répartition des produits est donc le category management. Le catégorie manager gère tous les produits qui répondent à un même besoin de consommation. Les distributeurs (principalement les centrales d'achat) ont commencé les premiers à mettre en place ce type de structure en créant autant de chefs de produit acheteurs que de besoins relevés chez leur client. Les fournisseurs ont vite adapté leurs structures marketing à ce nouveau type d'interlocuteur. Les argumentations de vente centrées sur le produit ou la marque ne font plus recette auprès des distributeurs qui souhaitent une vision sur la catégorie complète et voir la contribution d'un nouveau produit à la progression de la catégorie. Les efforts sont portés sur un portefeuille de produits plutôt que sur un produit isolé.

Ce type de réflexion est très intéressant car il débouche sur une nouvelle détermination des DAS (domaine d'activité stratégique ou *Business Units*) de l'entreprise. L'avantage de gérer de la sorte un groupe ou un portefeuille de produits est la mise en évidence des interconnexions des produits les uns avec les autres. Il y a derrière le category management une volonté d'optimiser certains coûts (merchandising, logistique par le *supply chain management*, promotionnel, commerciaux...). Que dire de deux chefs de produit d'une même entreprise sur des produits différents (mais répondant à un même besoin) qui lancent le même mois deux opérations promotionnelles ? L'avantage du category management est donc la coordination des stratégies, des actions (lorsque l'entreprise a plusieurs produits sur un même marché). Par un raccourci rapide, le category management est une technique anti-cannibalisation.

Le catégorie management amène le chef de produit à élargir son champ d'investigation au-delà du produit. La vision par catégorie est plus riche et permet de mieux appréhender les futurs produits de substitution et les futurs nouveaux entrants.

Les interlocuteurs du chef de produit dans l'entreprise

La fonction du chef de produit s'exerce en étroite collaboration avec les services production et technique, le service recherche et développement, les achats et la force de vente. Des relations sont également étroites avec les prestataires externes (professionnels de la communication, du design, imprimeurs, façonniers...) et la clientèle. Si l'entreprise a un service communication, la séparation des rôles est difficile à définir.

Si l'on ajoute à cette liste, les contacts réguliers du chef de produit avec le département finance pour l'élaboration et le suivi des budgets de ventes et de dépenses, et le contrôle de gestion pour les différents tableaux de bord, on constate que le chef de produit collabore avec tous les services de l'entreprise.

La particularité de la fonction est d'être au cœur de l'entreprise (figure 1.3). Dans un sens, les réflexions et les actions du chef de produit irriguent tous les acteurs de l'entreprise, dans l'autre, les commentaires et les remontées d'informations conditionnent le travail du chef de produit.

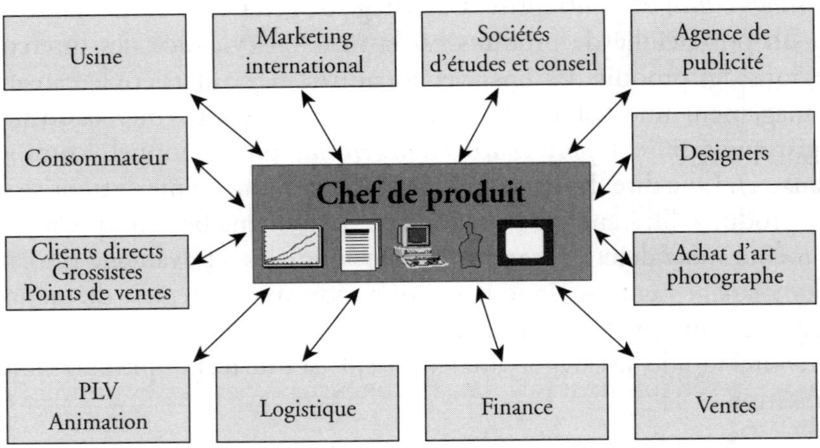

Figure 1.3 – Ensemble des interlocuteurs inter-agissant avec le chef de produit

Par essence, les services commerciaux et production sont les partenaires privilégiés de cet échange d'informations.

Le chef de produit face aux services commerciaux

Les commerciaux sont chargés de présenter et de vendre à une cible de clientèle le bien ou le service proposé par l'entreprise. On s'aperçoit vite que les fonctions commerciales et marketing sont interdépendantes : le succès d'un produit repose autant sur son positionnement marketing, que sur la persuasion du commercial lors de la vente.

De nombreux systèmes de commercialisation existent selon le secteur économique de l'entreprise (vente directe, circuit long, circuit court, réseau, internet, etc.). Dans chaque système, l'interlocuteur commercial du chef de produit prend un nom différent : franchisé, directeur de marché, force de vente, concessionnaire, chef de secteur, compte clé, représentant, multi-carte VRP, agent export...

Dans tous les cas, le chef de produit doit parfaitement connaître le travail des commerciaux et les principaux clients, nous ne le dirons jamais assez : la place du chef de produit est sur le terrain en accompagnement ou support clientèle.

Quel que soit le mode de commercialisation, la collaboration du chef de produit avec les services commerciaux suit le schéma suivant :

- accompagnement des commerciaux sur le terrain,
- expression des besoins du client à travers les commerciaux (clients qui en principe ne sont pas les consommateurs, mais des distributeurs et intermédiaires),
- discussion autour du plan marketing proposé par le chef de produit,
- élaboration en commun de la politique tarifaire et d'un plan promotionnel,
- élaboration des outils de vente,
- échanges d'informations sur la concurrence et les évolutions du marché,
- contrôle et suivi des ventes, explication des écarts avec les prévisions.

Le chef de produit bâtit dans son plan marketing annuel un **budget de vente** en relation avec les moyens mis en œuvre. Ce budget comprend par type de clientèle des prévisions de ventes. Le chef de produit fixe aussi les prix nets. C'est autour de ces deux points que les discussions entre la vente et le marketing sont les plus animées. La culture de l'entreprise et la personnalité du fondateur orientent les rapports de forces dans ces débats. À trop écouter les commerciaux, l'entreprise sous-estime le potentiel du marché ; à trop écouter le marketing, les budgets sont trop optimistes. Il faut qu'une personne tranche et statue sur les budgets, car cela influence la production, et dans un sens comme dans l'autre, c'est-à-dire rupture de produit ou surstockage, les effets sont négatifs sur le profit de l'entreprise.

Une fois les objectifs de vente adoptés, le chef de produit met en œuvre les moyens (publi-promotion, outils de vente) pour atteindre ces objectifs. Au-delà des supports de vente, le chef de produit assiste les commerciaux, les rassure, les motive. Le chef de produit communique les quantités prévues dans le budget à la production et aux financiers.

La figure 1.2 montre les deux ventes auxquelles le chef de produit doit apporter son concours. Il est le support des commerciaux pour la première vente dans une vision trade-marketing, il est le responsable de la deuxième vente par le choix du bon marketing-mix.

Le chef de produit face au marketing-achat

Une partie du temps du chef de produit est consacrée aux achats. Une démarche marketing complète s'applique à cette mission, au point de former une nouvelle fonction au sein des départements approvisionnement des entreprises : le marketing achat. Sans développer complètement cette fonction, nous en distinguerons les parties utiles au chef de produit.

L'objectif du marketing achat est d'intégrer son fournisseur à l'entreprise en lui faisant part de toutes les facettes (opérationnelles et stratégiques) de l'achat en cours. Le chef de produit expliquera longuement ses besoins dans le détail, montrera précisément à quel point l'achat considéré entre dans la politique de l'entreprise. Puis d'un autre côté, le chef de produit s'intéressera à l'entreprise du fournisseur : méthode de production, coût de revient, logistique, emballage, sous-traitance…

De l'analyse de ces deux partenaires découle une meilleure compréhension mutuelle et donc un meilleur achat au meilleur prix.

L'idée générale du marketing achat n'est pas de faire baisser les prix par une mise en concurrence (bien que cela s'avère parfois ce qu'il y a de plus directement rentable) mais de conserver la marge du fournisseur en baissant le prix global de l'offre par une analyse de la valeur (par le choix des produits, matériaux, services spécifiquement adaptés). Une fois les besoins du chef de produit « vendus » au fournisseur, celui-ci aura à cœur de les satisfaire au mieux et au-delà d'un simple appel d'offre.

Le chef de produit face à la production

La production est un autre interlocuteur du chef de produit. Il s'assure que les quantités prévues au budget pourront bien être fabriquées.

La direction générale donne aux usines des objectifs de productivité, ces objectifs vont dans le sens d'une réduction des coûts. Le chef de produit vient contrarier ces plans par des adaptations pour l'amélioration de la qualité, du service ou des promotions. Ces promotions entraînent des modifications d'emballage, des confections de lots qui ralentissent la fabrication. Le positionnement de plus en plus pointu des produits (grâce à une segmentation de plus en plus fine) entraîne une multiplication du nombre de références. Par exemple dans le domaine alimentaire, la tendance est de créer autant de conditionnements que d'habitudes de consommation (personnes seules, familles, couples...). Ces tendances créent des points de dissension entre chef de produit et chef de la production.

Fort heureusement, les politiques de qualité totale orientées vers le client apparaissent dans les usines, ce qui est un premier pas en direction d'une politique de fabrication orientée vers l'utilisateur.

Les principaux sujets de discussion entre le marketing et la production tournent autour des sujets suivants :

- prévision de ventes,
- lancement de produits,
- opération promotionnelle,
- mise en place d'une politique de qualité totale,
- amélioration des délais de livraison,
- gestion des litiges.

Le service après-vente (SAV) est aussi un interlocuteur du chef de produit. Le SAV et les services techniques font partie du produit en tant que services annexes (après ou avant la vente), et à ce titre, le chef de produit doit s'assurer de la conformité du service apporté avec la politique de l'entreprise.

Spécial société de services

Pour les sociétés de service (banque, assurance...) le service informatique peut être assimilé à la production ; dans certains cas, l'informatique est aussi responsable des méthodes et de l'organisation. Le chef de produit établit un dialogue constant avec ces services pour la mise en place d'opérations spéciales, pour le suivi de la production et pour la gestion de la base de données.

Le chef de produit face à l'informatique

Autant le dire tout de suite : un chef de produit réfractaire à l'informatique n'a aucune chance de réussir ! Aujourd'hui, et encore plus demain, toute son information (et bientôt sa formation) provient de systèmes informatiques.

Les nouvelles technologies (pas seulement internet) changent la donne du marketing en offrant des outils de plus en plus performants de connaissance du client. Ces informations doivent ensuite faire l'objet d'analyses par le chef de produit. En général, ces analyses entraînent une personnalisation de l'offre des biens et services.

La mise en place de centres de contacts (web, call-center, force de vente, e-mail, technologie mobile...) permet une coordination des sources d'informations. Ce marketing relationnel devient un moyen de différenciation de l'offre et donc un atout important contre la concurrence. L'écoute du client et le support client est maintenant multicanaux, on peut laisser les besoins du client s'exprimer à travers des modes de communication parfois anonymes.

Lors de l'implantation d'un ERP, il y a changement du système de gestion de l'entreprise par implantation de briques logicielles ou technologiques successives. L'ERP est la première étape du CRM (achat des logiciels, intégration et personnalisation des logiciels, hardware, télécommunication). À chacune de ces étapes la voix du chef de produit est importante, son rôle est de voir et défendre la vision du client dans cette nouvelle organisation. Pour vous faire une idée de ce que sera le futur système que vous propose un prestataire, insistez pour visiter des installations complètement opérationnelles et demandez-vous (ou demandez-leur) ce que cela apporte au client final.

Les exemples ne manquent pas d'intégration de l'informatique dans la vie du chef de produit : la gestion de la base de données marketing suite à des **ODR** est maintenant obligatoire. Les prestataires (SOGEC et d'autres) saisissent plus de cent critères par consommateur ce qui permet de mieux analyser les retombées de l'opération. Sans cette information, la prochaine promotion sera moins percutante que celle de la concurrence.

Le département informatique de l'entreprise est l'interlocuteur du chef de produit dans les cas suivants :

- statistiques de ventes,
- interrogation de la base de données centrale (chiffres d'affaires par clients, par produits, par marchés…),
- si le service informatique gère le site internet ou intranet de l'entreprise, le chef de produit fournira tous les éléments nécessaires aux mises à jour,
- création de nouveaux codes produits,
- mise en place d'une politique de trade-marketing,
- ajout de services par l'informatique (EDI),
- mise en place d'opérations promotionnelles influençant le système de commande,
- aide et formation à l'utilisation de logiciels bureautiques et de communication (e-mail) sur l'ordinateur du chef de produit.

La discussion entre ces deux départements nécessite de la part du chef de produit une bonne connaissance des contraintes informatiques. L'informatique accompagne les grands projets de changement d'organisation, à ce titre il faut lui porter une attention particulière.

Les équations du second degré : informatique + marketing = ? !

Marketing direct + base de donnée = marketing relationnel

Marketing relationnel + SFA (informatisation de la force de vente) = marketing multi-canaux

Marketing multi-canaux + call center = CRM

CRM + datamining = *One to one*

CRM + e-mail = e-CRM

e-CRM + accord du client = *permission marketing*

e-CRM + SCM (supply chain management) = e-business

Le chef de produit face à la recherche, la finance et le juridique

➤ Recherche

De la collaboration chef de produit-chercheurs naît le produit. C'est dire l'enjeu stratégique d'une bonne entente entre les deux équipes. Pourtant le mariage n'est pas facile. D'une manière générale, ces deux services sont séparés hiérarchiquement et physiquement (la recherche est souvent sur le lieu de production et le marketing au siège). Chacun croit connaître – de bonne foi – les attentes du consommateur et prétend – toujours de bonne foi – que le produit qu'il conçoit y répondra parfaitement. En cas de conflit, chacun se retranche derrière un langage ésotérique, technique pour la recherche, économique pour le marketing. Des réunions régulières, des visites mutuelles, une bonne entente sont les garants d'une meilleure collaboration et du respect des délais de mise en fabrication des projets.

Dans cette collaboration le rôle du chef de produit est d'exprimer clairement les attentes, les besoins, le niveau de qualité nécessaire par rapport à la concurrence pour satisfaire les consommateurs. Le rôle de la recherche est d'étudier la faisabilité, totale ou partielle, des produits évoqués.

Afin de faciliter les relations entre ces deux pôles, la création d'un comité de création produits et la nomination d'un chef de produit senior pour le développement des produits se révèlent souvent nécessaires.

➤ Finance

Le rapport direct entre ces deux départements est budgétaire :

– contrôle des engagements des dépenses marketing,

– prévision de chiffre d'affaires sur le reste de l'année.

1. Le marketing étant consommateur d'argent, les financiers ont un devoir de contrôle sur la saine gestion du chef de produit et le respect des procédures de l'entreprise. Même si un budget est voté en début d'année, le chef de produit n'en dispose pas pour autant comme il l'entend : chaque dépense doit correspondre au plan et suivant les montants engagés, certaines contre-signatures seront nécessaires.
2. Les prévisions de ventes du marketing permettent aux financiers (principalement les contrôleurs de gestion) d'établir les prévisionnels

de chiffre d'affaires, de rentabilité et d'effectuer des simulations sur différents indices (cours de bourse, endettement, valorisation de l'entreprise).

Dans le cas d'une comptabilité analytique, le chef de produit veille à ce que les charges imputées à son produit ou marché soient bien réelles, de manière à ne pas fausser la rentabilité de chaque ligne de produits. Dans le cas où le contrôle de gestion est rattaché au service financier, le chef de produit élabore avec les contrôleurs les tableaux de bords sur les marchés ou les produits. Les services financiers doivent renseigner le chef de produit sur la rentabilité de la marque en fournissant deux données stratégiques : l'évolution du prix de revient des produits et l'évolution du prix de vente net.

➤ Juridique

La **dimension juridique** dans la fonction chef de produit est croissante. Les éléments incorporels de l'entreprise sont de plus en plus au centre des affaires et des procédures juridiques. La marque, le brevet, le design, le fond de commerce, la politique commerciale, en un mot la propriété intellectuelle de l'entreprise, doivent être protégés.

Le chef de produit coordonne à travers un service juridique interne, ou un cabinet d'avocats extérieur, les différents dépôts de marques, de slogans, de logo et vérifie tous les aspects de la politique commerciale (par exemple, les CGV[1]). Il y va de la protection du patrimoine de l'entreprise et les erreurs dans ce domaine ont souvent des implications financières énormes. Les promesses publicitaires faites dans les médias ou sur les packaging doivent être vérifiées avant que le BVP[2] ne conteste les termes utilisés et que la DGCCRF[3] ne les rejète.

Le chef de produit vérifie aussi la validité des contrats avec son agence de publicité et divers autres prestataires. Il s'assure que les opérations de promotions, de marketing direct, restent dans le cadre légal, sans oublier la déclaration des fichiers à la CNIL. De même, l'utilisation des œuvres d'art (dessins, photos, illustrations, images des mannequins et toute autre création liée à la Propriété Intellectuelle) achetées par l'entreprise est très réglementée. Par exemple : une photo prise pour

1. CGV : Conditions générales de vente.
2. BVP : Bureau de Vérification de la publicité.
3. DGCCRF : Direction générale de la Concurrence de la Consommation et de la Répression des Fraudes.

une fiche produit tirée à 6 000 exemplaires ne pourra être utilisée pour un catalogue qu'après avoir acquitté les droits de reproduction. Le site www.chefdeproduit.com donne quelques exemples de contrats utiles.

Le chef de produit à l'extérieur de l'entreprise

Le chef de produit représente sa marque à l'extérieur de l'entreprise et les occasions de le faire sont nombreuses :

- représentation de prestige, opération de relation publique et participation à des salons, conférences ;
- opération événementielle où la marque est indirectement impliquée (si elle l'était directement, le chef de produit en serait l'organisateur !) ;
- relation fournisseur ;
- participation à des réunions dans le cadre de Fédération, Syndicat, collectives…

Sans développer tous les aspects de ces relations extérieures, nous voudrions insister sur le dernier point qui revêt un caractère délicat et stratégique.

Toute entreprise appartient ou adhère à un organisme collectif et le rôle du chef de produit est d'utiliser ce cadre de travail au mieux des intérêts de sa marque. Dans certains secteurs (agroalimentaire, santé), les habitudes sont prises et les structures collectives remplissent leur rôle, le chef de produit optimisera les travaux en cours. Dans d'autres secteurs (industrie, hygiène, services), les collectives sont peu actives et le chef de produit pourra initier une véritable stratégie d'action collective sur le marché.

Les limites du champ d'intervention

La plus grande confusion règne lorsque l'on aborde les limites du champ d'action du marketing. À force d'être au centre de l'activité de l'entreprise, la fonction marketing a tendance à devenir un fourre-tout, principalement de ce que les autres ne savent ou ne veulent pas faire. Ces frontières mal définies nuisent à la crédibilité du marketing.

- **Le chef de produit n'est pas un vendeur.** Il ne doit pas aller seul chez un client. Il doit, dans le strict cadre de tournées d'accompagnement d'un commercial de l'entreprise, rencontrer les clients, sans se mêler des discussions tarifaires ou des négociations en cours.
- **Le chef de produit n'est pas responsable des grands comptes.** Il peut avoir certains contacts directs avec les grands clients (centrales d'achat, grossistes) de l'entreprise sur des questions strictement marketing et publicitaire. Le chef de produit fera attention à ne jamais court-circuiter le service commercial sur les éventuelles questions des clients.
- **Le chef de produit n'est pas une agence de publicité.** Il est responsable de l'édition et de la publicité mais ne doit pas se transformer en studio de création en réalisant lui-même des maquettes, des photos, des campagnes de marketing direct… Son rôle est de coordonner les prestataires de services dans ces domaines, non de se substituer à eux.

Les champs d'action du chef de produit sont très vastes, il est partout à la fois et collabore avec tous les services de l'entreprise. C'est un homme-orchestre dont le rôle est directement dicté par la définition de base du marketing : transformer la satisfaction du client en profit pour l'entreprise[1]. Il est le Directeur général de sa marque. Dans chaque mission son rôle est d'abord stratégique, puis opérationnel.

CHAPITRE 2

Un homme de stratégies : les recommandations

Le mot « recommandation » définit bien cette partie de son rôle. Le chef de produit n'impose jamais, il ne commande pas mais il recommande. Une grande part de son travail est orientée vers la réflexion, il assure l'homogénéité des recommandations, sa connaissance du couple produit-marché lui permet de toujours mettre en cohérence les besoins – les objectifs – la stratégie – la tactique.

Le secret des bonnes stratégies est dans l'analyse de la situation. Sur ce point, le chef de produit est aidé par de nombreuses études et enquêtes, qu'il devra assimiler parfaitement. Puis vient le temps de la confrontation de l'analyse avec la réalité de l'entreprise pour la définition des objectifs. Le chef de produit décidera du positionnement de son produit sur le segment choisi. Le marketing-mix et sa composante opérationnelle interviennent alors suivant le schéma de la démarche marketing (figure 2.1).

Le fondement des recommandations : les analyses

Avant toute chose le chef de produit connaît son marché ; c'est une mission très vaste tant les acteurs sont nombreux. L'analyse est ici prédominante ; il ne s'agit pas d'une analyse exhaustive mais d'une analyse judicieuse sur les points importants. Le bon sens reste le meilleur guide et sera présent tout au long du travail du chef de produit.

Le consommateur ne doit pas rester un inconnu pour le chef de produit ; il doit être capable de le décrire physiquement, sociologique-

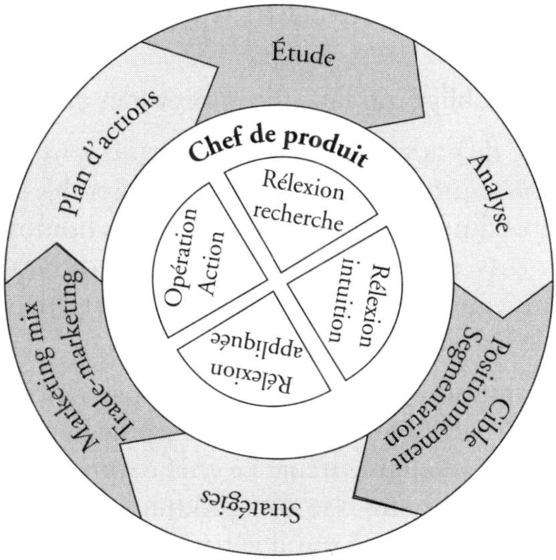

Figure 2.1 – La démarche marketing et les différents rôles du chef de produit

ment, de connaître ses habitudes, ses motivations d'achat, ses hobbies, ses lectures... Par empathie le chef de produit réagit comme un consommateur pour mieux le satisfaire.

Le chef de produit doit résister à la tentation de développer des produits qui lui plaisent personnellement. C'est à l'utilisateur qu'il faut plaire, non à l'équipe marketing de l'entreprise. Ce reproche est souvent fait aux agences de publicité qui proposent des campagnes trop créatives, voire trop intellectuelles, en décalage avec le groupe cible de consommateurs. Le rôle du chef de produit est de toujours recentrer le débat autour du personnage-clé : l'acheteur du produit final. Attention, cela n'exclut pas de le choquer, mais uniquement au service du produit. Cela n'exclut pas non plus le deuxième degré, mais toujours au même service. À ce titre, il faut préciser que trop de pré-tests de campagne tuent la créativité et l'originalité. À certains moments, le chef de produit prendra le risque et la décision de ne plus demander aux consommateurs d'approuver ses choix. Il faut d'abord offrir le produit pour connaître les réactions de la demande consommateur. Si Sony avait écouté les tests consommateurs, le Walkman n'aurait jamais été lancé.

La segmentation du marché

C'est un passage obligé qui fait suite aux études de marché.

Il est plus facile de s'adresser à une partie seulement du marché qu'à tout le marché pour proposer son produit. L'ensemble des utilisateurs potentiels d'un produit doit être divisé en groupes homogènes. Chaque groupe, les segments, est composé d'individus qui ont un maximum de critères communs ; ils sont donc homogènes. Les segments sont le plus différent possible les uns par rapport aux autres.

Plus la segmentation est fine et pertinente par rapport au produit, plus les chances de succès sont grandes, mais plus les coûts de production-commercialisation augmentent. Le chef de produit veillera à bien segmenter son marché pour que son produit apparaisse comme fait « sur-mesure » aux personnes à qui il le propose.

L'art du chef de produit est de trouver les bons critères de segmentation. Toutes les entreprises partent avec des études de marché quasiment identiques, seules certaines réussissent à trouver, grâce au chef de produit, la bonne lecture du marché qui donne la meilleure segmentation.

Une bonne segmentation, basée sur des critères pertinents, permet d'adapter ses produits pour qu'ils plaisent à tel ou tel segment. Il est évident que les segments les plus convoités par les entreprises sont les plus grands, où il est possible d'enregistrer des ventes de masse. Mais une fois ces segments saturés, le chef de produit oriente son offre vers des segments plus petits, jusqu'à trouver des niches de marché. L'attaque des niches de marché soulève la question de la rentabilité ; il faut tout de même que chaque segment soit suffisamment « peuplé » pour assurer la rentabilité du produit proposé. L'adaptation de la politique marketing ne doit pas coûter plus cher que le gain potentiel de l'exploitation du segment.

Territoire et positionnement

Le territoire de marque est l'univers des positionnements possibles, et les diversifications que pourrait éventuellement supporter la marque. Ce territoire est propre à chaque marque, il est plus ou moins grand, plus ou moins solide, suivant la cohérence des actions entreprises dans le passé. La richesse d'évocation de la marque, son image positive, sa notoriété sont autant d'éléments qui entrent dans l'évaluation du territoire de la marque. Le chef de produit est l'artisan de la protection et de l'agrandissement du territoire de sa marque. Le territoire de la marque BIC, par exemple, n'a jamais englobé le marché du parfum, ce qui est une des explications de l'échec des parfums jetables BIC lancés en 1988.

L'importance du positionnement, et surtout de sa compréhension, est capitale dans le succès d'une marque. Le positionnement est la place occupée par une marque dans l'esprit du consommateur.

Cette place est fonction :

- des qualités objectives du produit ;
- de l'image de l'entreprise qui signe les produits ;
- de la promesse publicitaire et de sa démonstration ;
- des indications du packaging ;
- de l'historique de la perception de la marque par le consommateur ;
- de la segmentation des consommateurs (cœur de cible, consommateurs fidèles, consommateurs à conquérir…).

Seul le positionnement permet de différencier efficacement un produit (ou une marque) de la concurrence et d'entretenir le capital de marque qui fait la réelle richesse de l'entreprise.

L'objectif du positionnement est d'obtenir à terme dans l'esprit du consommateur un territoire de marque favorable en passant du positionnement actuel (ou de l'absence de positionnement) au positionnement voulu. Le passage de l'un à l'autre s'effectue avec les moyens publi-promotionnels classiques (communication, on-line, packaging, promotion, PLV, RP…). Le positionnement peut aussi donner l'illusion de la supériorité d'un produit sans qu'il le soit objectivement.

Le positionnement s'exprime simplement par une phrase du type :
Sur le marché … la marque … est la plus (la mieux)… (superlatif ou adjectif) … pour la cible … et procure les bénéfices …

Pour compléter l'expression qualitative du positionnement, les marketers ont construit un outil de mesure quantitative sous forme d'un radar où chaque axe représente une qualité de la classe de produit (figure 2.2).

Par exemple : sur le marché des téléphones portables, les consommateurs sont sensibles aux qualités suivantes : ergonomie, poids, taille, solidité, design, puissance, évolutivité, fonctionnalité.

Chacune de ces qualités (ou valeur) a été étudiée de deux manières :

– par un collège de technicien (dans une espèce de banc d'essai) qui effectue les tests techniques adéquats ;
– par les utilisateurs qui donnent leurs perceptions (notées de 1 à 10).

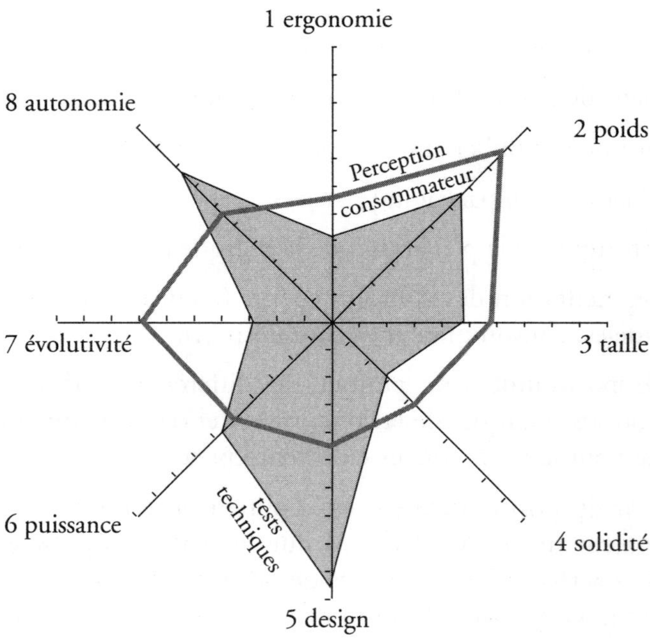

Figure 2.2 – Radar de positionnement sur l'image réelle et l'image perçue

Après travail sur ce radar de positionnement et analyse des écarts entre la réalité (mesurée par les techniciens) et la perception des utilisateurs, l'entreprise peut choisir de communiquer sur certains points seulement pour atteindre la position voulue (figure 2.3).

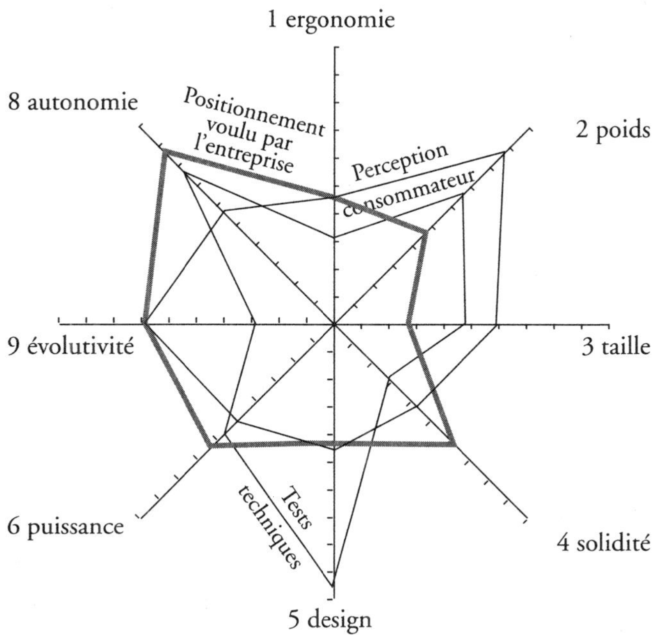

Figure 2.3 – Radar de positionnement sur l'image voulue par l'entreprise

L'entreprise positionne ce produit sur le marché des flottes d'entreprise et communique sur des critères qui intéressent cette cible. Dans l'intervalle un nouveau produit sera lancé pour séduire une autre cible de clientèle.

Le positionnement est finalement une prévision de compréhension par le consommateur. La communication de ce positionnement est plus importante que la valeur du produit lui-même. Tout dans le produit doit exprimer son positionnement.

Marlboro maintient depuis des années, avec constance et succès, le positionnement de « cigarette du cow-boy » ; à l'origine cette marque a connu un échec de positionnement sur : « cigarette de femme ».

Attention aux positionnements trop complexes que personne ne comprendra jamais, ils peuvent même faire l'objet de contresens.

Définition d'objectifs et stratégie marketing : le chef de produit visionnaire

Le chef de produit définit les objectifs généraux de son produit, en termes de croissance, de résultat, de part de marché...

Les objectifs doivent être précis et réalistes, et communiqués en partie à l'ensemble des salariés. Encore une fois le chef de produit ne peut pas être seul en cause dans la réalisation des objectifs, c'est une œuvre collective de tous les départements de l'entreprise. La manière dont les objectifs sont présentés, vendus et le charisme du chef de produit concourent aux succès des projets.

La stratégie décrit les moyens, ou plutôt le type de moyens utilisés pour atteindre l'objectif principal.

Il existe plusieurs stratégies, comme il existe plusieurs sous-objectifs. Et l'objectif principal n'est atteint que lorsque tous les sous-objectifs sont atteints.

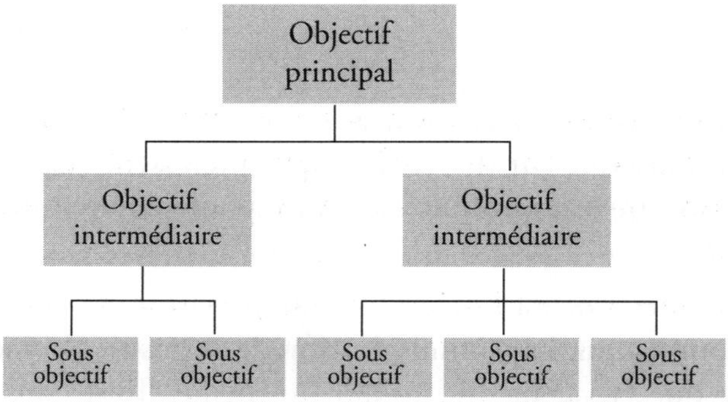

Figure 2.4 – Principe du système d'objectifs

Dans un tel système deux conditions doivent être remplies :

- si tous les sous-objectifs sont atteints, alors l'objectif principal est forcément atteint ;
- si un sous-objectif n'est pas complètement atteint, alors l'objectif principal ne pourra pas être atteint.

Produits et services

La politique de produit comprend le produit lui-même (bien ou service) et tout ce qui se rattache au produit : le conseil, le SAV (Service Après-Vente), la maintenance, le financement, son emballage, etc. Le chef de produit est le seul responsable de la cohérence de tous ces éléments.

La qualité

Il est parfois difficile de mesurer la qualité de son produit. Au final, une seule personne compte, l'utilisateur. Le produit le plus sophistiqué, le plus technologiquement évolué, le plus parfait, n'est rien si l'utilisateur ne l'apprécie pas. Pour certains produits l'utilisateur a du mal à juger du réel niveau de qualité du produit, par exemple : pour l'assurance vie classique, l'assuré (pas le bénéficiaire) ne mesure jamais la qualité du produit.

Le chef de produit connaît exactement le niveau de qualité de son produit, en le comparant au niveau des produits directement concurrents ou des produits substituants et surtout aux attentes des consommateurs.

Il est impossible de faire du marketing à long terme sur des produits non-conformes aux attentes des consommateurs. C'est au chef de produit d'organiser et de planifier l'amélioration constante des produits pour maintenir le standard de qualité acceptable. Sa première responsabilité porte sur la qualité, et seule la perfection est envisageable dans ce domaine.

L'emballage (packaging)

L'emballage (packaging) fait partie intégrante du produit. C'est la dernière protection du produit. C'est aussi le dernier (chronologiquement) vendeur du produit. Il est réutilisable ou écologique.

Au-delà d'un rôle fonctionnel (conservation, protection, hygiène), les rôles informationnels (conseil, constitution, mentions légales) et psychologiques (attractivité, plaisir, évocation, respect des codes couleurs) sont de plus en plus pris en compte par le chef de produit.

Des progrès sont faits tous les jours dans les nouveaux matériaux d'emballage. Le chef de produit doit rencontrer les fabricants d'emballage avec les responsables du service achat de l'entreprise. C'est au chef de produit de repérer les nouveaux emballages susceptibles de convenir à son produit et de les introduire dans sa gamme.

Les budgets dépensés en packaging témoignent de l'intérêt croissant des entreprises pour ce domaine ; ils atteignent aujourd'hui 10 % du budget marketing (ils n'étaient que de 2 % il y a dix ans).

Le lancement de produits

Le lancement de produits est sans doute l'activité la plus visible du chef de produit. C'est souvent la première attribution qui vient à l'esprit lorsqu'on interroge les salariés d'une entreprise sur les activités du chef de produit.

Le lancement d'un produit est une opération complexe qui demande une organisation sans faille, tant le nombre d'intervenants à coordonner est important. C'est le côté architecte du chef de produit qui suit le *roadmap* (plan de lancement du produit).

Le nombre de produits de toutes sortes lancés chaque année est considérable (plus de 75 000 par an contre 21 000 en 1962). Beaucoup de lancements, encore plus de "re"lancements mais bien peu de succès. Le consommateur n'a pas la possibilité de retenir toutes les nouvelles marques, aussi la tendance actuelle est plutôt au regroupement de marques qu'à la création de nouvelles. Si certains coûts de développement sont gigantesques (10 milliards d'euros pour l'Airbus A380), d'autres sont plus modestes (on estime le coût minimum d'un lancement de produit à 150 000 euros).

Ogilvy disait : « vendre ou mourir », nous ajouterons : « innover ou mourir ». Sans innovation, sans R & D, sans lancement de produit, l'entreprise se dirige vers une mort certaine, c'est-à-dire que lorsque ses parts de marché seront faibles, elle sera rachetée par une entreprise plus dynamique. Chaque lancement de produit est un « coup de jeune » : c'est « l'assurance-vie » des entreprises. Encore faut-il s'entendre sur la valeur de l'innovation : une grande innovation dont la valeur n'est pas perçue par le client n'est pas une innovation. L'entreprise ne peut progresser qu'en vendant ses innovations comme instrument de création de valeur pour le client. Pour vérifier que votre innovation entre dans cette catégorie, posez-vous simplement la question : quel est l'avantage pour le client-consommateur-destructeur-acheteur-intermédiaire ?

Sir Terence Conran (fondateur d'Habitat, Conran shop et de nombreux restaurants) nous le rappelle : « Les gens ne savent pas ce qu'ils veulent, jusqu'à ce qu'on leur propose ». Cela illustre bien le passage à un marketing de l'offre. On peut affirmer sans crainte que 99 % des besoins et attentes des consommateurs sont aujourd'hui satisfaits (dans les pays occidentaux), le marketing de la demande se heurte à une incapacité du consommateur à imaginer ce qu'il souhaite ou ce dont il rêve. Le consommateur n'est pas créatif, il est réactif face à l'innovation proposée par le chef de produit ; c'est le seul moyen de développer l'offre de l'entreprise.

Après chaque lancement de produit, le chef de produit mesure la qualité du service apporté par des outils de pilotage de la satisfaction client. Ces mesures objectives, proches de l'analyse de la valeur, sont importantes car l'image de marque n'est plus suffisante pour emporter les choix des clients face à une offre de plus en plus large. Chaque lancement doit apporter une satisfaction supplémentaire et créer une rupture différentiante par rapport à la concurrence.

Le chef de produit ne lance son produit que lorsqu'il est certain de la réussite (ce qui n'exclut pas le risque d'échec), c'est-à-dire qu'il a tout mis en œuvre (obligation de moyens) pour que le produit atteigne ses objectifs. Si trop d'échecs nuisent à la réputation de l'entreprise et limitent l'accès à la distribution, la peur de l'échec (annulation des promotions pour le chef de produit) réduit à néant le développement de l'entreprise. Le syndrome du NIH (*not invented here*) semble aussi paralyser les entreprises ne disposant pas de puissants services R & D alors qu'il leur suffirait de copier intelligemment ce qui a été fait par ailleurs (voir le concept de *benchmarking*).

Les lancements ne doivent pas s'accumuler sans cohérence, chaque nouveau produit doit trouver sa place dans une gamme.

La gamme de produits

C'est sur la bonne gestion d'une gamme de produits que les efforts du chef de produit doivent porter, et c'est son travail quotidien. Le cycle de vie de chaque produit est examiné pour que tous les produits d'une même gamme évoluent dans un même temps. Le chef de produit gère un portefeuille de produits, quelquefois un portefeuille de marques.

Le chef de produit s'assure que la gamme est homogène, qu'elle est compétitive par rapport à la concurrence, que les développements sont bien planifiés sur des périodes de temps adaptées aux marchés (6 mois pour l'informatique, 5 ans pour la chimie).

Les personnes impliquées dans ces changements doivent être tenues informées de tout ou partie du plan de développement.

Les prix

Le chef de produit est responsable des prix nets des produits et du contrôle de ces prix tout au long de la commercialisation. Le prix net est la somme d'argent effectivement encaissée par l'entreprise toute remise, rabais, ristourne, escompte déduits.

Dans le domaine des prix, les débats à l'intérieur de l'entreprise sont longs. Le prix est fixé en fonction du positionnement, de la concurrence et de plus en plus en fonction de la distribution.

Le prix est une composante essentielle du marketing-mix et pourtant c'est l'élément le moins contrôlable par le chef de produit (sauf en cas de vente directe). Une fois le produit sorti des circuits de l'entreprise, les intermédiaires ont le libre choix des prix de vente (il est en effet interdit d'imposer ni de proposer des prix de vente à un distributeur). Quelques domaines échappent à cette règle par le mécanisme des prix imposés, par exemple : le livre (loi Lang).

Le consommateur trouvera donc toutes sortes de prix différents pour un même produit, suivant les circuits de distribution. Si le chef de produit souhaite connaître le prix final de vente, il est possible de faire des store-checks ou des ODR (Offre De Remboursement). Les évolutions des panels distributeurs permettent aussi de connaître les prix de certains magasins.

Le chef de produit aura toujours intérêt à fixer le prix le plus haut car il est plus facile de baisser un prix trop haut que d'augmenter un prix trop bas. Attention, trop cher le produit risque de ne pas rencontrer sa cible. C'est une science du tâtonnement où l'entreprise joue ses profits, donc sa santé financière.

La communication

Il n'est question ici que de communication à l'attention du consommateur (la communication distributeur fait partie du trade-marketing).

À partir de la stratégie marketing le chef de produit élabore une stratégie de communication pour chaque marque.

La communication va tenter de créer, modifier, développer l'image de marque du produit, et à travers lui de l'entreprise. Il faut que l'identité de la marque soit respectée tout au long du processus de communication et surtout au fil des ans. S'il est possible, parfois souhaitable, de changer d'axe de communication, il est suicidaire de changer l'identité de la marque. Le territoire de la marque se gagne pas à pas, et il faut mesurer chaque avancée à l'aune du positionnement souhaité.

Le chef de produit dispose d'une foule d'outils pour bâtir la communication de la marque et du produit, ces moyens sont organisés au sein d'un plan de campagne.

Dans le cas où il existe un département communication, le chef de produit définit le plus précisément possible son positionnement, son territoire de marque, sa cible ; le chef de publicité, quant à lui, réalise la stratégie de communication.

Les circuits de distribution

Si la définition précise des circuits de distribution souhaitables pour un produit est très aisée, la mise en œuvre pose de sérieux problèmes. Toute modification relative aux circuits de distribution est longue. Le canal de distribution d'un produit est souvent l'héritage du passé. La bonne relation d'une entreprise avec ses distributeurs fait partie du fond de commerce. Il est très mal aisé pour un chef de produit de les remettre en cause.

La distribution est longue à conquérir et le chef de produit a plutôt intérêt à optimiser ce qui existe déjà, plutôt que de vouloir en changer.

Néanmoins, l'étude de la distribution est importante et le chef de produit a tout loisir de recommander de nouveaux circuits qui viendraient s'ajouter à ceux existants, en espérant qu'ils ne soient pas incompatibles.

Dans l'aspect distribution, le chef de produit devra comprendre les intérêts en jeu, les attentes des distributeurs afin de satisfaire à travers le trade-marketing les besoins croissants de ce passage obligé.

Le trade-marketing

Le trade-marketing est une notion récente qui prend de plus en plus d'importance. Alors que le marketing classique prend en compte les attentes et la satisfaction du consommateur-utilisateur, le trade-marketing se concentre sur la commercialisation aux intermédiaires, principalement les GMS (Grandes et Moyennes Surfaces). Le trade-marketing se décompose en promotion-communication, logistique, transmission d'informations CGV et force de vente.

La politique de trade-marketing est le fruit de la collaboration avec le service commercial et le distributeur. De plus en plus d'entreprises créent un département spécifique à cet aspect du marketing qui est à la croisée du marketing et du commercial.

Le chef de produit semble tout désigné pour participer activement à cette structure car les méthodes utilisées sont les mêmes que pour le marketing classique : analyse, objectifs, stratégie, moyens d'actions ...

Ces moyens d'action prennent des aspects techniques pour la logistique et l'informatique que le chef de produit ne maîtrise pas toujours.

Par contre les aspects promotion ou communication font partie de ses attributions.

> Le développement des **MDD** (qui représentent jusqu'à 35 % de part de marché sur certains secteurs) oblige les fabricants à réorganiser une partie des fonctions marketing – commerciale pour répondre à la demande des distributeurs. Les MDD ne touchent pas seulement le marché des GMS mais débordent largement sur les secteurs informatique, pharmaceutique et du luxe.

Le plan marketing et le business plan

Le plan marketing (PM) et le business plan (BP) sont deux exercices importants qui rythment l'année du chef de produit. Ces deux tâches sont l'œuvre d'un travail constant de recueil de données, de vérification des hypothèses, de simulations financières, de discussions avec les fournisseurs ou la R & D. Tout ceci va prendre forme et corps pour la rédaction de ces deux documents.

L'acception anglo-saxonne du BP est plus large que le récapitulatif chiffré qui figure à la fin d'un PM « à la française ». Pour les Anglo-saxons, le BP est le document le plus complet sur la stratégie marketing de l'entreprise et il englobe le PM. Quels que soient les termes, le travail du chef de produit consiste à récapituler dans un document complet l'ensemble de la démarche marketing (analyse, objectifs, positionnement, segmentation, cible, stratégie, moyens et plan d'action) ainsi que le chiffrage complet de ce que coûtent les recommandations et surtout de ce qu'elles rapportent.

La figure 2.5 montre tous les éléments qui sont pris en compte pour l'établissement de ce document stratégique.

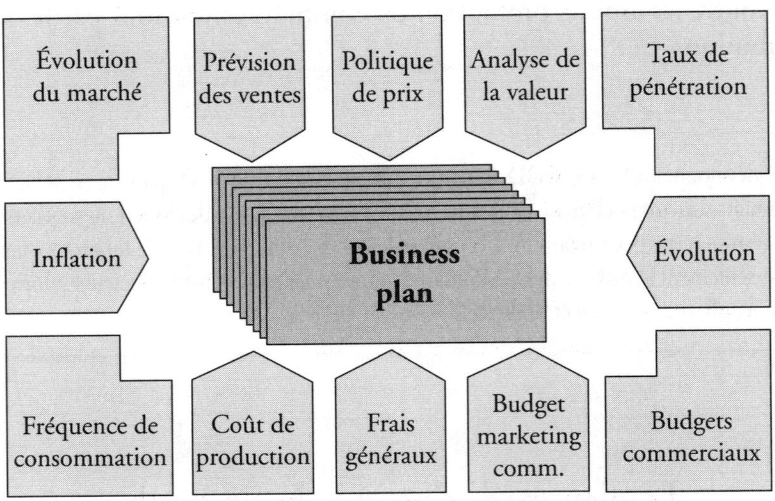

Figure 2.5 – Éléments en entrée du business plan

> Les stratégies étant établies, il faut maintenant les mettre en œuvre. Les idées et les réflexions ne sont rien sans l'action.

CHAPITRE 3

Un homme opérationnel : les actions

La réflexion précède l'action. Le chef de produit est un homme de stratégies, mais aussi un homme de tactiques. Les actions qu'il entreprend permettent de développer des outils qui aident à l'accomplissement des stratégies. La fonction chef de produit oscille entre un rôle d'acteur (ce qu'il fait réellement) et un rôle de metteur en scène (celui qui fait agir les autres).

Le représentant du produit

À l'intérieur et à l'extérieur de l'entreprise, le chef de produit représente son produit ou sa marque. À travers eux, c'est aussi l'entreprise qu'il représente. Dans les réunions de syndicats de fabricants, dans les événements officiels, pour la presse, pour les fournisseurs, pour les consommateurs, le chef de produit se confond avec sa marque. Il parle en son nom et il l'incarne.

Le chef de produit est le premier vendeur de son produit. Dès l'origine du concept d'un nouveau produit, le chef de produit défend et vend son produit à tous les niveaux de l'entreprise, y compris aux vendeurs eux-mêmes.

Un chef de produit parle souvent de ses marques comme de ses enfants, avec passion, en ne montrant que les qualités, et en n'admettant jamais les défauts. Parfois ce manque d'objectivité conduit à l'aveuglement, mais la plupart du temps ce n'est qu'un simple masque.

Un centre d'information

Le chef de produit reçoit beaucoup d'informations. Un de ses rôles consiste à traiter cette information et à la distribuer dans l'entreprise et à l'extérieur. Il s'assure que tous les intervenants sont correctement informés sur la vie du produit. Des commerciaux aux journalistes, en passant par la direction générale et les distributeurs, il a un devoir d'information auprès de ces acteurs.

Le point culminant de ce devoir se situe à la remise du plan marketing. Celui-ci est une véritable bible du produit où sont consignés les analyses, les objectifs, les stratégies et le planning des actions prévues.

Son travail quotidien consiste aussi à transmettre des informations brutes. Lorsqu'un concurrent lance un nouveau produit, l'information doit circuler très vite dans l'entreprise. L'analyse de la situation et les réactions possibles face au concurrent viendront par la suite.

C'est un rôle où il faut « amorcer la pompe » : c'est en distribuant de l'information en interne que l'information vient au chef de produit en retour. S'il fait de la rétention d'information, les circuits se détourneront naturellement de lui, et il devra aller à la pêche aux informations.

Le chef de produit est sans cesse interrogé sur divers points tant par les salariés de l'entreprise que par l'extérieur. Son rôle est de répondre à toutes ces questions même si certains de ses rapports apportent déjà un début de solution.

Un centre de coordination

Le chef de produit passe une grande partie de son temps en réunion. Les réunions auxquelles il assiste sont des réunions de coordination de projet avec les équipes de travail ou des réunions où il présente l'état d'avancement de ces mêmes projets à ses supérieurs.

Le chef de produit coordonne, non seulement certaines forces internes de l'entreprise, mais aussi une partie des fournisseurs : *sourcing* (achat de matières premières ou de produits finis), fournisseurs et prestataires de services pour le marketing (agences de publicité, imprimeurs, médias, et tous les fournisseurs de « marketing service »).

Le chef de produit rédige beaucoup de rapports ; ceux-ci concernent des domaines aussi variés que les analyses d'études, les revues de marques, les plans marketing, les résultats de l'entreprise... Ces rapports sont souvent des synthèses à l'attention de ceux qui sont chargés d'approuver ses options (comité de direction, directeur marketing), ou de ceux qui sont chargés d'appliquer ses choix (vente, production).

Un producteur d'outils de vente

Le chef de produit a la responsabilité de fournir les meilleurs outils de vente au département commercial (ou à tout autre département de l'entreprise : par exemple un dossier sur l'entreprise pour les jeunes embauchés demandé par la DRH). Il faut entendre par outils de ventes, tout ce qui permet la réalisation des contacts commerciaux dans les meilleures conditions. Cela suppose de la part du chef de produit une bonne compréhension des problèmes commerciaux et une bonne connaissance des pratiques de la distribution. D'où la nécessité pour le chef de produit de réaliser un passage dans l'équipe de vente d'au moins six mois, pour mieux comprendre et servir ses pairs, et d'accompagner régulièrement les vendeurs par des tournées terrain.

Il ne faut pas oublier que pour la plupart des produits, deux niveaux de vente sont nécessaires. Une première vente à l'intermédiaire (souvent un distributeur, **centrale d'achat** ou grossiste) réalisée par la force de vente grâce aux outils du trade-marketing, et une deuxième vente à l'utilisateur final réalisée en libre service ou par le vendeur d'un intermédiaire (grossiste). Cette vente en deux temps nécessite un double effort marketing.

La première vente est nécessaire mais pas suffisante. Le chef de produit est responsable des moyens mis en œuvre pour réaliser la première vente et de la conclusion de la deuxième vente (si un produit ne se vend pas aux consommateurs, le chef de produit revoit son marketing-mix).

Les outils de ventes sont :

- analyse de la concurrence, chiffres de part de marché,
- **argumentaire de vente**,
- book de présentation,
- promotion, création de club,
- cadeaux d'affaire,

- catalogue,
- tarifs et conditions générales de vente,
- événements commerciaux,
- divers prospectus…

Un communicateur

En interne, le rôle du chef de produit est stratégique et pourtant il n'a aucune autorité hiérarchique : sa seule arme est la communication. Il ne peut pas imposer, il doit persuader. Sans qualité de communicateur, le chef de produit est limité dans son action et aucun de ses projets ne verra le jour.

Il organise les événements à l'occasion des foires, salons, lancements de produits, séminaires de ventes. Tout ou presque est prétexte à dramatisation, dans l'unique but de mieux expliquer et de bien faire comprendre son point de vue.

La connaissance de la chaîne graphique et des outils *on-line* est un point important. L'imprimerie occupe encore une grande place dans les budgets marketing, aussi le chef de produit doit connaître les termes et procédés utilisés par cette profession. Un bon chef de produit connaîtra les derniers développements des méthodes d'impression pré-presse (PAO) et de conception internet.

Il doit se faire connaître et apprécier des médias, même si son agence de publicité achète l'espace directement ou au travers d'une centrale d'achat. La connaissance des médias lui permet de juger de la pertinence du média-planning de son agence, ou au besoin de le rétablir lui-même. De manière plus générale, il communique avec la presse et les journalistes.

Il assure la notoriété de l'entreprise sur ses marchés. Pour cela, il collabore avec les autres chefs de produit de l'entreprise.

Un contrôleur et un « reporter »

Le chef de produit fait le contrôle de gestion qualitatif et quantitatif de sa marque. Il s'assure que chaque personne impliquée dans la réalisation des objectifs a bien compris son rôle et qu'elle applique les différentes phases du plan. Il analyse aussi en permanence les écarts (en quantité, en euros, en temps) entre le plan et les réalisations.

Du contrôle des écarts le chef de produit tire les enseignements qui feront le succès de ses prochaines recommandations. Il tire aussi de cette analyse des propositions de correction et modifie en conséquence les budgets de dépenses et de recettes.

Les tableaux de bord ne sont pas réservés aux contrôleurs de gestion. Le chef de produit est à l'initiative de nombre d'entre eux. Les tableaux de bord du chef de produit se projettent dans l'avenir et tentent de donner une vision de ce qui se passera.

En collaboration avec le contrôle de gestion, le chef de produit explique les écarts budgétaires : écart entre les prévisions de ventes et les ventes, écart entre le budget initial de dépenses et les engagements réels. Un engagement est un accord qui entraîne une facturation future (par exemple accord sur **l'achat d'espace**, accord sur les frais de gestion de retour d'une promotion).

Le chef de produit est bien sûr responsable du budget qui lui est confié, mais aussi des prévisions de ventes mensuelles qu'il calcule.

Suivant la position de l'entreprise, filiale d'un grand groupe ou entreprise familiale, il organise le reporting en fonction de ses interlocuteurs.

> Le chef de produit est un homme de réflexion et d'action. Son champ d'intervention s'étend sur tous les départements de l'entreprise. Et même si son rôle est fonctionnel, ses responsabilités sont importantes.

CHAPITRE 4

La responsabilité du chef de produit

Les responsabilités du chef de produit changent avec le type d'entreprises (industrielles, tertiaires, grande consommation ou **business to business**). Il est toujours responsable de la satisfaction des consommateurs, et pour les entreprises les plus évoluées du point de vue marketing, il est aussi responsable du profit généré par ses produits, et finalement du développement de ses marques.

La pérennité de l'entreprise passe par la satisfaction du consommateur et la capacité de l'entreprise à dégager un bénéfice financier de cette satisfaction (il se trouve que c'est une définition du marketing des plus pertinentes). Trout et Ries ont parfaitement illustré, dans leur ouvrage *Les 22 lois du marketing*[1], l'importance de la perception du client.

La satisfaction du consommateur

Oui ! la satisfaction se mesure. Il est même conseillé à tous les chefs de produit d'en suivre l'évolution et de s'inquiéter de toutes variations.

➤ La perception positive du produit

La qualité du produit ne doit pas seulement être intrinsèquement bonne, mais surtout plaire au consommateur. Les exigences de la cible doivent être parfaitement connues du chef de produit. Encore une fois,

---

1. Trout J. et Ries A., *Les 22 lois du marketing*, Dunod, 1994.

il s'agit plus de la qualité perçue par le consommateur que de la qualité réelle du produit.

Le chef de produit a pour mission de transformer les qualités réelles des produits en avantages pour le consommateur. Du degré de satisfaction à ses besoins, le consommateur déduira la qualité du produit, et donc la somme d'argent qu'il est prêt à investir pour sa satisfaction.

➤ La rotation en linéaire

Ce taux peut être considéré comme le premier ratio de satisfaction client. Dans l'entreprise, la rotation en linéaire se mesure par le réassort des magasins, c'est-à-dire le nombre de commandes et les quantités commandées à chaque période.

La rotation se mesure aussi sur les panels distributeurs (Nielsen ou Secodip). On a alors une moyenne des rotations en linéaire pour les circuits de distribution considérés (VMM, VMH).

Si le commercial est responsable de l'implantation du produit en magasin, c'est le chef de produit qui répond de l'attractivité vis-à-vis du consommateur. Un produit qui reste en linéaire souffre vraisemblablement d'un mauvais positionnement.

➤ Le taux de réachat (QA/NA)

Ce taux peut être considéré comme le deuxième ratio de satisfaction. Si le premier achat par le consommateur et l'essai du produit ne procurent pas de satisfaction, si le consommateur ne tire pas avantage de l'utilisation du produit, alors il ne rachètera pas ce produit. C'est encore une fois un problème de mix-marketing. L'évolution du rapport QA/NA est un indicateur du taux de réachat.

➤ Les réclamations consommateurs

Nous finirons par ce dernier indice (car il en existe bien d'autres) : le nombre de lettres de réclamation ou de satisfaction reçues. Pour qu'un consommateur prenne la peine d'écrire, c'est que le problème est important à ses yeux, il doit donc l'être pour vous. La réponse de politesse est obligatoire, jointe à quelques produits de dédommagement ou de remerciement. Le chef de produit entreprend ensuite les actions correctrices.

Le chef de produit possède là un précieux indicateur sur l'indice de satisfaction du consommateur final. Ces lettres sont utiles pour déceler un problème ou un mécontentement ponctuel. Cet indicateur entre dans la revue de marque du produit.

Le profit du produit, de la marque, de la catégorie

Dans le cas idéal, la comptabilité de l'entreprise est suffisamment analytique pour obtenir un compte de résultats par produit (ou par marque). Le chef de produit est responsable du résultat d'exploitation de son produit. Les composants de ce résultat sont :

- le prix de revient (frais généraux d'usine inclus) ;
- le transport (sous forme d'un pourcentage de CA fixe pour l'année) ;
- les dépenses marketing et publipromotionnelles ;
- les remises (ristournes, rabais, RFA, escompte) ;
- les frais généraux de l'entreprise (sous forme d'un pourcentage de CA fixe pour l'année établi sur la base d'un CA prévisionnel). Les frais généraux comprennent : la location des locaux, la masse salariale, les charges diverses et les dotations aux amortissements ;
- le prix de vente net.

Le chef de produit n'est pas pénalisé des charges financières, ni des charges exceptionnelles de l'entreprise.

Généralement les entreprises ont un objectif moyen de profit (exprimé en pourcentage du CA). Par exemple, telle entreprise de cosmétiques demande une rentabilité de 23 % à toutes ses marques, et les chefs de produit ont la responsabilité de ce résultat. Ce taux, qui peut paraître élevé, assure à l'entreprise une rentabilité nette après impôt de 6 %.

Dans le calcul d'une marge moyenne, il faut tenir compte de deux paramètres :

- la contribution de la marque aux frais généraux de l'entreprise,
- la possibilité de développement de la marque à moyen terme.

Pour le premier point, même si le produit n'atteint pas le profit attendu, il participe au paiement des frais généraux de l'entreprise.

C'est-à-dire que si ce produit non rentable était arrêté, il faudrait augmenter la participation de tous les autres produits aux frais généraux de l'entreprise. Ce qui baisserait automatiquement le profit moyen de chaque produit.

Pour le deuxième point, c'est la stratégie de l'entreprise qui est en cause. Il est possible de raisonner non plus produit par produit mais sur la globalité du portefeuille de produits. Bien que cela relève du directeur marketing, il faut évoquer cette possibilité de compensation de marge par les produits mûrs pour les produits en développement (ou des produits « vache à lait » vers les produits « stars » selon la matrice BCG). Cet arbitrage de marge est une décision de politique générale, et se fait à la lueur du développement potentiel du portefeuille produit.

La nouvelle tendance de calcul de rentabilité des marques est celle de la création de valeur. Ce n'est pas le profit comptable qui compte, mais le profit économique, aussi appelé EVA (*economic value added).* Le profit économique se calcule selon la formule suivante :

PE = Résultat après impôt de la marque – Coût du capital investi

Par rapport au profit comptable les retraitements sont les suivants :

- déduction des frais financiers et des frais exceptionnels,
- ajout de l'impôt société,
- déduction du coût du capital (c'est-à-dire : le coût de votre structure multiplié par le coût moyen du capital. Par exemple : un entrepôt, une machine, des ordinateurs, des m^2 de bureau… pour un total de 3M€ multiplié par 10 % égale 300K€).

Les conséquences de ce calcul sont nombreuses.

Il faut un minimum de 500K€ de profit comptable pour avoir un profit économique nul (500K€ – 200K€ (impôts) – 300K€ (coût du capital investi) = 0).

Il y a deux manières d'augmenter son profit économique : l'augmentation du profit comptable, donc de la marge et la baisse du capital investi.

La responsabilisation est plus grande avec un calcul de profit économique qu'avec un calcul de profit comptable.

La rémunération du chef de produit peut varier en fonction des résultats de profit économique. Seules les variations de PE sont importantes car si elles sont positives, il y a création de valeur.

Le développement de son portefeuille de produits

Chaque entreprise est composée d'un système de production (même dans les services où l'informatique et les hommes représentent la production), d'un outil administratif, d'une organisation de vente, et d'hommes et de femmes dévoués au bon fonctionnement de l'entreprise. Tous ces éléments sont mis au service du client moyennant un prix.

Mais l'entreprise possède encore bien plus que cela : sa marque, le fait que son produit ou ses services soient uniques ou perçus comme tel.

Dans l'évaluation d'une entreprise, la marque peut compter jusqu'à 50 % de la valeur, et les acquéreurs sont de plus en plus prêts à en payer le prix. Le chef de produit développe les marques pour qu'elles deviennent de véritables actifs pour l'entreprise (le goodwill). Cet actif peut se mesurer en points de notoriété, en points d'image mais surtout en potentialité de développement. Le chef de produit fait fructifier le fonds de commerce de l'entreprise, au même titre que le directeur financier fait fructifier la trésorerie.

Le chef de produit fait évoluer son portefeuille de produits. Cette évolution peut signifier un rétrécissement de la gamme, une rationalisation de la production, une réduction des composants du produit, une communication massive ou au contraire sélective, une augmentation de prix ou encore le lancement de nouveaux produits.

Le chef de produit doit garder présent à l'esprit que de sa capacité à développer le potentiel de sa marque dépend le capital de l'entreprise et par là même son emploi.

Les outils couramment utilisés pour gérer et prévoir l'évolution d'un portefeuille de produits sont la matrice BCG (figure 4.1) et la matrice ADL (figure 4.2).

On ne présente plus ce célèbre outil d'analyse encore et toujours utilisé dans les plus grands groupes pour gérer le portefeuille de produits ou d'activités. Deux précisions s'imposent sur BCG.

C'est un outil simple, voire simpliste, qui prend en compte des éléments quantitatifs (taux de croissance des marchés et part de marché relative : pdm du produit divisé par la pdm du leader).

La matrice en elle-même ne présente pas beaucoup d'intérêt, le plus important c'est le mouvement dynamique appliqué aux produits au travers de flèches qui représentent l'objectif de la stratégie marketing. Pour une bonne gestion de produit, la flèche 1 est un saut stratégique impératif, la flèche 2 dépend plus du marché que de l'entreprise (sauf en cas de quasi monopole), la flèche 3 reste une prouesse marketing !

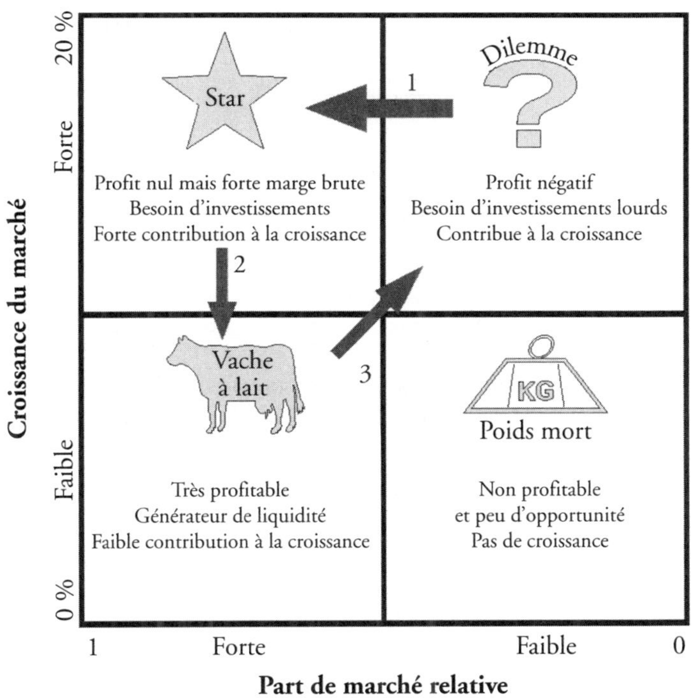

Figure 4.1 – Matrice BCG de gestion des portefeuilles de produits

La matrice ADL, moins connue, est plus subtile. Elle prend en compte des éléments qualitatifs. Son principe est dérivé de la matrice BCG, mais le taux de croissance du marché est remplacé par la maturité du marché vue sous forme du cycle de vie et la pdm relative est remplacée par la position concurrentielle de l'entreprise.

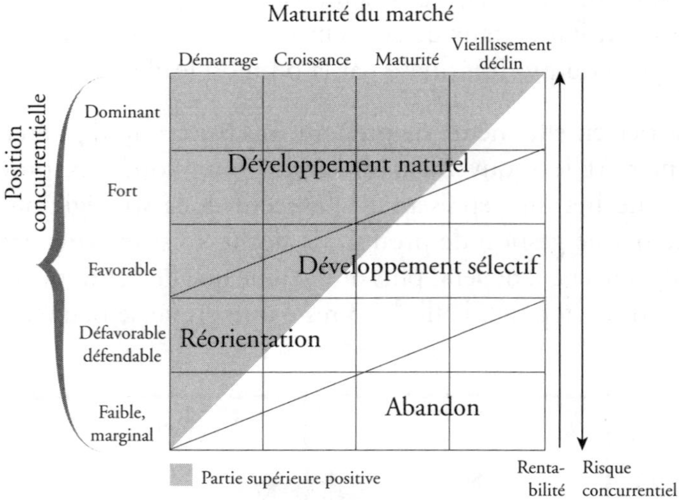

Figure 4.2 – Matrice Arthur D. Little de gestion des portefeuilles de produits

Le travail du chef de produit, ses responsabilités, son rôle dans l'entreprise sont maintenant définis. Une grande partie de sa fonction est d'assurer l'homogénéité et la cohérence de la stratégie depuis la préparation des décisions jusqu'à l'aboutissement total des actions. Cette première partie s'achève pour laisser place à la partie suivante qui sera conçue comme un guide pratique.

DEUXIÈME PARTIE

Les tâches du chef de produit ou la pratique du métier

Cette partie est conçue comme un guide didactique. Chaque tâche du chef de produit est détaillée et expliquée. Chaque fois que cela est possible, les opérations se décomposent en :

- une définition,
- une explication sur l'utilité de l'opération,
- un exemple de présentation type.

Vous pouvez utiliser certaines présentations types immédiatement, comme aide-mémoire ou comme base de travail. Cette partie pratique s'articule autour des thèmes suivants : marketing stratégique, marketing opérationnel et application des décisions sur le terrain.

CHAPITRE 5

Le marketing stratégique du chef de produit

La stratégie est le fondement du travail du chef de produit, c'est ce qui a fait dire à certains « qu'il vaut mieux faire les bonnes choses que de faire les choses bien ». Faire les deux, cela va sans dire, serait parfait. Avec une bonne analyse, une bonne stratégie, le chef de produit est certain de ne pas faire fausse route. Mais ce n'est pas le succès assuré pour autant. Si la mise en œuvre est médiocre ou le consensus autour des idées incomplet, l'échec est proche.

Le rôle du chef de produit est stratégique et opérationnel. Suivant les cycles économiques, les entreprises demanderont plus d'opérationnel en période de crise, et plus de stratégie en période euphorique. Le chef de produit avisé ne se contentera pas d'objectifs à court terme axés sur la rentabilité immédiate (le côté opérationnel), il devra toujours y inclure une dose de long terme.

On n'insistera jamais assez sur le but de l'analyse : ce n'est pas analyser pour analyser et ainsi devenir plus savant sur les rouages de la pensée du consommateur ou sur tout autre point. Le but de l'analyse est de fournir des objectifs clairs qui seront atteints à une échéance précise avec un plan précis et un suivi chiffré. Le chef de produit doit se battre contre l'analyse stérile (du domaine de la recherche) et prôner une analyse utilitaire dont la vocation est de servir de base et d'objectifs pour les plans d'actions.

L'analyse des marchés

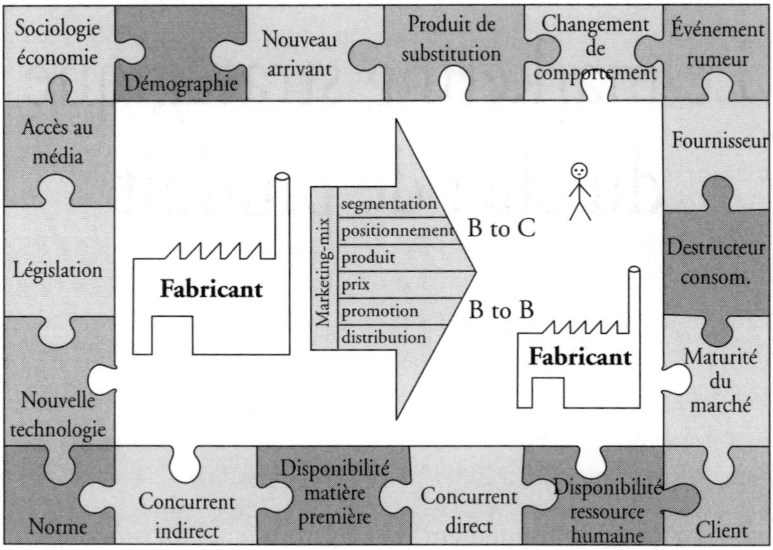

Figure 5.1 – L'environnement du marketing-mix

Le comportement du consommateur

Les consommateurs sont toujours au bout de la chaîne de vente, même en business to business (*B to B*) le processus aboutit à un destructeur final.

Les besoins des consommateurs sont identiques, seule la manière de les satisfaire change et évolue. Ces évolutions sont spatio-temporelles, la manière de satisfaire un besoin de distraction n'est pas la même aujourd'hui qu'elle ne l'était il y a 10 ans, et elle n'est pas la même partout dans le monde. Il faut distinguer ce que le consommateur achète et pourquoi il l'achète pour bien percevoir la différence entre la satisfaction objective et subjective.

Le consommateur n'achète pas une perceuse, ni la fonctionnalité de faire des trous, il achète un moyen de fixer deux éléments (un tableau au mur par exemple) et au-delà de ce moyen, il satisfait un besoin de décoration de son habitat.

L'étude de ces comportements et de leurs évolutions est fondamentale pour adapter l'offre de l'entreprise. Les tendances doivent être décelées à l'état de tendances... c'est-à-dire avant qu'elles ne deviennent une mode.

En 2000, la mode du marketing ethnique a donné lieu à beaucoup de lancements réussis ; en 2001 la tendance rebelle, mise en exergue par le mouvement BOBO (bourgeois bohème), a poussé de nombreux produits luxe dans l'arène de la grande consommation. Aujourd'hui, les notions de digression font recette, cette désobéissance engendre des produits radicalement orientés vers le plaisir (plus de sucre, plus de goût, ou moins de publicité, moins de marketing), et une génération de produits sans marketing (apparent), sans autre publicité que le bouche à oreille, apparaît. Demain, il faudra compter sur les concepts de mobilité, de transhumance et d'hédonisme pour séduire les consommateurs.

En dehors des tendances, la vague de fond nous pousse vers une hyper segmentation des marchés. On voit apparaître des spécialistes du senior marketing, du baby marketing ou des early adopters (les premiers 10 % de consommateurs qui adoptent un nouveau produit).

Le store-check

Autre outil d'analyse, d'un autre niveau, le *store-check*, au sens strict, consiste à vérifier le déroulement de la commercialisation sur le terrain (présence des produits de l'entreprise et surtout de ceux de la concurrence, prix, disposition, animation spéciale...). Dans son sens large, c'est un exercice de relevés de données magasins, par lequel on débute tout contact avec une entreprise.

Les *store-check* les plus fréquents sont effectués dans les grandes surfaces alimentaires (le libre service permet de regarder les produits à loisir, mais attention à noter discrètement et à ne pas prendre de photo car cela est interdit en magasins). Les magasins traditionnels se prêtent aussi à cet exercice. Dans ce cas il est possible que le contact avec un vendeur soit obligatoire, et le plus souvent il vous suffit de vous faire passer pour un consommateur.

Il est même envisageable de passer les banques ou les assureurs à travers un *store-check*. Là, la discussion est quasiment obligatoire, mais les objectifs du *store-check* restent les mêmes.

L'importance du *store-check* n'est plus à démontrer. Les politiques marketing les mieux pensées ne se jugent que sur le terrain, la part de marché en est souvent la sanction. Les panels de distributeurs sont épluchés pour essayer de comprendre les événements, mais rien ne vaut une visite sur le terrain.

Les objectifs d'un *store-check* peuvent être multiples, il est impératif de choisir les vôtres avant de mettre le pied en magasin. Voici quelques exemples d'objectifs :

- contrôle de la vitesse de référencement du produit précis de l'entreprise ;
- évaluation de la qualité de la mise en place d'un nouveau produit par un concurrent ;
- étude simple des produits et de la concurrence (impératif avant une étude de cas ou un entretien d'embauche) ;
- relevé de prix ;
- relevé de facing pour une élaboration de plan merchandising.

Suivant l'objectif que vous avez choisi, vous sélectionnerez les magasins que vous souhaitez visiter ; cet exercice doit se faire seul. Si vous demandez une liste de points de vente au directeur commercial, vous aurez la liste des meilleurs magasins de la région, mais pas une vue objective du marché. Il faudra bien sûr informer le directeur commercial de votre démarche en magasin, mais par pure politesse et pour qu'il ne trouve pas votre futur rapport comme tombé du ciel.

Pour les hypermarchés, il est important que votre choix de magasins soit aléatoire (le plus possible d'enseignes différentes). Quant au nombre de magasins que vous pouvez visiter par jour, le maximum est quinze en région parisienne et huit en province pour un simple relevé de prix et contrôle d'un changement de packaging. Si votre objectif nécessite des relevés plus complets, ne comptez pas plus de sept points de ventes. Et cinq seulement si vous devez établir un contact avec le distributeur.

Une fois en magasin, profitez-en pour noter l'emplacement de votre rayon dans le plan général, la taille de votre rayon global, et pour parler aux consommateurs. Si vous prévenez la direction du magasin ou le chef de rayon, vous serez obligé d'attendre votre interlocuteur à l'accueil du magasin et de porter un badge (échangé contre une pièce d'identité), vous perdrez du temps (il ne faut plus compter que cinq points de vente par jour), mais vous aurez le droit d'aller en réserve, et vous retirerez beaucoup d'informations du chef de rayon. Vous aurez droit à la liste des problèmes ressentis par le chef de rayon et vous devrez faire attention à ne pas court-circuiter le responsable commercial de ce point de vente.

La méthode officielle (rencontre du chef de rayon) n'est pas conseillée car elle est lourde à gérer (prise de rendez-vous, attente, lettre de remerciement et, le cas échéant, rapport de visite et solutions aux problèmes posés par le chef de rayon). Elle est parfois source de conflits avec les commerciaux, à moins que votre objectif soit l'analyse de la politique commerciale d'un concurrent. Si vous souhaitez de telles discussions, attendez votre prochaine tournée terrain en accompagnement de la force de vente.

Une fois devant votre rayon, attendez les consommateurs avant de sortir votre crayon. Observez et écoutez. Vers quel produit s'orientent-ils ? Regardent-ils le prix ? Est-ce de l'achat d'impulsion ? Notez ces points immédiatement, ce sont de futures pistes de réflexion.

Vient maintenant le cœur de votre travail, que vous aurez pris soin de préparer au bureau. Pour un relevé de prix, établissez des grilles avec les noms des produits, les contenances, une option « produit en promotion », une option « TG » (tête de gondole), une option « rupture » et une case prix. Vous aurez autant de grilles que de magasins.

Si vous effectuez un relevé de linéaire, un papier quadrillé en élément de 1,33 mètre sera utile, un glossaire des abréviations des noms de produits… Toutes ces préparations ont pour objet de faciliter votre travail sur le point de vente, mais aussi le travail de dépouillement des résultats et la rédaction de votre rapport.

Écrivez votre rapport le soir même ou le lendemain, et diffusez-le aussitôt. Si cet exercice est habituel, au moins une fois par trimestre, donnez un numéro (*store-check* n° 1, n° 2…) et gardez le même plan. Ce rapport doit être bref, les tableaux synthétiques, les analyses très simples en veillant à ne pas mettre en cause la personne qui gère les points de vente visités, ni son patron, ni le responsable des comptes clés.

Le store check

Relevé de prix n° 1 : PRODUIT SOLAIRE Fiche n° 1 : magasin Auchan Bel-Est à Bagnolet								
Nom du fabricant	**Nom du produit**	**Condition-nement**	**Gencod**	**Prix standard**	**Prix promo**	**Prix TG**	**En rupture**	**Observations**
Nivéa	Lait bronzant indice 3	tube 70 ml	50215	non		12,55		TG de 15 jours avec jeu
	Lait bronzant indice 6	flacon 125 ml	50124	non		19,85		"
	Lait bronzant indice 6	flacon 250 ml	50198	29,50		26,50		"
Ambre solaire	Crème bronzante indice 4	flacon 125 ml	65874	21,20				
	Crème bronzante indice 4	flacon 250 ml	65321	36,50				
Club Med	Crème indice 12	tube 75 ml	98475	non	12,20			jeu-concours
	Crème indice 6	tube 150 ml	98542	non	19,95			prime on-pack
Autres								
Nota : le texte en gras doit être préparé au bureau, ce qui peut occasionner une première visite de repérage et éventuellement l'achat des produits concurrents.								

Les études collectives

Il s'agit d'études dont le coût est partagé par plusieurs entreprises. Par exemple dans les enquêtes omnibus de la Sofres où 2 000 personnes sont interrogées tous les quinze jours, chaque entreprise participante pose ses questions pour la modique somme de 900 euros par question. Autre exemple : GFK réalise des études sectorielles sur différents marchés et propose aux **annonceurs** de les acheter pour 1 500 à 4 000 euros. L'annonceur devient alors souscripteur de l'étude.

Les panels, piges, **études d'audiences** sont des études collectives.

➤ Les panels

Un panel est une enquête à fréquence fixe où les mêmes questions sont posées aux mêmes personnes représentatives. L'avantage d'un panel par rapport à une enquête classique vient de la répétition. Les mêmes questions posées tous les deux mois permettent, mieux que tout autre outil, d'analyser les changements de **comportements**. L'analyse se fait sur les variations d'une période à l'autre. Le deuxième avantage, qui est général aux enquêtes, est la possibilité d'extrapolation à la population tout entière.

➤ Le panel distributeur

Pour connaître les comportements de consommateurs il est possible soit de les interroger directement – c'est le principe du panel consommateurs Secodip – soit de constater les achats en magasins – c'est le principe du panel distributeur que nous étudions ici dans le détail.

Le panel est une méthode d'enquête continue. Dans le cas du panel distributeur les mêmes points de ventes sont audités. Les relevés concernent : le stock en rayon et hors-rayon, les factures, les commandes, les bons de livraison ; les résultats sont obtenus par comparaison avec les relevés de la période précédente.

Seulement 10 % des points de ventes sont réellement audités, puis par extrapolation les calculs donnent les chiffres nationaux.

La saisie des données est automatisée par des connexions directes aux sorties de caisse. IRI France et Nielsen proposent déjà un panel *on-line.*

Ces derniers développements des techniques d'enquêtes permettent :

- des fréquences de relevés plus importantes (IRI propose un panel bimensuel, très utile pour juger de la performance des promotions ou dans le cas de produits saisonniers) ;
- des chiffres plus précis ; ce qui est réellement payé en caisse au lieu d'une simple différence des entrées et sorties de stocks (éliminant ainsi la démarque inconnue : vol, casse) ;
- des informations sur les paniers moyens.

Le panel distributeur

Relevés Nielsen
Conserves appertisées — Total France
Unité quantité : en 1000 unités — Unité valeur en millions d'euros

1	2 Vente valeur	3 Vente quantité	4 Achats	5 Stocks
Marché Total	581 100 %	129 657 100 %	99 056 100 %	55 691 100 %
VO	17,43 3,00 %	1 944,86 1,50 %	4 952,80 5,00 %	3 341,46 6,00 %
Marque A (leader)	180,11 31,00 %	35 007,39 27,00 %	24 764,00 25,00 %	14 479,66 26,00 %
Marque B (challenger)	133,63 23,00 %	31 117,68 24,00 %	18 820,64 19,00 %	10 024,38 18,00 %
Marques d'enseigne et autres marques	249,83 43,00 %	61 587,08 47,50 %	50 518,56 51,00 %	27 845,50 50,00 %

Explication des données

Colonne 2 : ventes en valeur aux consommateurs (exprimées en 1 000 euros TTC, prix indiqué au rayon). Le deuxième chiffre exprime la part de marché des ventes valeur par rapport à la ligne 100 % de référence.

Colonne 3 : ventes en quantités aux consommateurs.

Le deuxième chiffre exprime la part de marché des ventes quantité par rapport à la ligne 100 % de référence.

Colonne 4 : achat des magasins (*sell-in*), ce qui entre dans le magasin, exprimé en quantité.

Le deuxième chiffre exprime la part de marché des achats quantité par rapport à la ligne 100 % de référence.

Colonne 5 : stock du magasin, ce qui est dans le magasin, exprimé en quantité.

Le deuxième chiffre exprime la part de marché des stocks quantité par rapport à la ligne 100 % de référence.

Colonne 6 : approvisionnement, c'est la durée en mois pendant laquelle les stocks seraient suffisants pour suivre le rythme actuel des ventes.

Colonne 7 : distribution.

Première ligne : DN (Distribution Numérique) pourcentage des magasins détenant la marque par rapport à l'ensemble des magasins de l'univers. Les points de vente en rupture de stock sont inclus. C'est un indicateur de la large diffusion de la marque.

Deuxième ligne : DV (Distribution Valeur) part du CA de la classe de produit réalisé par les magasins détenteurs de la marque ou de la variété étudiée. C'est un indicateur de la qualité des magasins dans lesquels la marque est présente.

Colonne 8 : rupture de stocks. Pourcentage de magasins qui stockent habituellement le produit, mais qui sont en rupture de stock lors du passage de l'inspecteur en magasin. À la suite de trois ruptures successives le magasin n'est plus compté dans la DN.

Première ligne : rupture numérique.

Deuxième ligne : rupture valeur.

Univers du circuit : 6 500 — le 20 mars 2003
Janvier-février 2003 — Page 1

6 Appr.	7 DN DV	8 Rup.	9 % Achat	10 % Vente	11 Moyenne	12	13
5,584	100 100	1 0	98 99	100 100	8 654 9 974	4,48 7 775	100,00
3,35	15 52	1 0	10 48	12 50	3 672 997	8,96 3 810	5,77
3,495	65 85	0 0	50 72	55 80	3 427 4 143	5,14 3 810	36,47
2,596	62 63	2 2	54 60	54 59	2 570 3 861	4,29 2 681	36,51
5,76	98 100	2 1	97 99	95 100	4 462 4 834	4,06 4 006	43,00

Colonne 9 : magasins ayant acheté. Pourcentage des magasins actifs en achats (au moins une commande aux fabricants de la marque) lors de la période sur la marque considérée.
Première ligne : acheteurs actifs numériques.
Deuxième ligne : acheteurs actifs valeur.
Colonne 10 : magasins ayant vendu. Pourcentage des magasins actifs en vente (au moins un produit vendu au consommateur) lors de la période sur la marque considérée.
Première ligne : vendeurs actifs numériques.
Deuxième ligne : vendeurs actifs valeur.
Colonne 11 : Première ligne : stocks moyens par magasin.
Deuxième ligne : ventes moyennes mensuelles (VMM) par magasin
Colonne 12 : Première ligne : prix moyen consommateur.
Deuxième ligne : achats moyens mensuels.
Colonne 13 : part chez les détenteurs (ou part de marché en magasin). C'est la part de marché de la marque rapportée à son univers de présence. Utile pour comparer des marques qui n'ont pas le même niveau de distribution.
Colonne 14 (option) : proportion du stock en surface de vente par rapport au stock en réserve.
Colonne 15 (option) : tête de gondole.
Colonne 16 (option) : produit en promotion.
Colonne 17 (option) : produit en plus.
Colonne 18 (option) : cadeaux et jeux.
Ces mêmes données sont fournies sous forme de graphiques et de fichiers informatiques. Ces tableaux ne s'adressent qu'au public restreint du marketing. Une des tâches du chef de produit est de « sortir » une synthèse utilisable par les différents niveaux du personnel commercial (directeur national, directeur de centrales, directeur régional, chef de vente régional, merchandiseur). Suivant la structure, le chef de produit fera aussi une analyse pour la direction générale et pour la direction européenne (voir chapitre 3).

Ces techniques automatiques libèrent les heures consacrées au comptage manuel et permettent de fournir des renseignements utiles :

- présence de promotions ;
- produit en TG ;
- éléments de merchandising (part de linéaire...) ;
- présence des produits sur catalogue ;
- animations ;
- promotion sur le prix ...

Les indicateurs du panel distributeur sont :

- le poids des circuits de distribution, des segments, des familles de produits, des régions ;
- la part de marché (PdM) ;
- le rapport DN/DV ;
- la PdM détenteur (ou vendant) ;
- le nombre de références par famille, par type de magasins.

Le chef de produit suit ces indicateurs à chaque édition du panel et communique ces résultats sous différentes formes avec les retraitements adéquats à l'ensemble de ses interlocuteurs.

➤ Panel consommateur

Le principe général du panel consommateur est le même que celui du panel distributeur. Les différences proviennent de la taille des populations à auditer. Dans le cas des distributeurs, la population totale du sondage représente un maximum de 20 000 points de ventes, dans le cas des consommateurs la population totale est de 20 millions de foyers.

Secodip (Consoscan) et Nielsen (Homescan) sont les spécialistes du panel consommateur. Un groupe témoin représentatif est constitué de 5 000 à 8 000 foyers (tirés au sort de manière aléatoire et de manière à ce qu'ils représentent le mieux la population française par rapport aux enquêtes de l'INSEE). Un questionnaire par foyer est rempli indiquant précisément ce qui a été acheté pendant la période. Secodip fournit une liste préétablie sur laquelle la ménagère peut choisir. Nielsen livre un lecteur de code barres.

Une fois l'échantillon statistique permanent constitué (acheteur pro, ménage, foyer) les mesures destinées à mesurer leurs dépenses et investissements sont enregistrées de manière continue et à intervalles réguliers.

Les principaux indicateurs sont :

- la pénétration : nombre d'acheteurs par rapport à la population cible (NA) ;
- la quantité achetée par acheteur (QA/NA) ;
- la fréquence d'achat : nombre d'actes d'achat ;
- les taux de premier achat et réachat (R1).

Décomposition du QA/NA

QA/NA = ((QA/nombre d'actes d'achat) × Nombre d'actes d'achat)/ NA
QA = (%NA) ×(taille de la population française) × (QA/NA)

L'utilisation du panel consommateur comme outil de diagnostic stratégique permet de dégager des objectifs perspicaces suivant qu'il s'agit d'un problème de pénétration ou de réachat.

Analyse stratégique à partir du panel conso antalgique

Marques	Taux de pénétration	QA/NA
Aspirine	78 %	33 u
Advil	56 %	52 u

Advil a un problème de pénétration ou de taux d'essai.

Aspirine a beaucoup d'acheteur, mais les quantités achetées sont trop faibles. Cette faiblesse provient-elle de la quantité achetée à chaque acte ou de l'insuffisance du réachat ?

Marques	QA/Acte	Nombre d'actes
Aspirine	14 u	3,3
Advil	13 u	5,4

Il s'agit pour Aspirine d'un problème de réachat.

Calcul de la profondeur de réachat

	Aspirine		Advil	
	% NA	% QA	% NA	% QA
1er acte	72 %	32 %	50 %	17 %
R1 2e acte	10 %	7 %	17 %	
R2 3e acte	7 %	8 %	9 %	
R3 4e acte	5 %		7 %	
R4 5e acte	6 %	35 %	18 %	42 %
Total	100 %	100 %	100 %	100 %

Advil fidélise mieux sur le nombre et l'importance des réachats qui sont plus profonds.

Taux de nourriture

Pour mesurer plus complètement la fidélité à la marque, il faut étudier le taux de nourriture, c'est-à-dire la part de marché que représente la marque chez ses acheteurs.

Marques	Taux de nourriture
Aspirine	51 %
Advil	33 %
Autres	16 %

Aspirine aura intérêt à fidéliser.

Concentration des achats

La concentration des achats (PMG : petits, moyens et gros acheteurs) étudie la dispersion des acheteurs d'une marque en fonction de l'importance de leur consommation.

Les mouvements d'achat

Le transfert d'achat quantifie le solde des échanges entre plusieurs marques d'un marché sur deux périodes.

La mixité d'achat mesure la duplication entre plusieurs produits avec les indicateurs suivants : % d'acheteurs exclusifs, % d'acheteurs qui dupliquent avec une ou plusieurs autres marques, le taux de nourriture de la marque chez les mixtes.

Le *brandswitching* décompose tous les actes d'achat dans le temps avec les indicateurs suivants : taux de réachat consécutifs, ID (indice de *switch*)...

Le panel consommateur

Secodip Panel Consommateur France
Marché des produits surgelés période mars-avril 2003

	QA pour 100 ménages en unités	Part de marché en %	% des ménages acheteurs	QA par ménages acheteurs
Total marché	161,09	100	48	3,50
Segment 1	91,64	57	30	3,07
Segment 2	40,95	25	22	1,87
Segment 3	28,51	18	9	3,21
Segment 1	91,64	100	30	3,07
Marque A	39,27	43	12	3,27
Modèle a1	22,55	25	10	2,28
Modèle a2	16,00	17	9	1,84
Marque B	30,18	33	10	3,06
Modèle b1	21,45	23	10	2,17
Modèle b2	8,73	10	4	2,46
Marque C	12,36	13	6	2,11
Modèle c1	7,64	8	5	1,67
Modèle c2	4,73	5	3	1,52
Marque D	3,27	4	2	1,41
Autres marques	6,55	7	6	1,09
Segment 2	40,95	100	22	1,87
Marque A	20,91	51	13	1,61
Marque B	6,92	17	7	1,00
Marque C	6,36	16	5	1,24
Marque D	6,11	15	5	1,36
Autres marques	0,62	2	0	2,47
Segment 3	28,51	100	9	3,21
Marque A	1,89	7	1	1,58
Marque B	6,11	21	3	1,90
Marque C	14,51	51	6	2,55
Marque D	4,73	17	2	2,36
Autres marques	1,27	4	1	1,15

QA : quantités achetées

➤ Pige publicitaire

La pige publicitaire consiste à relever, pour une catégorie de médias, les investissements publicitaires bruts des marques annonceurs du marché. Par exemple (page 72) le concurrent n° 1 a investi 8 254 000 euros (au tarif de base sans remise) en télévision au 4e trimestre 2003, ce qui représente une part de voix de 56 %.

Ce type de renseignements est utile à plus d'un titre. D'abord pour le suivi des actions de la concurrence (la structure des investissements publicitaires), ensuite pour une comparaison des parts de voix et des parts de marché et finalement pour une bonne interprétation des autres enquêtes de notoriété et d'image. Globalement la pige est un outil indispensable pour optimiser ses achats d'espaces et surtout la création publicitaire. Secodip, Nielsen et d'autres grandes sociétés d'étude proposent des piges multimédias sur différents marchés.

À noter : une pige simple peut être réalisée en interne. Il faut pour cela collecter les magazines et journaux susceptibles de recevoir les annonces de la concurrence. La pige interne est impossible lorsque des médias aussi complexes que la télévision ou l'affichage sont en jeu.

Il existe aussi des piges spéciales pour les actions dites « hors-média » le marketing direct et la promotion sur les produits de grande consommation. Ces piges donnent par marque les techniques utilisées et quelquefois une copie des documents promotionnels.

➤ Les mesures d'audience

Les enquêtes de **mesure d'audience** sont au centre d'éternels débats, tant les enjeux sont importants. Il s'agit de déterminer le nombre de lecteurs ou d'auditeurs d'un média et surtout leurs profils.

Pour la presse écrite, il est facile de comparer le tirage du support et le lectorat (le rapport de ces deux chiffres constitue le taux de circulation). En revanche, la mesure est plus difficile pour la télévision, la radio ou l'**affichage**.

Le résultat de ces études est bien entendu déterminant pour décider de passer ou non une publicité dans ces supports. La décision se fera par rapport aux critères suivants :

- Couverture nationale ou régionale.
- Nombre de lecteurs, d'auditeurs.

- Adéquation profil des lecteurs et cibles de l'entreprise.
- Prix de passage et taux de négociation.
- Audience utile.
- Coût pour mille individus utiles.
- Affinité.

Les grandes sociétés de mesure d'audience sont Nielsen (dans le monde mais pas en France), Médiamétrie, GFK, IPSOS, SOFRES... L'autorité de référence dans ce domaine est le CESP (Centre d'Étude des Supports Publicitaires).

Les études ad hoc

Ce sont des études menées spécialement pour une entreprise, qui devient propriétaire des résultats. Toute une brochette d'études, de plus en plus sophistiquées, existent et les chefs de produits ou les départements études des entreprises y font de plus en plus appel. L'analyse du marché constitue les données d'entrée pour la réflexion marketing. Le marketing, comme un ordinateur, se nourrit de données de toutes sortes. Et comme en informatique, si les données sont mauvaises (ou pire, fausses), ce qui en sort ne peut être que mauvais (c'est le principe informatique du *garbage in, garbage out*). Une bonne stratégie commence par une bonne collecte d'informations.

Trop d'études peut cependant s'avérer nuisible. Avec plus d'informations, le chef de produit n'est pas forcément mieux informé. Il faut laisser une certaine importance à l'interprétation des chiffres et à l'intuition du chef de produit. Il est bien connu que les prétests de campagnes tuent la créativité et qu'il n'en ressort qu'une idée médiane moyennement bonne pour tous. Ce qui est le contraire de la segmentation et va à l'encontre de la stratégie marketing.

Avant de commander des études il faut bien savoir ce que l'on cherche, c'est l'objet d'un **brief étude**. Ce document reprend l'objectif de l'étude, les grandes questions auxquelles l'étude doit répondre et les contraintes budgétaires ou de délais. Ce brief est remis aux sociétés d'études qui se chargeront de proposer une technique, une méthodologie et un devis pour la réalisation de l'enquête.

Exemple d'une pige publicitaire télévisée

Pige selon le modèle Secodip – Période octobre-novembre-décembre 2003
Investissement en 1000 euros en cumul depuis le début de l'année

Ensemble TV	% du marché	% de la famille	Marché	TF1	France 2	C+	Arte	M6	Total TV nationale	F3 national	F3 régional
14785	100		Marché	7327	3131	341	1469	135	12403	2050	332
13176	89	100	(1) Conserve de légumes	6447	2854	221	1469	135	11126	2050	0
734	5	100	(2) Conserve de fruits	432	277	0	0	0	709	0	25
371	3	100	(3) Conserve demi-frais	94	0	120	0	0	214	0	157
504	3	100	(4) Conserve de poisson	354	0	0	0	0	354	0	150
8254	56		Concurrent n° 1	3941	1444	0	819	135	6339	1850	65
7625	52	58	Marque A (Sous-marché 1)	3527	1294	0	819	135	5775	1850	0
470	3	64	Marque B (2)	320	150	0	0	0	470	0	0
159	1	43	Marque C (3)	94	0	0	0	0	94	0	65
2555	17		Concurrent n° 2	1474	560	221	150	0	2405	0	150
2051	14	16	Marque D (1)	1120	560	221	150	0	2051	0	0
504	3	100	Marque E (4)	354	0	0	0	0	354	0	150
476	3		Concurrent n° 3	112	127	120	0	0	359	0	117
264	2	36	Marque F (2)	112	127	0	0	0	239	0	25
212	1	57	Marque G (3)	0	0	120	0	0	120	0	92
3500	24		VaTech	1800	1000	0	500	0	3300	200	0
3500	24	27	VO (1)	1800	1000	0	500	0	3300	200	0

Il existe différentes sortes d'études :

- enquête quantitative,
- enquête qualitative.

Ces deux types d'études peuvent se faire en face à face, par téléphone, par minitel, par courrier, en groupe.

Il est plus simple de distinguer les études en fonction de leurs objectifs :

- analyse du consommateur,
- analyse de la marque,
- analyse du produit,
- analyse de la communication,
- analyse des clients et des distributeurs,
- analyse des concurrents,
- analyse du marché dans sa globalité,
- analyse financière,
- analyse de l'entreprise elle-même (organisation, qualification, normes…).

Les différents types d'études[1]

- *Analyse du consommateur*
  - Étude qualitative, réunion de groupe consommateurs
  - Étude quantitative, par téléphone, en face à face…
  - Étude primaire, secondaire
  - Omnibus par téléphone, télématique ou courrier
  - Études d'usage et attitude, de comportement
  - Panel consommateur
  - *Tracking, single source*
  - Analyse multidimensionnelle (*mapping*)
  - Typologie, application des sociostyles ou des euro-sociostyles du CCA
  - **Test projectif** (**TAT**, *folder test*)
  - Étude des motivations et attentes du consommateur (étude motivationnelle)
  - Étude de l'impact du merchandising sur le comportement du consommateur
  - Étude de comportement, analyse de la sensibilité du consommateur
  - Détermination des non-consommateurs absolus et relatifs, des consommateurs de produits de substitution
- *Analyse de la marque*
  - Étude fondamentale sur la marque
  - Description des territoires de marques, *mapping*
  - Test de nom de marque
  - Test d'acceptabilité
  - Définition du potentiel de la marque
- *Analyse du produit*
  - Test de concept produit
  - Test de packaging
  - Tests de produits (goût, usage, **conditionnement**), test sensoriel
  - Étude d'image et de positionnement de produit
  - Segmentation en fonction du premier achat ou renouvellement
  - Analyse du portefeuille produit
- *Analyse de la communication*
  - Étude d'image et de notoriété
  - Test de logo, de packaging, de promotion, de publicité sur le lieu de vente, matériel d'édition…
  - Prétest, post-test de campagne, test d'impact, test sémiologique
  - Test de concept d'un message
  - Baromètre d'image
  - **Mesure d'audience**, Audimat

↳

- *Analyse des clients et des distributeurs*
  - Processus de décision d'achat des clients industriels
  - Panel distributeur Nielsen ou IRI Secodip, Intercor, panel scannérisé
  - Distriscopie
  - Étude d'urbanisme commercial
  - Étude de satisfaction de la clientèle
- *Analyse des concurrents*
  - Observatoire interne de la concurrence
  - Pige publicitaire
  - Analyse de la chaîne de valeur
- *Analyse du marché dans sa globalité*
  - Marché test
  - Matrice de M. Porter
  - Études documentaires
- *Analyse financière*
  - Contrôle de gestion
  - **Audit** financier
  - Capacité de financement de l'entreprise
  - Analyse des partenaires et des prises de participation possibles
- *Analyse de l'entreprise elle-même*
  - Courbe d'expérience
  - *PIMS program (Profit Impact of Marketing Strategy)*
  - Analyse de la compétitivité de l'entreprise
  - Analyse des systèmes d'information
  - Statistiques internes
  - Audit de l'entreprise, de sa communication interne, audit social, audit du système d'information
  - Définition des domaines d'activité stratégiques
  - Définition de la vocation de l'entreprise
  - Analyse technologique des méthodes de production
  - Organigramme, diagnostic organisationnel

1. Les différents types d'études cités sont définis dans le lexique.

La réflexion stratégique

La phase de réflexion stratégique, avec comme point d'orgue le plan marketing, est réellement le cœur du travail du chef de produit. Cela représente :

- la synthèse de toutes les informations recueillies,
- le résultat de la réflexion du chef de produit,
- la source d'inspiration des actions futures.

Réunie en un seul document – le plan marketing – la réflexion stratégique est « la bible » du développement de l'entreprise. C'est par rapport à ce document complet que les autres directions, ventes, finance, production, ressources humaines, recherche vont bâtir leurs actions.

Le plan marketing s'articule autour des points suivants :

- les objectifs,
- la segmentation et le positionnement,
- la ou les stratégies marketing,
- les politiques opérationnelles,
- les prévisions de ventes et de CA,
- le budget marketing.

Dans cette partie nous étudierons les trois premiers éléments qui sont la base du plan.

Les objectifs

Le mot même de stratégie présuppose la définition d'un objectif à atteindre. En marketing les objectifs sont souvent exprimés en termes de part de marché, de positionnement, d'image, de rentabilité. La particularité du chef de produit est d'être aussi à l'aise avec des objectifs quantitatifs (+ 3 % de part de marché en douze mois) qu'avec des objectifs qualitatifs (devenir la marque préférée des consommateurs en trois ans).

Le chef de produit définit lui-même les objectifs de sa marque (intention, délai, chiffrage). Ils sont en adéquation avec les objectifs de l'entreprise et avec les objectifs des autres marques de l'entreprise. Le rôle du directeur marketing est de vérifier la cohérence de tous les objectifs des marques.

Les différents objectifs

À titre indicatif, voici quelques exemples d'objectifs

Objectifs sur la structure interne

Objectif de modification de structure de l'entreprise
Objectif de chiffre d'affaires
Objectif de rentabilité par réduction des coûts fixes ou variables
Objectif de réduction des coûts de production, des stocks
Objectif de rationalisation des outils, des conditionnements, de la force de vente
Objectif d'internationalisation des activités
Objectif de volume pour atteindre un seuil de production, un seuil d'approvisionnement
Objectif de développement de la part des nouveaux produits dans le chiffre d'affaires
Objectif de limitation des risques
Objectif de contribution (financière) des nouveaux produits aux frais de l'entreprise
Objectif d'amélioration de la qualité des produits et services
Objectif de coopération industrielle
Objectif de rééquilibrage du portefeuille produit

Objectifs d'ordre général sur le marché

Objectif d'augmentation de part de marché
Objectif de pénétration sur un segment
Objectif de reconnaissance
Objectif de changement de comportement des utilisateurs, des acheteurs
Objectif de distribution (circuits plus ou moins longs)

Objectifs précis sur le marché

Objectif de réduction des délais de paiement
Objectif de faire connaître un produit
Objectif de faire aimer une marque
Objectif de faire agir le consommateur
Objectif d'augmentation de la part en linéaire
Objectif d'augmentation du nombre de points de vente sur un circuit (DN)
Objectif de qualité des points de vente sur un circuit (DV)
Objectif d'accessibilité, de visibilité des produits
Objectif d'amélioration de l'image de marque
Objectif de développement du volume d'affaires
Objectif de développement du nombre de clients
Objectif de réassurance des consommateurs
Objectif de fidélisation de sa clientèle
Objectif de cohérence et d'harmonie de l'entreprise
Objectif d'offrir plus de solutions à un même consommateur
Objectif de segmentation de l'offre

Les objectifs s'organisent en trois niveaux.

1. La vocation

Vocation, marché de base, métier de l'entreprise, *core business* sont des synonymes pour exprimer ce qui définit le mieux la destination des efforts de l'entreprise sur son marché.

Chaque domaine d'activité stratégique de l'entreprise peut avoir une vocation distincte.

2. L'objectif principal

L'objectif principal n'est atteint que lorsque toutes les actions recommandées sont réussies sans exception.

L'objectif principal est précis ; il est souvent exprimé en termes de part de marché, volume, profit, contribution, notoriété, image, comportement...

Les objectifs doivent être quantifiés et, même si cet exercice est difficile, il est possible de rappeler qu'une procédure de révision adaptera les objectifs au fil du temps. Mais il est important, avant d'engager les ressources de l'entreprise, de pouvoir se représenter ce que sera le résultat si tout fonctionne.

L'objectif fait aussi partie du rêve ; tout en restant réaliste, il doit être ambitieux (ou argumenté comme tel) pour mobiliser les forces internes de l'entreprise. Quels salariés se mobiliseraient pour un objectif général d'augmentation de chiffre d'affaires de 2 % ?

3. Les objectifs intermédiaires ou sous-objectifs

Les objectifs intermédiaires forment un système d'objectifs. L'objectif principal ne peut se réaliser que si les objectifs intermédiaires sont atteints. Toutes les actions concourent, à différents degrés, à la réalisation de l'objectif principal. Un objectif marketing (gain de distribution valeur) peut comporter des sous-objectifs qui ne sont pas d'ordre marketing (amélioration du système informatique des commandes).

4. Exemple de système d'objectifs

Chaque objectif (principal ou intermédiaire) doit comporter une intention, un délai et un chiffrage. La figure 5.2 montre aussi la partie des moyens et des actions. Les délais sont indiqués à l'intérieur d'un autre document de planification.

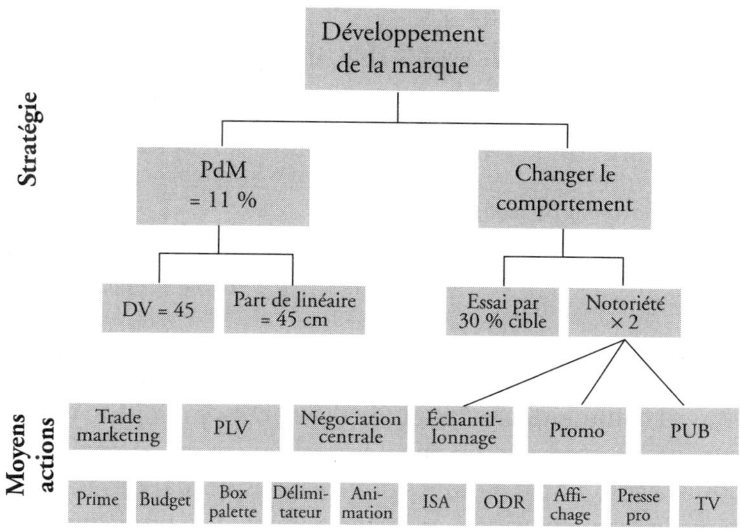

Figure 5.2 – Exemple de système d'objectifs pour le lancement d'un PGC

La segmentation, le ciblage et le positionnement

Ces deux notions sont la base de la démarche du **marketing différencié**.

Le contraire, c'est-à-dire un marketing non différencié, consiste à proposer le même produit à tous les consommateurs potentiels. Le plus fameux exemple est le modèle de voiture Ford T qui n'existait qu'en noir et sans aucune option, mais le marché était sans concurrence et les listes d'attentes pleines. Henri Ford disait lui-même de ses clients qu'ils avaient le choix de la couleur « pourvu qu'ils préfèrent le noir ». Cet exemple d'antisegmentation est d'un autre âge et aucun fabricant n'oserait s'y essayer.

La segmentation consiste à choisir, non pas un marché global, mais une partie du marché, et à s'y adapter, tant en ce qui concerne les caractéristiques du produit qu'en ce qui concerne les prix, la communication.

La segmentation est donc le découpage d'un ensemble de consommateurs en sous-ensembles homogènes selon un ou plusieurs critères. Le travail en sous-ensembles permet d'avoir une stratégie marketing mieux différenciée et donc plus efficace.

Pour qu'un segment soit exploitable, il faut :

- que le nombre de consommateurs concerné soit suffisant pour rentabiliser la fabrication en masse des produits ;
- qu'il soit clairement identifiable ;
- qu'il soit accessible, c'est-à-dire qu'il existe des médias capables de s'adresser à ce segment.

La segmentation est le travail préalable à tout positionnement.

Ce travail commence avec le choix des critères judicieux. Ces critères proviennent des études statistiques et qualitatives en possession du chef de produit. Par exemple, pour les propriétaires de maisons individuelles le critère de segmentation « possède animal de compagnie » est un critère judicieux lorsqu'on sait qu'une partie de cette population associe la maison au chien ou au chat.

Une fois les critères choisis et hiérarchisés, le chef de produit teste la segmentation en cherchant si le découpage est logique et si les groupes sont bien distincts les uns des autres. Il relève les exclusions et inclusions. Enfin, il recherche l'homogénéité à l'intérieur de chaque groupe. Finalement il faudra s'inquiéter de la possibilité de toucher, en termes de communication, les groupes sélectionnés.

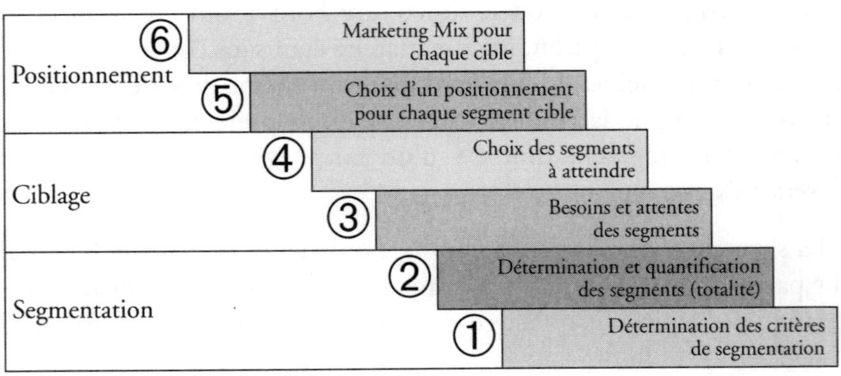

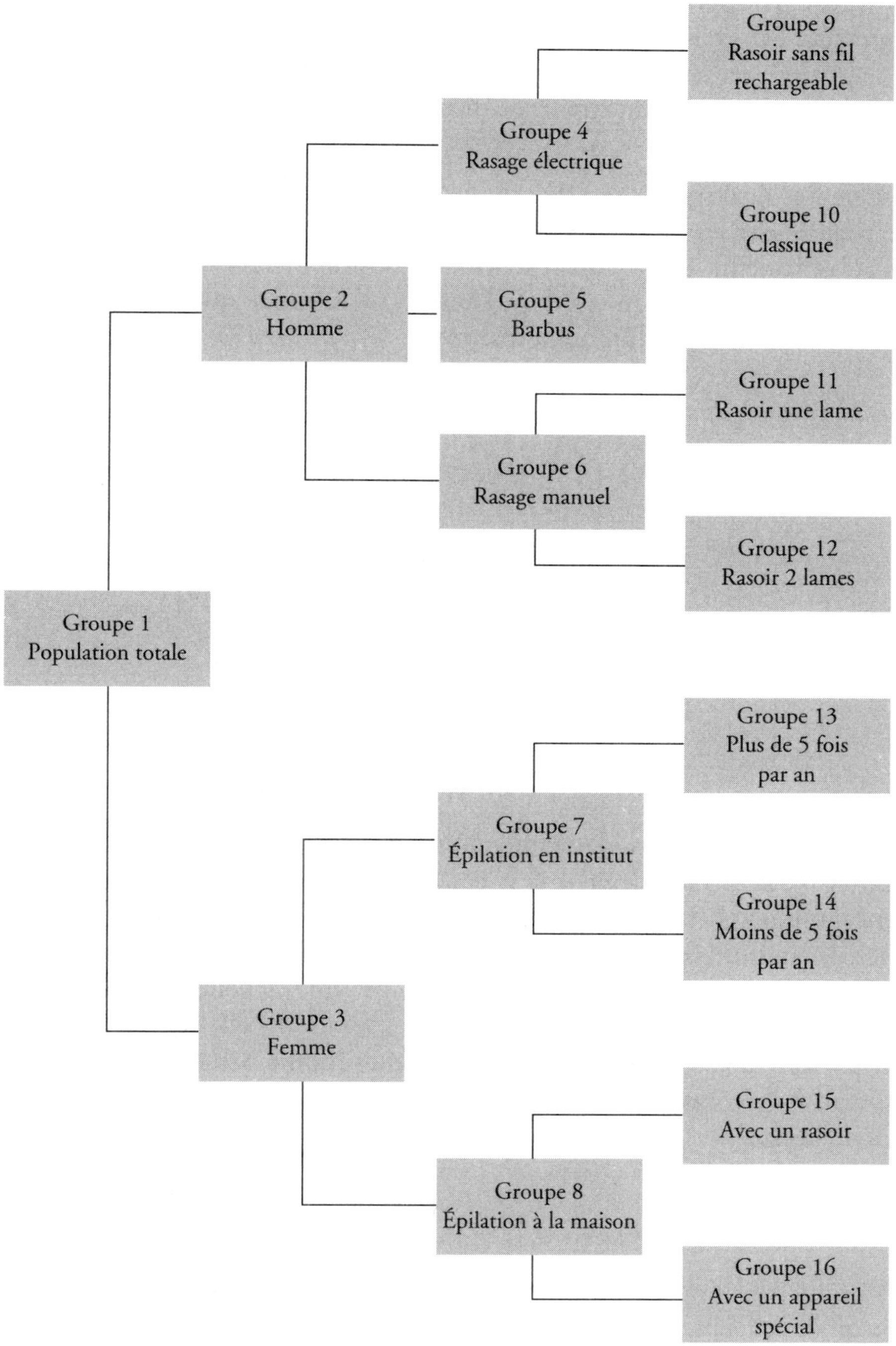

Figure 5.3 – Segmentation pour le marché du rasoir

L'entreprise peut avoir des contraintes à faire valoir lors du choix des segments. Par exemple, la contrainte du faible potentiel de vente existe si l'appareil de production ne permet pas une bonne flexibilité. La contrainte peut venir du circuit de distribution ou encore de la solvabilité des clients.

Une fois le(s) segment(s) déterminé(s), le rôle du chef de produit est de positionner les produits en fonction des attentes du segment et des positionnements de la concurrence. Le positionnement définitif du produit exprime la manière dont l'entreprise souhaite que le segment choisi perçoive le produit ou la marque.

Positionnement bijectif

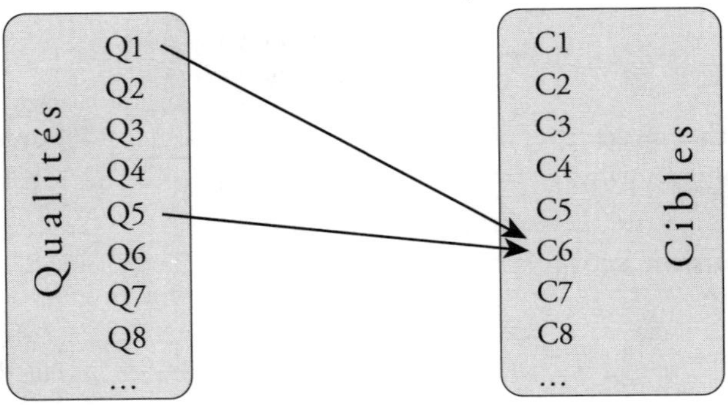

La figure 5.3, montre la segmentation du marché des utilisateurs de rasoirs. Pour le compléter il faut chiffrer les effectifs à l'intérieur des seize groupes. À la suite de l'analyse qualitative de chaque groupe, le chef de produit décidera de positionner son rasoir sur le segment des femmes allant moins de cinq fois par an chez une esthéticienne. Cette cible est facile à toucher par les magazines féminins, elle semble avoir un pouvoir d'achat supérieur et le chef de produit peut calculer son espérance de convaincre 25 % de ce groupe à l'utilisation de son appareil de rasage.

La stratégie marketing

Il faut être très prudent lorsqu'on parle de stratégie, et encore plus lorsqu'on en fait. Quelques mots écrits sur une feuille vont parfois changer le travail de dizaines de personnes, donc cela mérite d'y réfléchir à deux fois ; d'autant plus que tout est affaire de nuance. Stratégie de lancement de nouveaux produits ne signifie pas forcément stratégie d'innovation : les produits lancés sont peut-être des copies ne nécessitant pas de recherche et développement.

Pour un même objectif (ou système d'objectifs) il existe plusieurs stratégies, chacune d'elles propose une manière différente d'atteindre l'objectif par une répartition originale des moyens, par une puissance différente des actions, par une chronologie autre. Parmi toutes ces stratégies, il y en a de plus ou moins coûteuses, de plus ou moins risquées. Le travail du chef de produit se limite à proposer différentes alternatives, il ne lui appartient pas de prendre une position ferme dans ce domaine.

La stratégie est un plan prévoyant l'ensemble des actions pour atteindre un objectif. Le choix de la bonne stratégie est orienté par rapport à 4 axes.

1. Le temps

S'agit-il d'une stratégie de réaction (besoin d'effets rapides pour s'adapter à une situation défavorable), d'une stratégie d'action (optimisation à moyen terme de la situation actuelle) ou d'une stratégie d'anticipation (évolution à long terme) ?

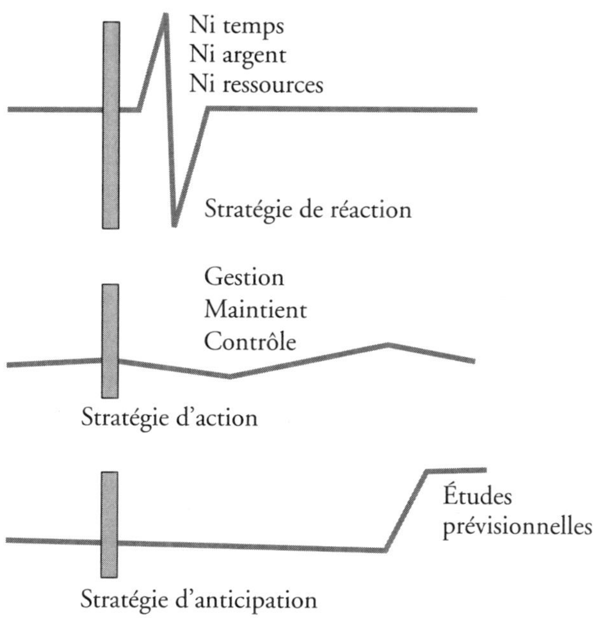

Figure 5.4 – Stratégie par rapport au temps

2. Les objectifs internes de l'entreprise

Quels sont les effets internes souhaités : stratégies de rationalisation, d'augmentation de volume, d'augmentation du profit, d'utilisation des structures…

3. Les modifications souhaitées sur l'environnement

Quels sont les effets externes souhaités : stratégies par rapport au marché, au produit, aux circuits, au prix, à la communication, à la concurrence, à la croissance…

4. Le couple produit/marché

Quel est le sens de l'évolution du couple produit/marché : stable (stratégie de fidélisation), changement des produits et services (stratégie marketing de type intensif), exploration de nouveaux marchés (stratégie technique de type extensif), ou encore changement des produits et des marchés (stratégie financière de diversification).

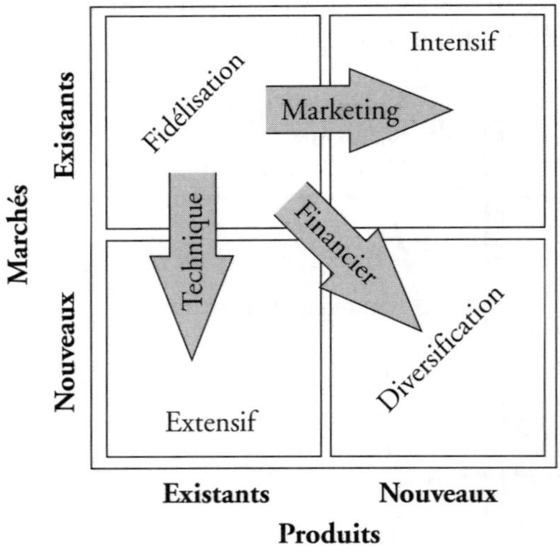

Figure 5.5 – Matrice de découpage stratégique d'Ansoff

La construction d'une stratégie est l'aboutissement d'un long travail jusqu'à obtention d'un accord. Pour mieux résoudre les questions de stratégie sur un produit ou une marque, il est nécessaire de sérier les problèmes à traiter.

1. Analyse (avec les méthodes les plus adaptées).
2. Propositions d'objectifs.
3. Propositions de stratégies.
4. Exposé des moyens, des budgets correspondants et du business plan.
5. Test de la stratégie à petite échelle, puis application générale.

Après chaque phase, l'accord du supérieur hiérarchique est demandé et éventuellement celui de la direction générale pour les projets de grandes envergures.

Les principales causes d'échec des stratégies :

– bonne stratégie mal appliquée sur le terrain,
– mauvaise étude des problèmes à résoudre,
– mauvais choix d'objectif,
– mauvaise connaissance du terrain,
– mauvaise communication et coordination avec la force de vente,
– concurrents plus rapides à réagir que prévu,
– direction générale non convaincue.

Les différentes stratégies d'entreprise

Stratégie de repli
L'entreprise opère un retour au métier de base.

Stratégie de maintien
L'entreprise conserve sa part de marché en adaptant légèrement son offre aux évolutions de la demande.

Stratégie de fidélisation
L'entreprise conserve sa part de marché en rappelant sa présence et en contrant la concurrence.

Stratégie de conquête
L'entreprise choisit une stratégie dynamique qui modifie fortement sa position sur le marché (produit objectivement nouveau, nouveau segment de clients, nouveau circuit de distribution…).

Stratégie de sophistication
Une entreprise utilise l'image particulière de sa marque pour lancer des produits courants.

Stratégie d'imitation
L'entreprise copie les produits leader.

Stratégie de ***benchmarking***

L'entreprise établit des normes supérieures issues d'entreprises leader sur d'autres secteurs d'activité, et s'inspire des mêmes méthodes pour progresser.

*Stratégie de défricheur (*first to the market*)*

L'entreprise cherche à être à tout prix le premier intervenant sur un marché.

Stratégie d'éloignement

L'entreprise choisit un nouveau marché, une nouvelle activité pour limiter sa dépendance face à son métier d'origine.

Stratégie de couverture maximum

L'entreprise cherche à satisfaire tous les besoins de tous les segments de population par une offre appropriée.

Stratégie d'épuration

L'entreprise retire de son offre tout ce qui est inutile par rapport au réel besoin de ses clients.

Spécialisation par segment de marché

Une entreprise se spécialise sur son segment de marché. À partir de la connaissance de ce segment, elle cherche à satisfaire un grand nombre de besoins d'une même catégorie de consommateurs.

Stratégie de spécialisation sur une niche

L'entreprise prend un produit existant et le dédie entièrement à un segment de clientèle

Stratégie de leader (meneur)

L'entreprise profite de sa position supérieure (en termes de coûts, d'historique, d'expérience, de structure financière) pour justifier et conforter sa position.

Stratégie de suiveur

L'entreprise suit le leader et le challenger dans leurs initiatives pour maintenir ses parts de marché.

Stratégie de challenger (prétendant)

L'entreprise met en avant son dynamisme, ses bonnes relations de clientèle, son organisation flexible pour prendre la place du leader.

Stratégie d'expansion géographique

L'entreprise agrandit son rayon d'action au-delà de ses frontières habituelles.

Stratégie de croissance intensive

L'entreprise améliore la position de ses domaines d'activités stratégiques, par la prise de parts de marché à la concurrence.

Stratégie extensive de développement de marché

L'entreprise participe (par une action individuelle ou collective) à l'augmentation de la demande primaire par le recrutement de nouveaux consommateurs.

Stratégie intensive de développement de marché

L'entreprise développe la consommation du même produit sur les mêmes consommateurs en proposant de nouvelles utilisations, ou en changeant les habitudes de consommation.

Stratégie de spécialisation par produit

L'entreprise développe toutes les applications sur son produit phare (leader), pour satisfaire de nombreux segments de marché avec le même produit. Le produit n'est pas différencié, mais l'offre peut être spécifique à chaque segment.

Stratégie de spécialisation d'une gamme

L'entreprise développe autant de déclinaisons de son produit qu'il en existe d'applications.

Stratégie de spécialisation technologique

Une entreprise possède un savoir-faire technologique qu'elle exploite pour fabriquer divers produits, sans liens apparents.

Stratégie d'innovation

L'entreprise apporte des changements suffisamment importants à ses produits pour qu'ils soient ou apparaissent nouveaux.

Stratégie de différenciation

L'entreprise modifie les caractéristiques techniques de son offre pour la distinguer des concurrents.

Stratégie de positionnement

L'entreprise adopte un positionnement de produit fort et communique uniquement là-dessus, en abandonnant et sacrifiant toutes les ventes qui ne confortent pas ce positionnement.

Stratégie de distribution exclusive

L'entreprise cherche à être représentée seule dans un point de vente.

Stratégie de distribution sélective

L'entreprise choisit ses distributeurs selon certains critères, lieu, présence de vendeurs spécialisés, possibilité de démonstration.

Stratégie de distribution intensive

L'entreprise essaye de multiplier la rencontre du consommateur par le plus de points de vente possible.

Stratégie de pénétration

L'entreprise pratique une politique de prix bas pour rendre son produit attractif à un maximum d'acheteurs.

Stratégie d'écrémage

L'entreprise pratique une politique de prix haut, pour justifier un positionnement, ou pour rentabiliser le produit avant qu'il ne soit copié.

Stratégie de discrimination
L'entreprise pratique une politique de prix haut, avec des remises accessibles uniquement à certains acheteurs.

Stratégie de pull *(d'attraction)*
L'entreprise communique pour rendre son offre désirable au point que le consommateur demande expressément celle-ci. Il s'agit de faire acheter le produit.

Stratégie de push *(de stimulation)*
L'entreprise rend son produit très accessible, en termes de prix, de disposition... pour qu'il s'impose de lui-même au consommateur. Il s'agit de faire vendre le produit.

Stratégie de croissance externe
L'entreprise prend possession d'une autre entreprise, elle achète une part de marché au lieu de la créer par le développement de ses propres marques.

Stratégie de croissance intégrative
L'entreprise achète un concurrent direct, un fournisseur direct ou un distributeur. C'est souvent une mesure de précaution.

Stratégie de diversification verticale
L'entreprise achète une entreprise avec qui elle pourra commercer et développer des synergies.

Stratégie de diversification horizontale
L'entreprise achète une entreprise de même niveau. L'entreprise achetée a souvent un point commun avec l'acheteur, même client ou même fournisseur ou produits de même image...

Stratégie de diversification financière
L'entreprise prend des participations financières dans des entreprises plus rentables qu'elle-même.

Le plan marketing

Le plan marketing est un planning des opérations prévues découlant des objectifs et de la stratégie. La justification du plan marketing est d'assurer la cohérence des actions et la délégation des tâches à l'intérieur de l'entreprise. Le plan marketing est avant tout un document de référence, une compilation bien organisée de certaines informations stratégiques (existant déjà par ailleurs) sur le produit et la marque. C'est un document récapitulatif de planification auquel chacun peut se reporter. Son articulation met en ligne les objectifs, la stratégie et les actions, pour vérifier une dernière fois la cohérence avant l'exécution. Il s'organise autour des thèmes suivants.

1. Le résumé managérial.
2. L'analyse.
3. La stratégie.
4. Les recommandations d'action.
5. Les prévisions de ventes et de profits.
6. Les budgets et le business plan.

Nous ne détaillons pas la présentation de ces différents points (sauf pour le résumé managérial), car ils sont déjà étudiés dans les parties les concernant.

➤ Résumé managérial

C'est le fil directeur qui permet au lecteur d'apprécier en un seul coup d'œil le bien-fondé du dossier. C'est la page du roi. Cette page explicative est placée avant l'analyse et la stratégie, pour justement servir de clé à la lecture de ces dernières.

Le résumé managérial se compose de trois parties :

- *Les faits marquants* : éléments principaux des points forts et points faibles, du contexte économique, des faits marquants du produit, des parts de marché. Cette partie reprend uniquement les éléments qui ont un rapport direct avec la future stratégie.
- *L'objectif et le système d'objectifs* : énoncé de l'objectif principal du plan marketing, ainsi que la liste rapide des objectifs secondaires, sans aucune justification. L'aspect synthétique ne doit pas faire oublier les chiffres. Si un objectif est le recrutement de nouveaux utilisateurs, il faut préciser combien et dans quel laps de temps.
- *La synthèse des plans d'action* : principales lignes du plan marketing, et quelques recommandations d'actions importantes, chiffres clés du budget. Quelques mots sur la stratégie générale. C'est le moment de prendre des risques et d'évaluer l'apport chiffré de chaque action importante : « Le lancement de X apportera dans un délai de deux ans 15 % du chiffre d'affaires de l'entreprise et 10 % de la marge totale. Les retombées de ce lancement en termes de contribution concourront à la baisse générale du taux de frais généraux de 5 % ».

Avec cette information le résumé managérial joue son rôle d'incitateur à la lecture et de clé d'entrée pour l'analyse et les objectifs.

➤ **L'analyse**

On peut qualifier de constructif le plan qui ne se borne pas à formuler une suite d'idées, de propositions soumises à quelques éventualités, mais qui s'appuie sur des points d'analyse établis.

L'analyse présentée ici est une synthèse du bilan de la situation, ce n'est en aucun cas une étude de marché complète.

➤ **La stratégie**

C'est l'explication et la justification de la stratégie marketing proposée par le chef de produit.

➤ **Les recommandations d'actions**

De manière certaine, chaque description d'action comporte :

- un ou plusieurs objectifs,
- une description de l'action,
- sa modalité,
- sa cible,
- sa durée,
- les implications financières, humaines,
- les effets conjoncturels ou structurels,
- les résultats attendus,
- les critères d'évaluation.

Si plusieurs actions entrent dans la même logique, il est préférable de les associer pour ne pas répéter les éléments communs.

Pour faciliter la lecture une présentation standard des actions est toujours appréciée (voir page 198).

➤ **Les prévisions de ventes et de profit**

C'est le récapitulatif des travaux de planification. Le chef de produit aura intérêt à proposer plusieurs niveaux de lecture, du global de la marque au détail par référence. Suivant les cas, le business plan sera présenté par mois, par trimestre ou par année.

➤ La budgétisation

Il est primordial de chiffrer les actions proposées. Les finances étant le nerf de la guerre, la rentabilité des entreprises est un critère de succès. Il faut que les budgets mis en œuvre soient en adéquation avec les résultats attendus.

L'utilité de cette partie est de présenter un récapitulatif budgétaire, sous forme de tableau ou de graphique, de la globalité des actions, rassemblées et triées selon plusieurs critères (temps, type d'action, degré de priorité).

Un commentaire sur les sommes investies, par rapport au passé, par rapport au chiffre d'affaires, par rapport aux résultats attendus ou tout autre paramètre est nécessaire.

Si vous ne connaissez pas exactement le coût de certaines actions que vous mettez en œuvre, indiquez des enveloppes budgétaires.

Les nouveaux projets d'entreprises

Dans le cadre général des projets d'entreprises, les années 80 ont vu l'émergence forte des projets de qualité totale. Les années 90 consacrent le *benchmarking* et le *reengineering*, les années 2000 le *category management* et le *one to one*.

Le *benchmarking* consiste à prendre un repère (un *benchmark*) parmi les meilleures entreprises du monde, à l'adapter à sa structure puis mettre en place un plan pour l'atteindre. Cette définition rapide occulte la nouveauté principale du *benchmarking* : le choix du repère. Le repère (ou l'objectif) est choisi, non pas dans le domaine d'activité de l'entreprise, mais dans l'économie en général. Par exemple : un distributeur trouvera avec bonheur des modèles dans les entreprises informatiques (pour la gestion de projet), dans les banques (pour l'accueil des clients).

Le *reengineering* est un concept encore plus global pour repenser l'entreprise dans tous ses détails. L'idée générale est de reconstruire l'entreprise autour d'une nouvelle définition de son métier et des attentes des clients.

Il faut regarder ces projets d'entreprises avec intérêt, sans vouloir absolument les mettre en place dans son entreprise. Quelle que soit la méthode suivie, la réelle volonté des dirigeants d'adapter l'entreprise à l'environnement est plus importante que les faux projets d'entreprises prétextes à une restructuration inévitable par ailleurs.

Category manager : Ce manager marketing n'est plus en charge d'un produit ou d'un circuit de distribution : il gère un centre d'intérêt au niveau du consommateur. Par exemple : un category manager « petit déjeuner » s'occupera de tous les produits et besoins liés au petit déjeuner.

Le *category management* est une nouvelle organisation qui séduit de plus en plus d'industriels et de distributeurs à travers l'Europe. Le cabinet The Partnering Group nous en donne la définition suivante : « le category management est un moyen de gestion des catégories en tant qu'unités stratégiques commerciales effectué par les distributeurs et les industriels, et qui augmente les résultats en se concentrant sur la délivrance d'une valeur ajoutée au consommateur ».

Le *marketing one-to-one* : à l'opposé du marketing non-différencié (de masse), le marketing *one-to-one* (ou marketing relationnel) trouve sa place dans le service sur mesure apporté au client. Une stratégie *one-to-one* met en place une personnalisation de masse, c'est une hyper-segmentation des clients. Cette offre sur-mesure pose une double question :

– le prix de la prestation est-il à la charge du client ?
– l'appareil de production, la logistique sont-ils prêts ?

Les stratégies « à la mode »

Le *permission Marketing* ajoute trois éléments au marketing classique : il est attendu, personnalisé et pertinent.

– Attendu : le destinataire a demandé quelque chose.
– Personnalisé : les critères classiques de segmentation du destinataire sont connus (âge, PCS, type et taille d'entreprise…).
– Pertinent : les offres sont rédigées en fonction des demandes exprimées par les destinataires.

Le Marketing Viral est une actualisation de l'effet de la rumeur, rendue possible grâce au réseau internet. Plus que de marketing viral on devrait parler de communication virale : car cela consiste à développer le réseau de communication le plus large possible par récupération des adresses e-mail ou communication on-line. L'aspect négatif du marketing viral est le spam (e-mail non sollicité), l'aspect positif est que chaque client se transforme en prescripteur.

La planification

On trouve les éléments de planification à la fin du plan marketing, comme un résumé chiffré des actions et moyens qui seront mis en place. D'un côté les recettes avec les prévisions de ventes et de CA, de l'autre les investissements marketing et publicité, les frais généraux et les coûts de production.

La présentation de la planification est différente pour chaque entreprise et correspond à son propre système d'information.

De manière générale, le travail de planification du chef de produit s'articule autour de retroplanning, de tableaux de bords, des prévisions des ventes et de budgets (pour l'entreprise et pour ses dépenses marketing).

Le rétro-planning

Le rétro-planning est l'exercice préliminaire de chaque projet. Il indique le découpage en tâches du projet et les plages de temps (sous forme de barre) attribuées à chacune d'entre elles. La présentation universellement utilisée est le diagramme de Gantt. Ce travail est facilité par l'utilisation de logiciel spécifique (Project de Microsoft), à défaut il peut être effectué sur un tableur en « grisant » les cases correspondant à des laps de temps.

L'initialisation du rétro-planning est le point de départ, sa mise à jour assure la bonne marche et la bonne fin du projet. Une version plus sophistiquée peut indiquer les personnes responsables et l'enchaînement des tâches.

La liste des tâches (d'une enquête) montre les durées et dates de début, ainsi que le responsable (noms, ressources) et les enchaînements (prédécesseurs). Dans cet exemple, page 94, la tâche 8 a pour antécédent la tâche 2, les tâches 9, 10 et 11 ont pour antécédent la tâche 8. C'est-à-dire que 9, 10 ou 11 peuvent commencer à n'importe quel moment après la tâche 8.

N°	Nom de la tâche	Durée	Début	Avril		Noms ressources	Mai
				Fin	Précédent		30/04
1	Accord sur les objectifs de l'étude	0 jour	Dim 03/06/03	Dim 03/06/03		c	
2	Accord sur le contrat	0 jour	Mar 05/06/03	Mar 05/06/03	1	c	
3	**Phase 1**	**15,86 jours**	**Mer 06/06/03**	**Lun 25/06/03**			
4	Mise au norme liste interview	8 hr	Mer 06/06/03	Jeu 07/06/03	5;6;7	adv	
5	Choix des interviewés face-à-face	1 jour	Mer 06/06/03	Mer 06/06/03	2	c	
6	Choix des interviewés téléphonique	1 jour	Mer 06/06/03	Mer 06/06/03	2	c	
7	Choix des interviewés courrier	1 jour	Mer 06/06/03	Mer 06/06/03	2	c	
8	Recherche documentaire sur les NAC en France	35 hr	Mar 12/06/03	Lun 18/06/03	2	hk[70%];adv[30%]	
9	Options : recherche documentaire sur les NAC en Europe	0 jour	Lun 18/06/03	Lun 18/06/03	8	hk	
10	Visite du Site Magnac Laval	1 jour	Lun 25/06/03	Lun 25/06/03	8	hk	
11	Présentation de la recherche documentaires	1 jour	Lun 25/06/03	Lun 25/06/03	8	hk	
12	**Phase 2**	**21,86 jours**	**Lun 25/06/03**	**Lun 23/07/03**			
13	Formatage des 3 options de formations	3 jours	Lun 25/06/03	Jeu 28/06/03	11	hk[80%];adv[20%]	
14	Formatage de l'observatoire des NAC	3 jours	Jeu 28/06/03	Lun 02/07/03	11	hk[80%];adv[20%]	
15	Accord sur formatage	0 jour	Jeu 05/07/03	Jeu 05/07/03	13;14	c	
16	Rédaction des guides d'entretien téléphone et face-à-face	2 jours	Jeu 05/07/03	Ven 06/07/03	15	hk	
17	Administration des enquêtes	6 jours	Ven 06/07/03	Ven 13/07/03	16	hk[30%];adv[70%]	
18	Élargissement des NAC aux petits animaux de compagnies	0 jour	Lun 23/07/03	Lun 23/07/03	15	hk	
19	Rédaction des rapports	5 jours	Lun 16/07/03	Ven 20/07/03	17	hk[50%];adv[50%]	
20	Envois de documents	0 jour	Dim 22/07/03	Dim 22/07/03	19	adv	
21	Présentation de l'ensemble de l'enquête	1 jour	Lun 30/07/03	Lun 30/07/03	20	hk	

Les tableaux de bord

Avant même les exercices de planification, le chef de produit bâtit ses tableaux de bords. Ils sont l'outil de pilotage pour la planification. Dans un recueil facile à lire, à interpréter, à consulter et à mettre à jour, on trouve tous les chiffres capables d'expliquer les variations de la demande. Variation de la demande, tant en volume, qu'au niveau du prix, de la distribution, de la concurrence, de la pression commerciale, de la démographie, de l'évolution des segments...

Le tableau de bord a pour ambition de rassembler les facteurs clés de l'environnement de l'entreprise qui ont une influence même lointaine avec le résultat de l'entreprise. Il faut un certain nombre d'années pour bâtir un bon tableau de bord, dans la mesure où il faut corréler les indices aux différents chiffres de l'entreprise (CA, résultat, valeur ajoutée, marge).

La variété des indices requis est importante suivant le secteur considéré. Nous donnons là une version minimaliste d'un tableau de bord.

Tableau de bord

Suivant le cycle de vente et la saisonnalité, il faut choisir des chiffres annuels, trimestriels, mensuels...	Trimestre 1	Trimestre 2	Trimestre 3
Inflation			
Population active (en millions)			
PNB			
Balance de paiement			
Consommation des ménages			
Indice des prix de la construction			
Nombre de permis de construire accordés			
Nombre de mises en chantier			
Nombre d'immatriculations de voitures neuves			
Nombre d'immatriculations de véhicules d'occasion			
Tonne de carton d'emballage consommée			
Taux de base bancaire			
Natalité			
Pourcentage du salaire épargné			

Tous ces indices peuvent être obtenus auprès de l'INSEE de votre région.

Le chef de produit a tout loisir pour modifier cet exemple à l'infini, mais attention point trop n'en faut.

Les prévisions de ventes

À part la prévision de ventes annuelle qui figure à la fin du plan marketing et qui sert de budget de base pour les immanquables révisions, les prévisions de ventes se font mensuellement. Elles sont destinées à la production pour planifier les diverses fabrications. Dans l'optique d'une bonne gestion générale de l'entreprise, notamment des frais de stockage et de livraison, des stocks de matières premières et de produits finis, des taux d'occupation usine, les prévisions données par le chef de produit sont fondamentales.

Les prévisions sont réactualisées tous les mois suivant les nouvelles tendances du marché, les indications des commerciaux, les changements de gamme, les actions de la concurrence et les promotions de l'entreprise.

Chaque réactualisation donne lieu à une nouvelle estimation du total annuel des ventes (c'est le *latest estimate*).

Les prévisions sont calculées par le chef de produit dès que les chiffres de ventes mensuels sont connus, c'est-à-dire vers le 5 de chaque mois. Les prévisions sont détaillées à la référence, y compris les produits promotionnels et présentations spéciales (lots, PLV...).

Suivant l'organisation des usines, principalement leur flexibilité, les mises en fabrication ne sont pas modifiables immédiatement. Mais les prévisions permettent d'ajuster au mieux le niveau de stock.

Plusieurs méthodes sont utilisées pour calculer les prévisions de ventes. Le choix d'une méthode dépend du type de produit et de distribution.

Une mauvaise prévision de vente provoque des surstocks ou, plus grave, des ruptures de produits.

Dans le cas de surstock l'entreprise est pénalisée par les frais d'immobilisation de stock qui sont calculés en rapport avec le coût de l'argent.

Le phénomène s'aggrave si l'usine est en surcharge, car la fabrication des produits non vendus est faite à la place d'autres produits, ou à un coût plus élevé comprenant les heures supplémentaires de travail.

Dans le cas de rupture, l'entreprise perd partiellement des ventes de produit et des phénomènes aggravants s'y ajoutent.

Lors de cette rupture les clients sont tentés d'essayer une autre marque et d'y rester fidèles.

La rupture sur une référence précise peut compromettre la vente d'autres produits, car certains distributeurs n'acceptent que les livraisons complètes par rapport au bon de commande. Enfin une rupture peut engendrer des frais de livraison supplémentaires à la charge de l'entreprise pour acheminer les produits manquants ultérieurement au client.

Dans tous les cas, de mauvaises prévisions de ventes ont des conséquences importantes en termes financiers et d'image pour une entreprise.

➤ Les données en entrée

Pour faire de bonnes prévisions, il faut constituer et tenir à jour une documentation complète sur les produits, références par références. Cette documentation comprend un historique détaillé avec toutes les données exogènes (ruptures, promotion, changement de conditionnement, apparition de nouveaux concurrents, changements de prix, perte ou gain de clients...).

- **Historique**
  - Historique des ventes sur 12 mois minimum
  - Impact des ruptures et des promotions dans le passé
  - Impact des commandes exceptionnelles et des changements d'univers de distribution
  - Saisonnalité
  - Analyse des écarts
- **Marketing**
  - Plan média et sa puissance
  - Lancements de futurs produits (avec date de mise sur le marché)

  - Impact des promotions
  - Plan d'action
  - Impact des cannibalisations de produits et report de ventes
- **Commerciaux**
  - Objectifs de référencement
  - Animations
  - Opérations spéciales auprès des comptes clés
  - Conquête de nouveaux clients
- **Concurrence**
  - Actions : lancements, plan média, opérations promotionnelles
  - Veille concurentielle : rapports des commerciaux, dernières tendances de rotations de vente

➤ **À faire**

- Consigner les indications et renseignements tout au long de l'année pour pouvoir les consulter le jour de la prévision.
- Choisir une bonne méthode de prévision par rapport aux produits considérés.
- Analyser les écarts entre les ventes réelles et les prévisions après chaque période et en tirer des conclusions claires.
- Consulter régulièrement la force de vente pour obtenir un complément d'information sur les rotations anormales d'un produit.
- Pour les prévisions des mois de fin d'année fiscale, une attention particulière sera portée au niveau de stock, ainsi qu'aux quantités globales par rapport au budget initial.
- Considérer les prévisions de ventes comme un bon de commande à l'usine.
- Tenir compte des événements commerciaux passés ou à venir (référencement ou perte d'un client, promotion entraînant de fortes ventes, destockage, changement logistique...).

➤ **À ne pas faire**

- Ne jamais laisser l'ordinateur calculer seul les prévisions de ventes sans une relecture attentive.

- Ne pas persister dans une prévision de vente annuelle fixe malgré une mévente sur un mois dans l'espoir d'une amélioration hypothétique.
- Faire les prévisions de ventes en euros car il faudrait tenir compte de la valeur actuelle (déduction de l'inflation).

Fiche de prévision de vente

Prévision de vente pour la référence 182.
Désignation : flacon de trichloréthylène 1 litre.
Date : 6 juillet 2003
Dernière vente connue juin 2003

		Jan.	Fév.	Mars	Avril	Mai	juin	juil.	Août	Sept.	Oct.	Nov.	Déc.	Total
Réel	1998	381	311	362	374	388	372	347	172	398	412	375	274	4 166
Réel	1999	393	342	380	397	387	401	349	193	405	410	367	301	4 325
Réel	2000	425	364	381	406	402	384	367	214	412	457	412	307	4 531
Réel	2001	405	372	205	507	456	372	350	168	387	409	412	279	4 322
Réel	2002	411	335	301	361	377	342	319	205	348	350	352	255	3 956
Réel	2003	366	323	321	301	339	330							1 980
Prévision initiale	2003	371	321	354	369	371	356	337	185	402	415	365	259	**4 105**
Prévision glissante	2003	371	315	362	330	365	340	325	185	395	405	350	260	4 003
Écart vs[1] prévision initiale		– 5	2	– 33	– 68	– 32	– 26							– 162
Écart vs[1] prévision glissante		– 5	8	– 41	-29	– 26	– 10							– 103
Moyenne mensuelle		396,8	341,2	325,0	391,0	391,5	366,8	346,4	190,4	390,0	407,6	383,6	283,2	4 232,7

1. vs. : versus, par rapport.

Explication des principales variations par des données exogènes connues

- Janvier correspond au mois de stockage après inventaire
- Rupture produit en mars 2001
- Changement de prix en février 2002
- Fermeture de clients en août
- Décembre pas de commande avant inventaire
- Promotion en novembre 2000 pour déstocker l'usine de production

• Changement de packaging en novembre 2001

Le budget de l'entreprise

L'établissement des budgets est un exercice annuel (avec des révisions trimestrielles ou mensuelles) qui présente les revenus prévisibles de l'entreprise, par produit. Les budgets que bâtit le chef de produit seront ensuite consolidés avec tous les autres produits pour aboutir à un budget total et global de l'entreprise.

Chaque budget subit en général les phases décrites ci-dessous.

Budget initial

Présentation au supérieur hiérarchique
(éventuellement avec des hypothèses)

⇓

Consolidation par service
(le supérieur hiérarchique lève les hypothèses)

⇓

Présentation à la direction

⇓

Accord global ou partiel

⇓

Chaque service révise son budget ; le marketing tient compte
des nouvelles contraintes de la direction

Le budget de revenu est découpé en prévision de ventes et révision des prix. Il est établi référence par référence puis globalisé au niveau de la marque.

Budget global de l'entreprise

	Jan.	Fév.	Mars	Avril	Mai	Juin	Juil.	Août	Sept	Oct	Nov	Déc	Total
Marque 1													
Quantité													
Prix nets													
Coût de revient													
Frais fixes													
Budget marketing													
Profit													
Marque 2													

Les budgets marketing

Il s'agit là du budget de fonctionnement du marketing et des investissements publipromotionnels. Le budget de dépenses est détaillé par type d'action.

Une fois l'accord donné sur le budget, les financiers suivent l'état d'engagement, c'est-à-dire les sommes déjà engagées (et pas forcément payées) par le chef de produit.

Suivant les procédures de l'entreprise, le niveau de contrôle varie. Il faut parfois organiser des appels d'offre pour tous les types de dépenses. Ou plus simplement, le devis d'un fournisseur suffit. Chaque poste de dépense doit être justifié par une action précise.

La présentation du budget doit être impeccable pour ne jamais laisser croire que vous le considérez comme provisoire et sujet à changements.

Pour faire les budgets, un ordinateur et un tableur s'imposent. Prenez soin de bien définir chaque zone en fonction d'une cellule de paramétrage général. S'il faut réduire chaque montant de 10 %, vous n'aurez qu'une seule cellule à modifier, celle du paramètre.

Budget marketing communication

1	Cellule de paramétrage =	1 pour un budget à 100 % 0,9 pour une réduction de 10 %…			

Poste	N+1	N (*latest*)	N–1	N–2
Média				
Cinéma				
Radio périphérique				
Radio FM				
TV hertzienne				
TV câble				
Minitel				
Internet				
Vidéotex				
Affichage extérieur statique				
Affichage sur moyen de transport				
Affichage électronique				
Annuaire téléphonique (pages jaunes et minitel 11)				
Annuaire professionnel				
Journaux (**PQR, PQN**)				
Journaux gratuits à distribution générale				
Journaux gratuits à diffusion sélective (bulletin de liaison)				
Presse magazine				
Envoi direct unique				
Envoi direct multiple				
Prospectus				
Brochure catalogue				
Publicité sur le lieu de vente				
Timbres, bons				
Billets de loterie				
Calendriers				
Agendas				

À noter : une astuce pour ne pas dépasser un budget. Si certaines charges concernent aussi l'exercice suivant, elles peuvent être imputées sur l'exercice suivant. Les comptables les enregistrent en charges payées d'avance et laissent le budget marketing intact.

Le contrôle

Le rôle du chef de produit est aussi de contrôler que la stratégie qu'il a recommandée, qu'il a mise en place et qu'il a aidée à appliquer porte bien ses fruits. En d'autres termes que les ressources prévues sont bien en phase avec les investissements consentis (les emplois développés).

En premier lieu il exerce un contrôle sur les quantités vendues, puis sur les profits et enfin sur son propre budget.

➤ Les budgets de ventes et le contrôle des écarts

Le contrôle des écarts entre les prévisions de ventes et les ventes réelles se fait tous les mois. Il est primordial de réserver du temps à cette tâche, et surtout de lui réserver du calme. L'heure n'est pas à l'affolement, aux solutions de secours... mais à l'analyse sereine de la situation.

Pour un même écart de quantités vendues plusieurs comparaisons s'imposent :

– avec la même période l'année précédente,

– avec le total glissant sur les douze derniers mois,

– avec les investissements publipromotionnels engagés,

– avec les autres marques du marché,

– avec les commandes moyennes, et le nombre de commandes total.

Une fois l'écart bien identifié, il faut l'expliquer, puis si c'est possible proposer des actions correctrices.

➤ Le contrôle du profit des marques

Quels éléments ont perturbé les prévisions de profit ?

- Une baisse des quantités vendues : sur quel circuit ? Quel secteur ? Quelle enseigne ? La baisse est-elle proportionnelle à la baisse générale du marché ? Est-ce une perte de parts de marché ?

- Une baisse du prix de vente moyen : promotion sauvage ? Litiges clientèle ? Alignement sur la concurrence ?
- Une augmentation du prix des matières premières : quel fournisseur ? Matière première substituable ? Quel taux de change ? La hausse est-elle généralisée ?
- Une augmentation du prix de revient : coût de production ? Transport ? Restructuration des coûts-usine ?
- Des phénomènes exceptionnels : investissement publipromotionnel non maîtrisé ? Les frais financiers ?

Si le chef de produit obtient des réponses à ces questions, l'explication des écarts de profit apparaîtra clairement. Un plan d'action sera certainement mis en place pour contrebalancer ces écarts. Malheureusement la direction générale décide souvent de réduire les dépenses publipromotionnelles sur le reste de l'année. Sans épiloguer, on peut dire que ce type d'action augmente mathématiquement le profit, mais réduit automatiquement la cohérence à moyen terme de la marque.

➤ Les dépenses marketing et le contrôle des écarts

C'est la partie la plus simple du contrôle dans la mesure où il s'agit des dépenses engagées par le chef de produit, dans le cadre du budget marketing. À chaque commande envers un fournisseur, le chef de produit engage une partie de son budget. Pour le contrôle il faut s'intéresser aux engagements, c'est-à-dire comptabiliser les dépenses même si la facture n'est pas arrivée, ou si la marchandise n'est pas livrée.

Certains postes ne sont pas maîtrisés à 100 % par le chef de produit (étude générale, remises commerciales, quote-part pour impression de documents généraux…). Le chef de produit ne doit pas simplement constater les écarts mais demander aux personnes concernées d'obtenir une autorisation de dépassement de budget.

La gestion financière des produits

Le chef de produit doit avoir une vision globale des aspects financiers de la gestion d'un produit ou d'une marque. Ceci est nécessaire afin de bien comprendre le calcul de la rentabilité d'une gamme et pouvoir entreprendre des améliorations.

Le travail financier sur les marques intègre deux aspects :

- la compréhension des grandes masses financières liées aux produits, à leurs développements, à leurs commercialisations, à leurs fabrications, à leurs promotions…
- les interventions possibles pour améliorer la rentabilité à court, moyen et long termes du produit.

Si un œil du chef de produit est toujours rivé sur les évolutions de marque et son niveau de budget, l'autre doit être rivé sur les résultats financiers. Le chiffre d'affaires et la rentabilité d'une marque sont les deux indicateurs à ne pas quitter des yeux : ils résument mieux que tout autre chiffre les succès et les échecs (quelles qu'en soit les causes) d'un produit.

Analyse de la valeur

L'analyse de la valeur est un travail de chef de produit par excellence. Dans cet exercice, toutes les compétences du chef de produit sont mises en œuvre et une vision globale de la marque s'impose. Le principe de base de l'analyse de la valeur est la concentration des efforts sur les points que le consommateur ou le client perçoivent le plus positivement. Par exemple, l'investissement dans une forme originale de flaconnage n'a de sens que si cela représente de la valeur (consciemment ou inconsciemment) pour le consommateur. En d'autres termes, il est inutile de dépenser de l'énergie et de l'argent pour quelque chose qui n'apporte pas de valeur ajoutée transformable en avantage concurrentiel.

Valeur perçue = compromis entre : qualité perçue et coût estimatif

L'art de l'analyse de la valeur consiste à trouver des points sur lesquels l'amélioration de la valeur perçue par le consommateur est supérieure aux dépenses engagées pour obtenir cette amélioration.

Méthode :

1. Déterminer les fonctionnalités attendues par le consommateur
2. Évaluer le coût net de ces fonctionnalités

3. Tendre vers le coût net des fonctionnalités en ajoutant le minimum de superflu par une analyse verticale (sur les composants du produit) et une analyse horizontale (économie d'échelle).

Check-list des points à auditer :

- Analyse de la production : automatisation, réduction des stocks, flexibilité…
- Analyse du transport : masse volumique, résistance aux chocs, gerbage…
- Analyse de la mise en rayon : codification claire, forme superposable en linéaire, nécessité de PLV, taille des produits…
- Analyse du produit : impact visuel et praticité du packaging, qualité de la formule, sécurité d'utilisation…
- Analyse des déchets : % des déchets et de défaut de production, recyclage…

Lecture du compte d'exploitation

CA tarif → avantage client (structurel et promotionnel) et (liquidation + reprise)

⇓

CA net → autres avantages clients + coût standard des ventes + cotisation environnement + assistance technique

⇓

Contribution produit → Pub + promo + PLV + frais produit direct (frais marketing directement liés à un produit)

⇓

Contribution marketing → action animation + distribution (commerciale et physique) + frais de structure (filiale et groupe) + régularisation + autres produits et charges + frais financiers

⇓

Résultat de gestion

Par exemple

Poste	%
CA au prix tarif	100
Avantage client	18
Liquidation ou reprise	2
CA net	100
Autres avantages clients	5
Coût	30
Contribution produit	65
Pub + promo + PLV	35
Frais direct du produit	2
Contribution marketing	28
Frais de structure	15
Régularisation + autres produits et charges + frais financiers	1
Résultat de gestion	12

CHAPITRE 6

La politique marketing opérationnelle : le marketing-mix

Si la partie stratégique reste souvent confidentielle au département marketing, et parfois même secrète, la partie opérationnelle a pour vocation d'être connue des commerciaux et surtout des clients. Il ne faut pour autant pas céder à la tentation de commencer par ce qui est visible (l'opérationnel) sans être certain que la stratégie soit bien validée.

Ce chapitre sur les tâches opérationnelles du chef de produit se déclinera en plans d'actions ou en outils de vente. Le marketing-mix est au centre des moyens à la disposition du chef de produit pour faire progresser sa marque.

Le marché et son environnement

Le centre d'information et de documentation

Le chef de produit est un centre de documentation sur son produit et son marché. Il a le devoir de conserver tous les éléments qui pourront un jour permettre de répondre aux questions d'un nouveau chef de produit ou d'une personne extérieure au marketing. Le chef de produit a plusieurs sources de documentation :

- les sources internes de l'entreprise ;
- les statistiques publiées par des organismes officiels, para-officiels ;

– les diverses études publiées par des organismes privés et fédératifs ;

– les études commandées à des sociétés d'études spécialisées.

Le travail du chef de produit consiste à se procurer et à transformer cette volumineuse documentation en informations. La partie la plus difficile à obtenir et à retraiter est certainement l'information interne, car il y a là un jeu « donnant-donnant » entre les différents acteurs de l'entreprise. Chaque personne qui fournit une information au chef de produit apprécie un retour, par exemple :

- le contrôle de gestion souhaite recevoir « en échange » des répartitions de coûts par référence, le chiffre d'affaires prévisionnel des différentes marques ;
- le chef de secteur souhaite que le renseignement sur un concurrent se transforme en une analyse des prix nets du marché.

Pour le chef de produit cet échange d'informations est lourd à gérer, mais c'est le prix à payer pour ne pas tarir ses sources d'informations.

Le tableau de bord est l'occasion de retraiter une partie des statistiques en informations utiles. L'observatoire de la concurrence est une autre occasion.

La veille concurrentielle

La connaissance de l'adversaire est un atout pour la conquête des parts de marché. La collecte des données se fait au fil des années, il est utopique de vouloir remplir toutes les fiches concurrence sur une seule période. L'aspect systématique de l'observatoire de la concurrence permet de ne jamais perdre une information d'où qu'elle vienne.

➤ Utilité de la veille concurrentielle

La connaissance des clients est certainement l'information la plus essentielle pour une entreprise. Connaître parfaitement ses clients exige l'étude approfondie de la concurrence : pour bien se mettre dans la position du client, une vision complète de l'offre qui lui est proposée est impérative. À la lumière de ces informations, il faudra parfois envisager d'aligner vos prix, d'améliorer la qualité ou encore de diversifier la gamme, parfois même de changer de stratégie…

L'information est la matière première de la réflexion de l'entreprise. Sans matière première, pas de production… et sans information (notamment sur les concurrents) pas de stratégie ni de développement.

Pour connaître les intentions de vos concurrents (innovation, prospective, projets de développement…), leurs forces et leurs faiblesses, le détail de leurs offres, identifier la force de vente, les tendances d'évolution de votre marché, scruter son environnement, il faut mettre en place un observatoire permanent des entreprises de votre marché.

La veille concurrentielle, dans le cadre du SIM (Système d'Information Marketing), vous donne la bonne information au bon moment pour prendre les bonnes décisions.

En résumé, la veille concurrentielle vous permet de :

1. Saisir les bonnes opportunités du marché.
2. Anticiper les changements.
3. Renforcer votre compétitivité en ajustant vos prix.
4. Suivre l'évolution de votre marché : tendances, concurrents, clients, technologies ou meilleures pratiques.
5. Repérer les dernières innovations pour améliorer vos offres produits.
6. Surveiller vos concurrents pour adapter rapidement vos offres commerciales.
7. Alimenter vos fonds documentaires pour assurer la mise à niveau de vos collaborateurs.

➤ Les différentes veilles et les différents niveaux de veille

Les techniques de recherche d'informations sont nombreuses, elles vous donnent accès à des milliers de données, dont certaines ne seront pas utiles. Il est important, avant de commencer à chercher, de bien définir le territoire de la recherche. En d'autre terme, vous devez définir un cadre (ou un univers) pour votre veille concurrentielle.

Le cadre de votre veille concurrentielle précise la largeur et la profondeur des données nécessaires :

- La largeur définit les champs de la recherche (par exemple : nom des concurrents, nom des clients, événements importants, techniques utilisées, nouveautés, organisation…).

- La profondeur définit la précision de chaque champ (par exemple : pour un concurrent donné, quels sont les ratios financiers nécessaires : uniquement sont CA ou la totalité de sa liasse fiscale).

Voici un tableau qui récapitule les différentes formes de veille en fonction de la largeur et de la profondeur de l'univers :

Veille concurrentielle		Largeur	
		Faible	Forte
Profondeur	Faible	Observatoire de la concurrence	Benchmark Étude comparative
	Forte	Cellule de veille Étude de concurrents ciblés	Base de connaissances Analyse concurrentielle

➤ Outils de veille concurrentielle

Tout est bon (ou presque) pour recueillir des informations : lecture de la presse, rencontres, journal télévisé… Pour trouver le bon outil de veille concurrentielle, il faut tenir compte de plusieurs paramètres :

- fiabilité de la source d'information ;
- systématisme de l'information ;
- coût de l'information ;
- confidentialité et possibilité de la partager.

Par exemple, la lecture de la presse quotidienne fournit une information fiable et peu coûteuse. Mais elle n'est pas confidentielle, il est interdit de la copier, mais surtout la presse quotidienne ne parlera pas de tous vos concurrents (elle n'est donc pas systématique).

Plus la source est fiable, systématique et confidentielle, plus l'information coûte cher.

Au-delà des principaux outils de collecte que nous évoquons ici, il ne faut pas oublier les outils de diffusion qui feront l'objet du chapitre suivant.

Veille sur internet

L'utilité d'internet en tant qu'outil de veille est indéniable : des milliards de pages de données… Mais comment trouver les bonnes informations et comment les exploiter ?

- *Les moteurs de recherche pour l'accès aux sites internet*

Google (www.google.fr) est l'outil principal des recherches internet (environ 70 % des recherches sont faites sur ce moteur). Pour limiter le nombre de réponses, il est préférable d'utiliser deux astuces :

- un grand nombre de mots (qui limite et précise le nombre de sites proposés) ;
- les guillemets (qui sélectionnent les sites qui contiennent les mots choisis dans le même ordre et à la même place).

Pour vous familiariser avec ces astuces, lisez les conseils de recherche pour chaque moteur.

- *Les annuaires ou répertoires thématiques*

Les annuaires regroupent les sites traitant d'un même thème, il y a plus de 5 100 thèmes dans le répertoire Google (www.google.fr option « répertoire »). Contrairement au moteur de recherche, il y a souvent intervention humaine pour classer les sites dans les thèmes.

- *Les newsgroups*

Ce sont des listes de discussions libres où les internautes partagent des informations. Il existe plus de 25 000 thèmes de discussion et forcément un qui vous concerne. C'est une mine d'information inépuisable (www.google.fr option « groupes »).

- *Les listes de diffusion et newsletters*

De nombreux sites proposent des bulletins d'information qui sont envoyés par email. Cette information est à considérer comme de la publicité, sauf si elle provient d'organes de presse ou de sites indépendants.

- *Les sites d'actualité (presse électronique, agences de presse, média...)*

Vous trouverez là les mêmes informations que dans la presse, par exemple : www.afp.fr, www.google.fr option « actualité » ou www.lemonde.fr.

- *Les métamoteurs*

Le logiciel, gratuit et indispensable, Copernic Basic vous permet (www.copernic.com) d'effectuer toutes les recherches et d'en mémoriser les réponses pour suivre la mise à jour des informations.

• *L'exploitation des données en provenance d'internet*

Il est primordial de vérifier les informations trouvées sur internet. Ensuite, il faut constituer des dossiers par thème et commencer un long travail qui consiste à copier-coller les informations sur votre ordinateur (par exemple dans Word). Sans cette constitution de dossier, vous ne retrouverez peut-être plus jamais l'information que vous avez lue (soit elle aura été supprimée par son auteur, soit elle aura changé de place).

Remontées du terrain

Les remontées du terrain sont de plusieurs types :

– information de la force de vente (itinérante et sédentaire) ;
– lettre de réclamation client.
– Ces deux cas, bien que différents, sont à traiter de la même manière :
– accuser réception de l'information auprès de l'expéditeur ;
– diffuser l'information à tous les destinataires concernés ;
– informer l'expéditeur du traitement et des suites de l'information qu'il vous a donnée ;
– classement et suivi.

Client partenaire

Le but de cet outil est de choisir un (ou plusieurs) client qui vous informe sur les actions de la concurrence et du marché. Il est clair que vous ne pouvez demander ce « service » qu'à un très bon client prêt à collaborer avec vous. Ce type de relation ne se décrète pas, elle s'installe au fil du temps. Les deux parties doivent trouver leur avantage, si pour vous le bénéfice est évident, il faudra trouver des avantages pour le client informateur…

Entretien d'embauche

Les entretiens d'embauche, lorsque vous rencontrez un candidat issu d'un concurrrent ou d'un client, sont une excellente manière de mieux connaître les concurrents.

Ce recueil d'informations doit bien sûr être discret, les entretiens ne doivent pas être provoqués aux seules fins de la veille concurrentielle ; mais lorsque l'occasion se présente, il faut en profiter.

À noter : c'est aussi une bonne manière de juger le candidat. S'il ne sait pas tenir sa langue et s'il dévoile trop d'informations, il y a fort à parier qu'il se comportera de même envers vous.

Revue de presse et pige publicitaire

La lecture des organes de presse professionnelle est un passage obligé pour recueillir des informations sur les concurrents et les clients. Chaque citation doit être consignée dans les dossiers correspondants et éventuellement diffusée immédiatement si elle concerne un événement important (nouveau produit ou nouveau tarif).

À noter : la photocopie d'articles de presse est protégée par le copyright, mieux vaut saisir l'information sur un traitement de texte (comme Word) pour la diffuser ensuite. Vous pouvez aussi négocier des droits de reproduction avec l'éditeur.

Audit financier

Les comptes (liasses fiscales) de 2 millions d'entreprises sont disponibles auprès des Greffes des Tribunaux de Commerce (le prix à payer correspond aux frais de photocopies et d'affranchissement). Tous ces comptes sont aussi disponibles sur internet, soit sur des services gratuits (www.societe.com), soit sur des services payants (www.bil.fr ou encore www.infogreffe.fr).

Une fois les comptes en votre possession, il faut les analyser par les ratios financiers classiques et établir un classement de vos concurrents :

– les dix plus gros CA ;

– les dix meilleures rentabilités ;

– les dix plus forts taux d'endettement ;

– etc.

Bien d'autres informations peuvent être tirées de ces liasses fiscales, demandez conseil à votre expert comptable ou à votre responsable financier, ils sauront faire parler les chiffres.

À noter : dans le cas de société cotées, le rapport annuel est une véritable mine d'informations, car il est destiné à séduire les investisseurs en dévoilant les projets de l'entreprise.

Les salons, foires et expositions

Ces événements sont l'occasion de communiquer avec les clients sur les nouveautés de l'année. Il vous suffit d'être là pour obtenir une partie de cette information.

Même s'il est possible d'envoyer un « faux client » sur un stand concurrent pour obtenir plus d'informations, cette pratique n'est pas bien acceptée, mieux vaut se présenter sous sa véritable identité et demander à être renseigné sur ce qui est d'ordre publique.

Le vrai travail de veille concurrentielle commence au retour du salon où toute la documentation doit être triée, organisée, dupliquée...

À noter : même si vous ne participez pas à un salon en tant qu'exposant, vous devez vous y rendre (d'abord pour pouvoir dire que vous y étiez), mais surtout pour prendre les informations.

Les enquêtes (ad hoc, collective, panels...)

Les enquêtes sont l'outil d'information par excellence, nous ne développerons pas plus ce point, si ce n'est pour mentionner le coût important de telles opérations et l'avantage stratégique qu'on en retire.

Les syndicats, fédérations, associations collectives

Votre présence aux réunions de ces organismes passe parfois pour une perte de temps, mais les discussions qui s'y déroulent vous apprennent beaucoup sur les concurrents et les clients. Attention cependant à deux points :

- les effets d'annonce, il n'est pas rare de prêcher le faux pour savoir le vrai, ou d'annoncer volontairement une action qui n'aura pas lieu ;
- l'entente entre concurrent est interdite et passible de poursuite, les discussions doivent rester orales.

➤ Organisation de la veille concurrentielle

Le schéma suivant représente une vue complète des étapes de l'organisation de votre veille concurrentielle.

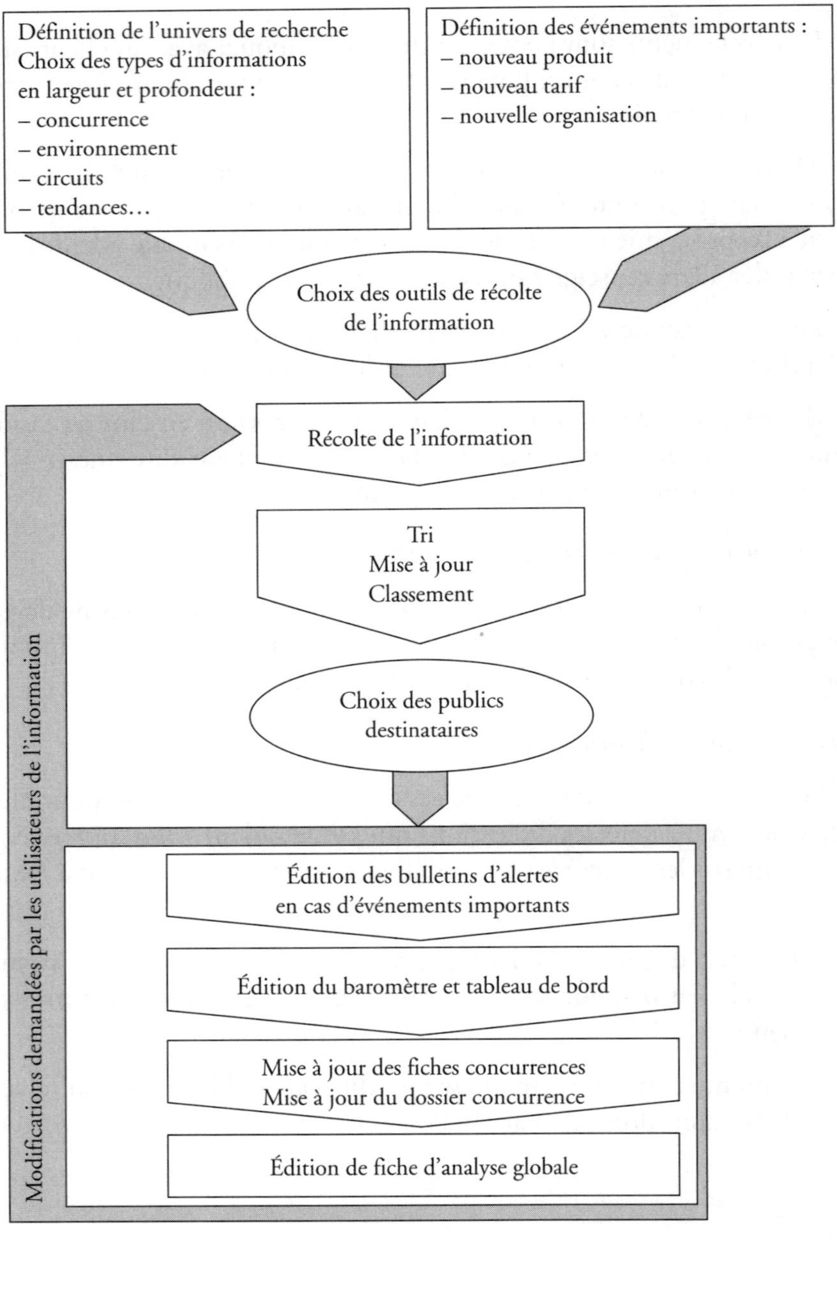

Le dossier concurrent

L'ensemble des informations recueillies trouve sa place dans le dossier concurrent (ensemble des informations détenues) et sa fiche récapitulative.

Fiche concurrence

Nom :
Adresse du siège social :
Adresse des établissements :
Structure juridique/capital social :
Code NAF :
Siren/Siret :
Actionnariat :
Participation dans des filiales :
Organigramme des participations :
Membre d'organisation fédérative :
Comptes disponibles en annexe (adresse du greffe du tribunal de commerce pour le dépôt des comptes) :
Évolution du CA :
Évolution du résultat :
Évolution de l'excédent brut d'exploitation (EBE) :
Présence sur les différents segments de marché :
Part de marché par segment :
Marques exploitées par segment :
Investissement publicitaire :
Circuit de distribution :
Organigramme hiérarchique :
Force de vente : organisation, nom des vendeurs, découpage géographique :
Une fiche par produit avec les spécifications techniques, les comparaisons avec les produits de la concurrence, les prix de vente tarif, les relevés de prix terrain, les parts de marché Nielsen.
Annexes :
Comptes de l'entreprise (imprimé fiscal demandé au tribunal de commerce).
Documentation de l'entreprise.

La fiche de synthèse

La fiche de synthèse est éditée tous les trimestres ou tous les ans, elle donne un aperçu global de l'évolution de la concurrence tout au long de la période.

Bulletin de veille

Le bulletin de veille est édité chaque fois qu'un événement se produit.

La communication des informations

C'est certainement la partie la plus aisée du processus et la plus utile. À quoi servirait une base de connaissance sur la concurrence si personne ne l'utilise. Les destinataires (internes et externes) doivent recevoir régulièrement les informations (bulletin, fiche). N'hésitez pas à lancer un sondage simple pour connaître l'avis et les suggestions des destinataires, c'est une bonne manière de faire évoluer les documents.

Mise à jour

On ne saurait trop insister sur la dégradation immédiate d'une veille concurrentielle sans mise à jour. Il est judicieux de nommer un responsable et un comité de vérification. C'est un véritable projet d'entreprise dont les enjeux sont stratégiques pour le développement.

L'observatoire de l'environnement : la revue de presse

Le chef de produit est à l'écoute de son environnement, ses sources d'information sont multiples : réunions syndicales, rendez-vous fournisseurs, presse ou encore d'autres provenances moins officielles.

Pour une circulation claire des documents dans l'entreprise, le chef de produit organise une revue de presse. Le choix des thèmes et des articles est à l'appréciation du chef de produit. Il décide de l'intérêt des textes par rapport à son produit, à ses projets.

La fréquence dépend de la masse d'articles à citer, dans l'idéal une période de trois mois est un maximum (après un trimestre, l'information n'est plus fraîche). La revue de presse se doit d'être conséquente (une vingtaine de pages minimum). Il est important que ce document soit bien présenté, que les photocopies soient de bonne qualité, si possi-

Revue de presse

Titre : **Revue de presse sur le consulting**

Période : du 1er janvier au 27 février 2004

Tous les articles cités sont disponibles sur demande. Les articles importants (par le sujet ou par le support) sont repris in extenso, les sources des autres articles sont citées pour une éventuelle consultation.

Cette revue de presse est destinée à l'ensemble du personnel, des clients et des contacts de l'entreprise.

TABLE DES MATIÈRES

ble que la couverture soit en couleur ; pour bien visualiser les magazines la photocopie de la couverture est un plus.

Cette revue de presse n'exclut pas la circulation d'articles d'actualité en cas d'urgence. Il faut bien préciser si l'article en question sera ou non repris dans la prochaine revue de presse. Certains magazines demandent le versement des droits d'auteur pour la reproduction d'articles. Si votre revue de presse est régulière vous vous mettrez à l'abri en demandant une autorisation aux publications.

Il est aussi possible de faire appel à des sociétés spécialisées qui réalisent, pour un abonnement annuel (de l'ordre de 1 200 à 3 500 €), une revue de presse complète sur les mots clés de votre choix. La plus ancienne de ces sociétés est *L'Argus de la presse.*

Un plan très détaillé permettra au lecteur d'accéder immédiatement à ses centres d'intérêt.

Le baromètre Satisfaction Clientèle

Le baromètre « satisfaction de la clientèle » entre dans le cadre des études marketing permanente ; c'est même le point de départ d'une démarche de qualité totale et de toute stratégie centrée sur le client (le fameux *customer focus*). Attention : ce type de baromètre ne peut être mis en place que si l'ensemble de l'entreprise et de ses partenaires sont prêts à accepter un processus de changement – inutile de demander l'avis des clients si personne n'en tient compte !

Le baromètre n'est pas une simple enquête isolée, il induit la recherche de la satisfaction des clients (et des clients des clients) et entraîne une augmentation du profit par la fidélisation. Il se trouve, encore une fois, qu'on retrouve la définition même du marketing : « transformer la satisfaction des clients en profit à long terme pour l'entreprise ».

Le baromètre est une étude répétitive suivant dans le temps les indicateurs sur la performance de l'entreprise, de son offre, de ses marques, de ses produits, de ses services (directs, indirects, principaux et annexes), de ses équipes, de l'accueil… Les questions portent sur le degré de satisfaction (satisfaction objective et subjective) des clients.

Les résultats permettent de suivre la perception des clients en terme de qualité, l'analyse des variations permet de prendre les bonnes décisions pour ajuster et anticiper la politique marketing de développement.

Les étapes de la mise en place du baromètre sont les suivantes :

– choix des critères de satisfaction client sur lesquels porteront les questions (il se peut qu'à ce stade une étude d'analyse de la valeur soit nécessaire) ;

– évaluation interne des points de satisfaction et hiérarchisation des critères ;

– choix de la taille de l'échantillon représentatif à interroger par rapport à la population mère (totalité de la cible) ;

– mise en place et test du questionnaire ainsi que du mode d'administration (face-à-face, téléphone, internet, auto-administré...) ;

– choix de la fréquence de l'enquête (une fréquence annuelle semble être adaptée à la plupart des cas, certains baromètres sont continus : dans les hôpitaux tous les patients sont interrogés) ;

– mise en place d'un tableau de bord où les indicateurs montreront les évolutions ;

– administration de la première vague ;

– communication des résultats ;

– préparation de la seconde vague.

➤ **Mesure des écarts**

La première mesure d'écarts se situe entre les différentes qualités (et images) du produit : écart entre qualité conçue, qualité réelle (qualité effective délivrée par l'entreprise), qualité perçue, qualité attendue.

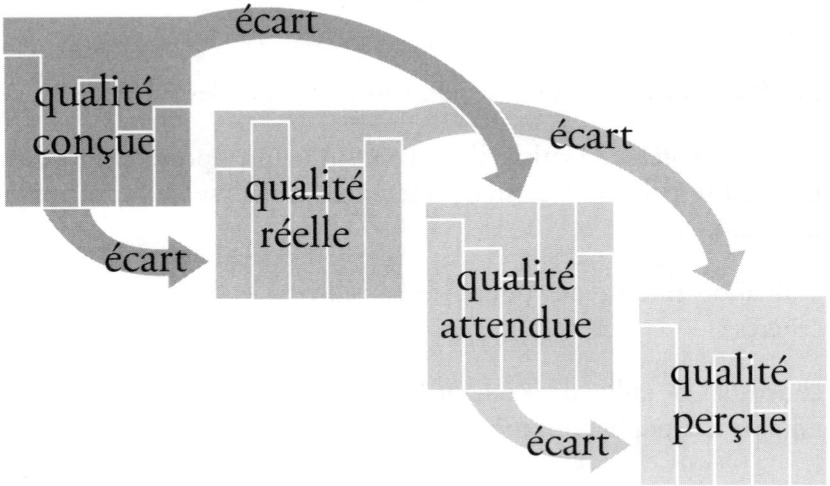

Figure 6.1 – Première mesure d'écarts

La deuxième mesure d'écarts compare différentes vagues d'étude.

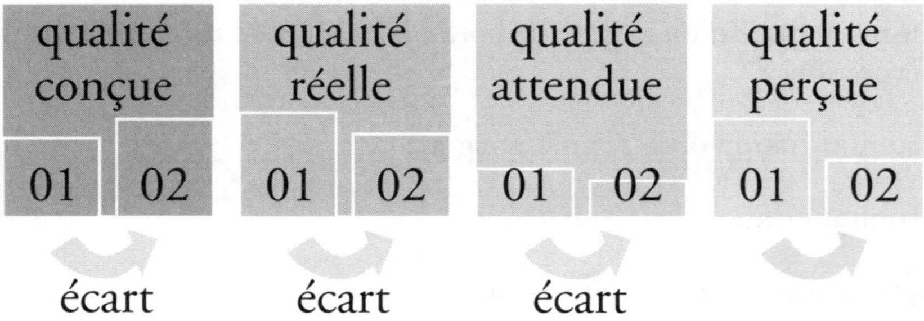

Figure 6.2 – Deuxième mesure d'écarts

Le troisième schéma ne mesure pas les écarts mais montre les actions à mettre en place en fonction du lien entre les écarts et l'importance des critères.

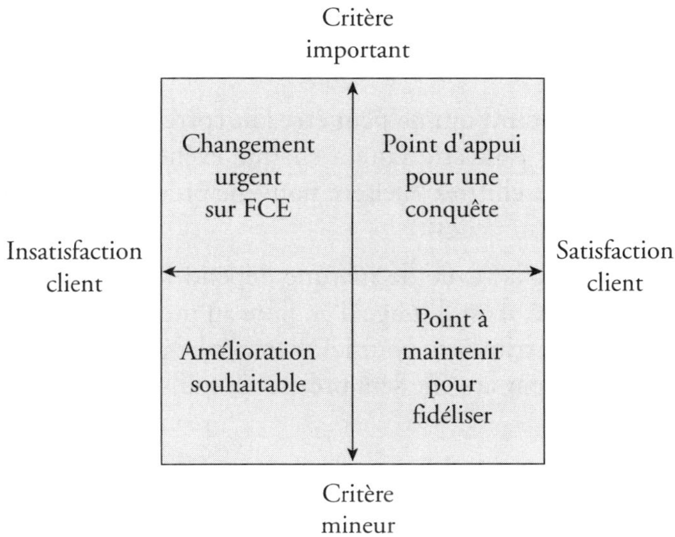

Figure 6.3 – Actions à mettre en place

Le produit et ses prix

La revue de marque

La revue de marque est un bilan de la marque, de son marché et de ses concurrents. Elle comprend une synthèse des faits marquants de la vie de la marque, l'évolution à moyen et long terme de la marque, les résultats des actions menées et un récapitulatif budgétaire.

La revue de marque est l'occasion pour le chef de produit de :

1. faire un point sur l'évolution de la marque dans le marché ;
2. choisir avec son chef de groupe les axes de travail par marque ;
3. évaluer les actions passées et celles des concurrents ;
4. prévoir un arbitrage éventuel de l'utilisation des ressources de l'entreprise ;
5. permettre la mise au courant rapide lors du passage de marque d'un chef de produit à l'autre ;
6. permettre une harmonisation entre les différentes marques d'une entreprise ;
7. permettre une évaluation continue du travail du chef de produit.

Ce travail ne vaut que s'il est fait régulièrement ; c'est l'évolution de la marque d'une revue à l'autre qui permet de savoir si elle est bien gérée.

C'est un travail lourd qui ne peut être fait correctement en une seule fois, la mise à jour doit être faite à chaque événement digne d'y être consigné (nouveaux chiffres Nielsen, nouvelle prévision de vente modifiant les quantités annuelles).

La périodicité de la revue de marque dépend fortement du produit ou service considéré, il est d'usage d'en faire au moins une par an, éventuellement une par trimestre pour les marchés les plus dynamiques. S'il n'en existe qu'une par an, elle sera prévue six mois après le plan marketing annuel.

La revue de marque

A. Marché global

1 Volume (1 000 unités)

Segments – Familles	2002	%	2003	%	Estimation 2004	%

Source :

2 Valeur (1 000 euros)

Segments – Familles	2002	%	2003	%	Estimation 2004	%

Source :

3 Circuits (Valeur : 1 000 euros)

Segments – Familles	2002	%	2003	%	Estimation 2004	%

Source :

4 Estimation des marchés proches (Valeur 1 000 euros)

Autres marchés	2002	%	2003	%	Estimation 2004	%

Source :

B. Les marques

1 En volume (1 000 unités)

Marques	2002	%	2003	%	Estimation 2004	%

Source :

2 En valeur (1 000 euros)

Marques	2002	%	2003	%	Estimation 2004	%

Source :

C. Événements du marché

1 Nouveaux produits

Date	Entreprise	Désignation

2 Prix du marché

Prix	2002	2003	2004
Premier prix			
Haut de gamme			
Marque d'enseigne			
Moyenne du marché			

3 Pige des promotions

4 Pression commerciale

5 Évolution de la distribution

6 Autres événements

D. Investissements publipromotionnels

1 Budgets concurrents

Marque	Estimation	Effets

2 Répartition par médias

Nom des marques	TV	Presse quotidienne régionale	Presse quotidienne nationale	Cinéma	Affichage	Radio

3 Rappel des investissements sur nos marques

	2001	2002	2003
Total marché (estimé)			
Marque			
Share of voice			

E. Politique de marque

1 Produits

2 Prix

3 Distribution

4 Études

5 Développement

6 Promotions

7 Publicité

F. Budget de la marque

G. Plan d'action commercial

Les changements de packaging ou de formule produit

Dans le cycle de vie des produits, les modifications de formules ou d'emballages sont courants. Il s'agit de faire « vivre » la marque aux yeux du consommateur, autant que d'entretenir des discussions avec un distributeur en mal de nouveautés. Ces changements, entrepris régulièrement, sont l'assurance que le produit reste au goût du jour. Tout est affaire de subtilités : séduire de nouveaux consommateurs (en espérant qu'ils resteront fidèles) attirés par la nouveauté tout en conservant ses acheteurs habituels.

Encore une fois le rôle de coordination du chef de produit est important. Et les départements suivants réclameront une information précise :

- *Ventes* : les vendeurs doivent être informés en priorité des changements de packaging ou de formule produit. Ils doivent avoir suffisamment d'échantillons pour montrer, et éventuellement laisser la nouveauté à leurs clients.
- *Administration des ventes* : si les changements ne concernent qu'un circuit de distribution, l'administration des ventes veille au respect des règles. En général les bons de commandes sont saisis, ou vérifiés par l'administration des ventes, les nouvelles références doivent leur être communiquées.
- *Production* : à partir de quand la nouvelle formule est-elle produite ? Quels sont les changements de commande de matières premières à envisager ?
- *Informatique* : quelles sont les nouvelles clés de répartition des coûts ?

Divers détails doivent être réglés : la procédure d'échange des anciens conditionnements ou des anciens produits pour les clients qui le souhaitent, la préparation de l'analyse des ventes suite aux changements, la communication autour de ce changement.

Le lancement de produit

Le lancement de produit est l'exercice marketing le plus complexe. Il demande des capacités de synthèse et un sens du détail, des compétences dans l'exploitation des études et dans les techniques de production… Toute la panoplie des outils marketing se trouve mise en œuvre autour de l'opération de lancement de produit.

Un lancement de produit se divise en plusieurs phases (*roadmap*) :

- L'exploration : recherche de toutes les possibilités de nouveaux produits) en tenant compte des contraintes de l'entreprise (marché, territoire des marques, finance).
- Le filtrage (*screening*) : méthode d'évaluation des différents concepts de nouveaux produits ayant pour but d'éliminer ceux qui ont peu de chance d'aller au bout du processus (par exemple : le nouveau produit nécessiterait le rachat d'un brevet trop coûteux).
- L'analyse économique : c'est le calcul du compte prévisionnel d'exploitation du produit.
- Le développement technique : adaptation finale du produit, fabrication de machines spéciales, mise au point avec le département Recherche et Développement.
- Les tests de concept et les essais machines : validation auprès des consommateurs de l'intérêt du produit dans sa description actuelle.
- La précommercialisation : référencement du produit en centrale d'achat, constitution des stocks chez les intermédiaires.
- L'information générale : préparation des matériels de communication (dossier de presse, argumentaire produit), plan de communication.
- Le lancement de la production.
- La commercialisation proprement dite.
- Le contrôle des ventes et le réajustement du marketing-mix.

Il faut au moins une centaine d'idées au départ pour un lancement réussi. La direction marketing établit des critères de filtrage (*screening*) identiques pour tous les lancements de produits : score du nouveau produit, volume, secteur de concurrence forte ou non, besoin de brevet, part de contribution. Les échecs des nouveaux produits sont statistiquement dus à une faiblesse dans le marketing-mix : pas de cible définie, image peu claire, produit non livré, avantage non communiqué, pas d'avantage ou avantage trop faible par rapport à la concurrence.

➤ Tests produit

Exemple pour le lancement d'un cosmétique :

- *Test de stabilité* : pour garantir la stabilité de la formule, du parfum, de la couleur.

- *Test de compatibilité* : pour vérifier l'adéquation entre la formule et les matériaux du packaging.
- *Test d'irritation* : sur des utilisatrices volontaires.
- *Évaluation sensorielle* : sur l'odeur et la texture du produit.
- *Test cabine* : test utilisateurs.
- *Test d'innocuité* : dermatologie, ophtalmologie.
- *Test de contamination* : la formule est ensemencée de germes pour vérifier que le développement bactériologique est conforme aux normes.
- *Test de conservation.*
- *Test de rhéologie.*

➤ Rétroplanning d'un lancement de produit

Date	Étape	
Mois M		**Revue de marque**
	objectif :	analyse des opportunités, menaces, forces et faiblesses de la marque
M+1		**Plan à trois ans**
	objectif :	définir les objectifs à long terme et la stratégie
M+6		**Réunion budgétaire**
	objectif :	définir les objectifs et la stratégie de l'année à venir
M+7		**Plan promotionnel**
	objectif :	détailler le plan de lancement
J – 3 mois		**Recommandation**
	objectif :	définir l'idée du lancement et convaincre les décisionnaires
	check-list :	recommandation écrite ET recommandation orale
J – 3 mois		**Tests**
	objectif :	finaliser le positionnement du nouveau produit
	check-list :	test de concept, test de formule, test de prix
J – 2 mois		**Plan d'action**

Les prix

Le prix de vente conditionne le résultat financier de l'entreprise et à ce titre mériterait qu'on lui consacre un ouvrage entier. En principe, les prix sont consignés dans un tarif que l'entreprise remet à ses nouveaux clients accompagné des conditions générales de vente et des grilles de remise. Aucune discrimination n'est admise sur les prix, tous les clients doivent être informés des remises maximum et des conditions pour les atteindre. Le durcissement de la loi sur les remises oblige aussi les fabricants à inscrire toutes les remises sur la facture (même certaines remises de fin d'année non conditionnelles).

L'entreprise n'a pas le droit de proposer, encore moins d'imposer, un prix de revente au distributeur (sauf pour le livre). Donc l'existence de tarif public, de prix conseillés ou même de prix généralement constatés est remplacée par un seul et unique tarif.

La fixation du prix net (prix que reçoit réellement l'entreprise) est un élément de la stratégie de l'entreprise et de la marque. La détermination des prix bruts (ou prix tarif) est faite en tenant compte par avance des différentes remises, de l'escompte, des frais de transport.

Lors de la modification de prix, un certain nombre de départements de l'entreprise sont informés en priorité.

- *Administration des ventes* : a la charge d'imprimer le tarif, de l'expédier aux clients actifs et de faire respecter l'application des nouvelles conditions. Si les changements ne concernent qu'un circuit de distribution, l'administration des ventes veille au respect des règles. En général les bons de commandes sont saisis ou vérifiés par l'administration des ventes, les nouveaux prix s'inscrivent automatiquement sur l'écran de saisie.
- *Ventes* : les vendeurs doivent être informés en priorité des changements de prix pour informer à leur tour les clients.
- *Informatique* : c'est l'informatique qui programme le changement de prix. L'ensemble des documents (factures, statistiques...) doit tenir compte des nouveaux prix.
- *Production* : si le prix est indiqué sur le produit (par impression ou étiquetage séparé) la production doit veiller au respect des dates. La production est également intéressée par le nouveau prix si celui-ci intervient dans un calcul de marge/usine.

Le chef de produit peut être amené à imprimer les tarifs, mais généralement ce rôle est plutôt rempli par l'administration des ventes.

On rencontre autant de litiges en cas de hausse des prix qu'en cas de baisse.

En cas de baisse : les clients souhaitent profiter immédiatement, parfois rétroactivement, de la baisse des prix ; les clients qui ont des produits en stock voient la valorisation de ces stocks baisser d'autant.

En cas de hausse : les clients retardent l'application de la hausse le plus tard possible ; dans le cas où le produit en hausse est un composant d'un produit fini qui ne peut pas augmenter immédiatement, les clients demandent une compensation de marge.

Le prix idéal n'existe pas. Encore une fois, il dépend de l'objectif et de la stratégie de l'entreprise. Sur le graphique de l'élasticité prix d'un produit, tous les prix entre 2€ et 13€ sont possibles : ils donnent simplement des résultats de vente différents.

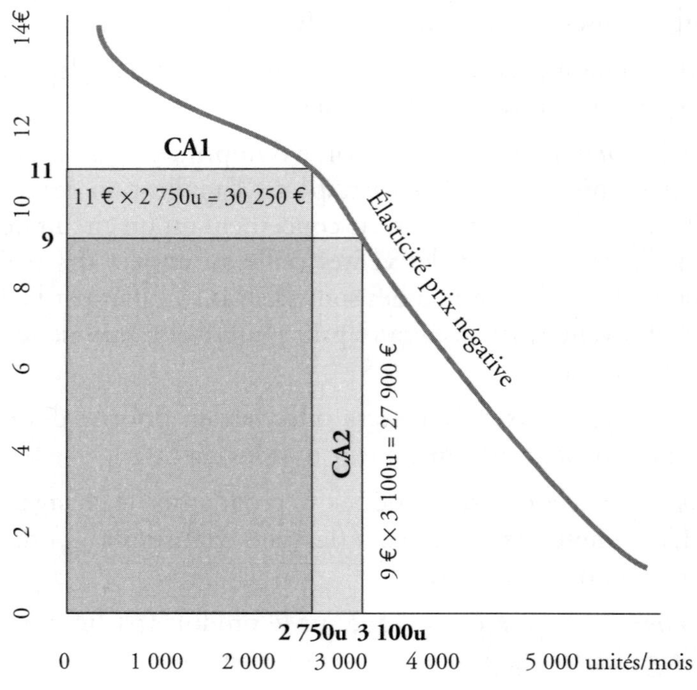

Figure 6.4 – Choix de politique de prix en fonction de l'élasticité prix

L'aire CA1 est supérieure à l'aire CA2. Il est donc comptablement profitable de vendre à 11€. Pour faire un choix, il faut tenir compte :

– de la réaction probable des concurrents (s'ils augmentent ou non leurs prix) ;
– des nouveaux entrants (l'augmentation de prix leur ouvre la porte du marché) ;
– de la réaction des clients sur les autres produits de l'entreprise ;
– du seuil de rentabilité de l'appareil de production ;
– de l'importance des parts de marché.

Les ruptures de stock

Les ruptures dans les stocks de produits doivent être signalées au chef de produit. Le responsable de la production précise la date de début de la rupture de stock et le délai d'approvisionnement prévu. Cette information a un double but :

- participer à l'analyse des ventes et aux prévisions de ventes du mois suivant ;
- informer si nécessaire la force de vente dans le bulletin de liaison ou par l'intranet.

C'est au chef de produit d'évaluer l'ampleur de la rupture et de juger des mesures correctives à prendre.

Une simple rupture de quelques jours sur un produit à petite rotation ne doit pas être signalée aux commerciaux sous peine de réduire encore les commandes d'un produit déjà faible. Les livraisons de clients seront retardées de quelques jours pour attendre le produit manquant ou, si les procédures l'autorisent, un reliquat sera livré au client avec les produits manquants. Il ne faut pas qu'une petite rupture désorganise les ventes des autres produits à forte rotation.

En revanche, l'ensemble de l'entreprise doit être informée d'une rupture plus importante. Cette information doit comporter les renseignements suivants :

– référence des produits en rupture,
– date de production prévue,
– date de livraison des clients en attente,

– cause de la rupture.

Lorsque le produit est de nouveau effectivement disponible, une nouvelle note d'information doit être faite.

➤ La rupture particulière des produits en fin de production

Certains produits ne sont disponibles que pour une période précise, c'est le cas des produits porteurs de promotion, des lots de produits, des présentations spéciales... Ce type de produit saisonnier doit être suivi tout au long de la période en indiquant le stock restant chaque semaine. Si des quotas ont été attribués par région, un découpage doit être fourni avec l'état des stocks.

➤ La rupture particulière du matériel publicitaire

Le chef de produit est responsable de la mise à disposition des différents matériels publicitaires, PLV, plaquette de présentation produit, outils de vente... Ces stocks doivent être gérés comme ceux des produits et la force de vente informée des éventuelles ruptures. Le chef de produit décide en collaboration avec les responsables commerciaux d'une nouvelle fabrication des matériels si le besoin s'en fait sentir.

Avec le numéro de commande, les chefs de secteur savent précisément quels clients sont en attente.

Fiche de rupture de stock

Fabricant d'appareil informatique				
Référence	**Désignation**	**Pour les commandes enregistrées le 25/08/03**	**Délai moyen prévu**	**Commandes en attente**
M4537	Écran couleur 14"	Dispo	Dispo	néant
M39701	Écran couleur 17"	1 semaine	1/2 semaine	néant
MSC078	Scanner noir et blanc	Septembre	Octobre	01254, 01257, 01265

La communication externe

Le média-planning

Le média-planning est l'organisation de l'utilisation des médias dans le temps. Le plan média répond à des exigences scientifiques et intuitives. Quelle est la meilleure stratégie pour toucher une cible au moindre coût ?

Le média-planner choisit d'abord un ou plusieurs médias (presse magazine, PQR, PQN, radio, cinéma, affichage, télévision), puis à l'intérieur de chaque média les supports utilisés (par exemple pour les quotidiens : *L'Équipe* et *Les Échos*). Enfin pour chaque support, le format et la fréquence (par exemple une pleine page quotidienne dans *L'Équipe* pendant sept jours et une demi-page par semaine dans *Les Échos*).

Le plan média reprend ces quatre éléments et les organise dans le temps.

➤ Choix des médias

Il existe une réelle stratégie des médias qui tient compte des objectifs de la communication, de la pige concurrente, des budgets alloués et bien sûr en premier lieu de la cible.

➤ Choix des supports

Ce choix tient compte des affinités de la cible et de ses habitudes de lecture. Il est facile (par informatique) de calculer les coûts aux mille utiles, et de comparer différents supports en terme uniquement financier. Si plusieurs supports sont choisis, il convient alors de calculer la duplication (lecteurs communs aux deux supports).

➤ Choix du format et de la fréquence

Pour un budget fixe, le format et la fréquence sont proportionnellement et inversement liés. Il est possible de passer dix fois en double page ou quarante fois en quart de page. Dans le premier cas le format est augmenté, dans le deuxième cas la fréquence est augmentée.

Choix des médias

Médias	Forces	Faiblesses	Recommandations	Outils de contrôle
Presse	– Média ciblé et sélectif (magazines) – Favorise la construction et le renforcement de l'image	– Durée de vie courte (PQ et gratuits) – Presse gratuite peu valorisante – Ticket d'entrée assez cher	– Lancement de produit – Événementiel	– AEPM 15000 – SOFRES 30000
Télévision	– Média grand public par excellence, puissant et valorisant – Média de détente	– Média encombré – Manque de souplesse – Média de la passivité – Peu de sélectivité socio-démographique – Ticket d'entrée cher – Coût de réalisation de spots élevés	– Campagne d'image – Démonstration visuelle	Médiamétrie : – mediamat Télé
Affichage	– Souplesse géographique et proximité – Présence sur les axes de déplacement	– Pas de sélectivité socio-démographique – Répartition géographique non homogène – Peu souple : délais de réservation et fabrication	– Effet d'annonce – Lancement de produit – Notoriété rapide	– Enquêtes de comptage – Sondages
Radio	– Bonne pénétration utilisation souple média puissant et précis, économique	– Nécessite une répétition élevée – Création limitée	– Se faire connaître et générer du trafic – Se faire aimer	Enquête 75 000
Cinéma	– Excellente mémorisation – Très bonne sélectivité géographique – Média valorisant	– Cible limitée – Coût de production élevé – Audience en baisse	– Produits destinés aux jeunes – Renforcer une image	Médiamétrie – Enquête 75 000 cinémas

➤ Le calendrier

Le plan média indique les dates (et heures ou numéros de passage).

Plan média

Synthèse du plan média rouge à lèvres

	Répartition prévue €		Répartition réelle €		Écart	Coût du GRP
Total et moyenne	2 256	100,00 %	2 248	100,00 %	8	20 300
Chaîne 1	823	36,49 %	791	35,17 %	32	21 658
Chaîne 2	1 052	46,62 %	1 056	46,97 %	– 4	19 875
Chaîne 3	381	16,89 %	402	17,86 %	– 20	18 657
Total *day time*	899	39,86 %	937	41,69 %	– 38	17 658
Total *prime time*	1 037	45,95 %	1 066	47,41 %	– 29	23 168
Total *night time*	320	14,19 %	245	10,90 %	75	27 558

Détail du plan média rouge à lèvres

Dates	Écran	Chaîne	Format	Tarif brut €	Coût GRP base 30" €	Émission avant	Émission après
Jeudi 12 mai	12h05	Chaîne 1	30"	11 037	2 851	jeu	jeu
	12h30	Chaîne 2	30"	11 784	2 607	jeu	flash
	13h30	Chaîne 1	30"	14 482	3 072	info	météo
	14h55	Chaîne 1	30"	9 909	3 486	série	série
	17h55	Chaîne 3	45"	6 860	2 439	variété	jeu
	17h55	Chaîne 1	30"	16 769	3 961	jeu	jeu
	18h20	Chaîne 2	30"	14 482	3 288	jeu	flash
Vendredi 13 mai	13h30	Chaîne 1	30"	14 482	3 072	info	météo
	13h30	Chaîne 3	45"	6 860	2 843	documentaire	*talk-show*
	14h15	Chaîne 2	30"	10 747	2 893	série	série
	14h30	Chaîne 1	30"	7 927	3 258	série	variété
	15h55	Chaîne 3	45"	6 403	2 439	série	série

Les indicateurs couramment utilisés sont :

- GRP (*Gross Rating Point*) : indicateur de pression publicitaire qui mesure l'efficacité comparative entre les médias. Il se calcule en multipliant la couverture cumulée par la répétition moyenne (exemple : couverture 87 % × répétition 30 % = 2.61 GRP) ou en divisant le nombre d'expositions (ODV/ODE) par la cible. Une vague de lancement requière 130 GRP semaine, une vague d'entretien se contente de 80 GRP semaine. Par exemple : la campagne Carrefour (177 millions d'euros en 2003) atteint le score de 420 GRP.
- Nombre de contacts totaux générés par une campagne.
- Couverture de la cible × répétition moyenne.
- Coût /GRP écran.
- Coût /GRP campagne – répétition moyenne (base 30").

La performance d'un plan média se mesure en coût GRP (rapport puissance/coût), ce qui permet de comparer plusieurs plans n'utilisant pas les mêmes supports.

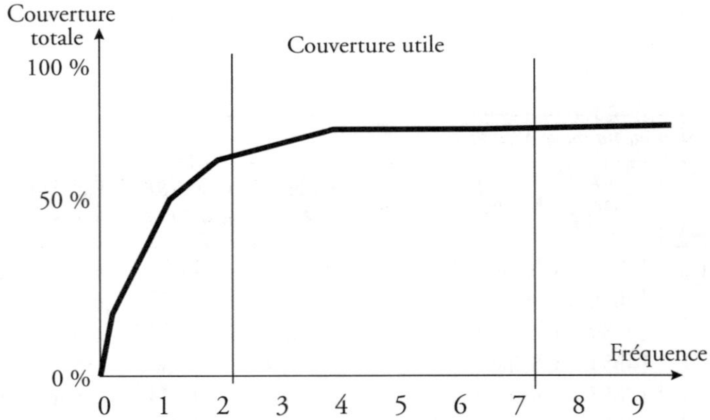

Figure 6.5 – Graphique de couverture

La promotion des ventes et marketing-service

La promotion des ventes reprend toutes les techniques destinées à accroître les ventes pendant une période donnée. Les ventes supplémentaires viennent s'ajouter aux ventes habituelles ou représentent un simple décalage dans le temps.

C'est un outil tactique qui agit à court terme sur la marque. Aujourd'hui il est de plus en plus utilisé, et certaines entreprises le transforment en outil stratégique. Elles organisent une surenchère de promotions, avec des lots de plus en plus importants, en espérant certainement provoquer une préférence temporaire pour leur produit. Cette surenchère est aussi pernicieuse qu'une baisse de prix car elle habitue les consommateurs et les distributeurs à toujours attendre un petit gadget promotionnel avec le produit principal. Par exemple, certains déodorants ne se vendent plus qu'avec 20 % de produit gratuit ; ou encore il est impensable de s'abonner à une revue sans avoir une calculatrice gratuite !

Les stratégies de promotion ont des objectifs variés, par exemple essai, pérennité, génération de trafic ou d'image, augmentation de la visibilité, incitation à l'achat, augmentation des volumes, justification de la politique de trade-marketing. L'ensemble de ces techniques dépasse de loin les simples promotions et entre dans un nouveau métier : le marketing service (qui regroupe l'ensemble des moyens publi-promotionnels). Les agences de marketing service sont les nouvelles agences de publicité.

➤ Les différentes techniques

Les techniques de promotion fréquemment utilisées sont :

1. Prime directe.

2. Prime indirecte.

3. Jeux, **concours**.

4. Offre de remboursement directe ou différée.

5. Échantillonnage.

1. Prime simple ou directe

Le cadeau (la prime) est offert au moment même de l'achat. La prime peut être constituée par un échantillon d'un autre produit de la gamme, ou par l'emballage lui-même ou encore par un produit en plus.

2. Primes différées

Le cadeau (la prime) est offert après l'achat (généralement le consommateur envoie une demande qui ne peut pas être refusée ou soumise à un tirage au sort). L'achat peut être unique ou multiple. Il est même possible de demander une participation financière au consommateur (primes autopayantes).

3. Jeux, concours

Le produit porte une offre de jeu ou de concours. Le jeu : avec hasard, sans obligation d'achat, loterie, *sweepstake, winner per store.* Le concours : sans hasard, possibilité d'obligation d'achat.

4. Efforts de prix

Par exemple : offre de remboursement différée (ODR), bons de réduction, coupon, encart Sogec, 4 pour 3, lot de produits différents, reprise d'un vieux produit, *buy back* (remboursement à terme).

5. Échantillonnage

Par exemple : distribution boîte aux lettres, opération satisfait ou remboursé, offre de dégustation ou d'essai en magasin, mise à disposition du produit pendant un certain temps.

6. Autres

L'imagination des créatifs est sans borne ; mais attention ! Les contraintes juridiques et légales sont importantes et doivent être vérifiées par un spécialiste indépendant.

Les exemples de promotions créatives : *hot potato* (très gros lot), club de **consommateurs**, parrainage, promo croisée (avec ou sans partenariat), carte multipoints.

➤ La communication nécessaire pour une promotion

1. Information usine

Avant même la réalisation du plan d'action, le chef de produit s'interrogera sur la faisabilité industrielle de l'opération. Pour qu'une opération promotionnelle soit réussie, il faut que le jour J la production prévue soit disponible.

2. Information force de vente

Les fiches techniques

Pour vendre l'opération, les commerciaux ont besoin des fiches techniques et d'un argumentaire de vente. Ce matériel doit leur être remis entre 4 et 6 mois avant le début de l'opération, sinon ils ne peuvent pas vendre la promotion à la distribution.

Les fiches techniques contiennent, outre un visuel de produit, les informations nécessaires à l'installation en magasins (dimension de la PLV, répartition des ventes par références,...).

L'argumentaire de vente

Il faut développer un discours type « argumentaire de vente » pour les commerciaux.

Conseils pratiques

Le chef de produit aura tout intérêt à réserver une quantité de cadeaux (tee-shirts, montres,...) qu'il distribuera lui-même aux représentants. Jusqu'à la dernière minute il doit rester à l'écoute des commerciaux pour étudier toutes les façons possibles d'améliorer son opération. Il veillera à effectuer des tests terrain et à faire valider l'opération d'un point de vue juridique.

3. Information prestataires externes

Les sociétés de gestion sont des prestataires extérieurs dont le rôle est de gérer les remontées des différentes opérations promotionnelles en cours sur les marques (bon de réduction, offre de remboursement, jeu concours). La gestion comprend la domiciliation de l'adresse du concours, la gestion des remontées, l'envoi des remboursements et des dotations liées à la promotion.

4. Information consommateurs

Quel que soit le style de promotion, une partie importante de l'opération consiste à communiquer et à faire valoir cette offre. Le produit est le support privilégié de la promotion. Un bon packaging promotionnel doit à la fois garder les codes de communication habituels tout en faisant une très bonne place au visuel de la promotion.

Des éléments de PLV (publicité sur le lieu de vente) sont souvent associés à une promotion pour plusieurs raisons :

– manque de place en rayon pour supporter l'augmentation des ventes du fait de la promotion,

– accroissement temporaire de la visibilité,

– support de communication pour la promotion.

La promotion peut être annoncée par une campagne de communication directe (minitel, bornes interactives, phoning, mailing, internet sont les nouveaux moyens utilisés pour communiquer autour d'une action promotionnelle). Dans ces nouveaux développements la promotion utilise aussi les médias (presse professionnelle, internet, ticket de caisse, téléphone, affichage, radio, PQR, et même télévision en *prime time*).

On assiste à un très fort développement des promotions multi-supports, par exemple un produit et un article de presse vous invitent à jouer sur un site internet pour gagner des voyages.

➤ La réalisation

Le chef de produit propose :

- des thématiques ;
- des outils de promotion, objets ;
- une mécanique (jeu, tirage au sort,…) ;
- un budget.

Les autres intervenants (agences, acheteurs, société de gestion) doivent éventuellement proposer :

- de créer l'univers visuel de l'opération ;
- d'acheter au meilleur prix ce qui doit l'être ;
- de mettre en place l'outil de gestion des remontées ;
- de gérer l'opération au jour le jour et de fournir les statistiques.

Il existe différents types de PLV :

- box et displays ;
- signalétique linéaire : réglettes, étiquettes… ;
- meubles, TG ;
- mobilier amortissable ou temporaire (présentoir…)

➤ Le suivi

Tous les jours, le chef de produit doit être capable de répondre aux questions suivantes :

- Quel est le plan de production de ma promo ?
- Quel est l'état de mes stocks ?
- Comment s'écoulent mes produits ?
- Quel est l'état des remontées ?
- Les commerciaux sont-ils satisfaits ?

Sources d'information :

- Les usines
- Les représentants sur le terrain
- Ses propres visites sur le terrain
- Les fournisseurs éventuels (agences de promotion, sociétés de gestion,...)
- Les panels

Dès qu'un problème survient (ruptures sur une référence par exemple) il doit en informer sa hiérarchie par écrit et prendre une décision en concertation avec les interlocuteurs pré-cités.

➤ L'analyse des résultats

Il est capital de pouvoir tirer les enseignements de chaque promotion, de les comparer avec les autres opérations sur la marque et de les communiquer.

L'analyse doit comporter :

- L'impact de la promotion sur les écoulements.
- L'impact des mises en avant (corrélation entre les MEA et la PDM).
- Le succès de l'offre promotionnelle auprès des consommateurs (remontées des concours ou des offres de remboursements).

➤ Conseils

- Faire attention aux délais (remises des documents, des fiches techniques...) et prévoir un délai de sécurité.
- Une bonne promotion est collective : plus l'avis des commerciaux est sollicité, meilleure la promotion sera.

- Vérifier les prévisions de ventes avec les historiques de la marque.
- Suivre la production au jour le jour (état des stocks, ruptures,...) : une promotion qui entraîne un écoulement de produits supérieur au point de vente qui n'est pas stocké en conséquence ne sert à rien (si ce n'est de tomber en rupture le mardi au lieu du vendredi...).
- Faire valider tous les règlements, remises, conditions, mécanismes promotionnels... par le service juridique.

Le marketing direct et la GRC (gestion de la relation client)

Le marketing direct consiste à créer et entretenir une relation directe avec une cible d'individus dans le but de proposer une offre adaptée à chaque individu. Le marketing direct suppose une bonne connaissance de la cible, des moyens de personnalisation des offres, la volonté de maintenir une relation durable. Le marketing direct n'est qu'une facette du marketing, une méthode de communication directe, par certains côtés le marketing direct s'oppose au marketing de masse (plus exactement à la communication de masse).

Le marketing direct est surtout connu par ses mailings (publipostages), mais il recouvre un champ plus vaste de moyens d'actions : *phoning*, minitel, *couponning*, **asile colis**, e-mailing, SMS, salons, *bus-mailing*. La VPC, et plus généralement la vente à distance, est l'utilisateur privilégié du marketing direct, mais pas le seul. Toutes les entreprises (*B to B*, distribution et *B to C*) peuvent utiliser les méthodes de marketing direct, pour développer leur business.

Le marketing direct, comme la promotion, entre dans la nouvelle sphère du marketing service qui présente l'avantage de combiner tous les outils disponibles pour aboutir à de véritable campagne multisupport et multicanal alliant créativité et technologie. Par exemple : le géomarketing a su tirer parti de la baisse des coûts de cartographie et devient un outil de prospection client, mais également de fidélisation.

Les avantages du marketing direct sont :

– une mesure précise de la rentabilité des actions,

– une synergie évidente avec les stratégies marketing en place (le marketing direct s'adapte à toutes les situations),

– la réduction des coûts de commercialisation,

– la connaissance et donc la possession de sa propre clientèle (ce qui, avec la pression croissante de la distribution, n'est pas le moindre avantage).

Face à ces avantages, les contraintes du marketing direct sont importantes.

- *Le coût* : même s'il est possible de lancer un mailing à peu de frais, les vraies campagnes de marketing direct sont coûteuses. Surtout si l'on ramène le coût au contact : par exemple, une annonce dans l'hebdomadaire Maxi touchera 2,3 millions de ménagères pour 11 500 euros, soit un coût pour 1 000 de 5 euros. Par mailing cette même opération coûte un minimum de 1,1 million d'euros (100 fois plus) !!! Mais le mailing permet la personnalisation du message et la qualité du contact est certainement meilleure. La grande question du marketing direct est : vaut-il mieux communiquer à 25 000 personnes personnellement ou à 2,3 millions de façon standard ?
- *Le temps* : les campagnes de marketing direct nécessitent un investissement temps plus lourd de la part du chef de produit. L'adaptation des messages, le travail préalable de segmentation, la gestion des retours, les aspects promotionnels sont autant d'actions qu'il faut entreprendre avant le lancement d'une opération. La plus significative est le travail sur le fichier.
- *Le fichier* : clé de voûte d'une opération de marketing direct. Sans constitution de fichier, pas de marketing direct. Certaines opérations ont pour but de constituer un fichier qui n'existe pas, mais la base de données est le fondement d'une relation durable. La base de données marketing (ou relationnelle) enregistre les comportements de la cible, de façon à adapter les messages en fonction des réactions. Dans la plupart des cas le chef de produit ne peut pas gérer lui-même la base de données. Il peut en être le gardien, mais les contraintes informatiques ne lui permettent pas d'intervenir personnellement. Le plus simple reste la sous-traitance à des prestataires de services spécialisés.

Le marketing direct doit s'inscrire dans la stratégie générale de la marque et des budgets conséquents doivent lui être alloués, sous peine de devenir un simple envoi de messages publicitaires.

La GRC aussi connue sous sa version anglo-saxonne de CRM (*Customer Relationship Management*) est une évolution du marketing direct vers une notion globale qui touche tous les départements de l'entreprise. Les projets de GRC impliquent directement le marketing et l'outil principal reste encore aujourd'hui le centre d'appel (*call center*). On distingue, avec quelques abus de langage, le marketing entrant (le client appelle l'entreprise), du marketing sortant (l'entreprise appelle le client). Dans les deux cas, le chef de produit intervient à plusieurs niveaux :

– conception des scénarios téléphoniques ;
– formation des téléacteurs ;
– analyse et étude statistique sur l'ensemble des interactions clients.

Dans le cas d'une plate-forme multicanal, les suites des appels téléphoniques ou des emails seront suivis d'autres actions à coordonner par le chef de produit. Dans les PGC, c'est le cas typique des services consommateurs (avec numéro vert ou azur) qui répondent à toutes les demandes des consommateurs.

Dans le cas d'intégration des centres d'appels à un ERP, le chef de produit interviendra, comme support ou comme acteur, dans toutes les parties qui concernent ses produits ou marques. En *B to B*, c'est le cas typique des plates-formes de commande.

L'édition, l'impression[1]

Presque toutes les facettes du travail du chef de produit passent par l'édition et l'impression. La bonne connaissance de la **chaîne graphique** est impérative pour le chef de produit. Quelle que soit la qualité des intermédiaires, studio de création, imprimeurs, agence de publicité, le chef de produit doit maîtriser la globalité du travail d'impression.

Dans le domaine du PréPresse (étapes préalables à l'impression) les techniques ont évolué, les ordinateurs sont présents partout avec des fonctionnalités plus importantes chaque jour.

Dans l'impression proprement dite (la reproduction par une forme ou reliée à un ordinateur), les techniques évoluent beaucoup moins vite : l'offset et le laser sont toujours les techniques les plus employées.

1. Les techniques d'impression sont développées page 191.

Les salons, foires, expositions

Le chef de produit est responsable de l'organisation et de la bonne marche de l'exposition. De la réservation de l'espace (au bon emplacement) au débarrassage du stand, le chef de produit supervise la globalité du salon, surtout de ce qui se passe en dehors, invitation, promotion, édition, hébergement. En amont il est aussi responsable de la sélection des salons auxquels il désire participer.

Ce travail nécessite beaucoup de rigueur dans la gestion des délais, l'enchaînement des tâches, le choix des fournisseurs. C'est une activité complète, et il faut être sûr de réserver suffisamment de temps pour la mener à bien.

Un salon peut s'organiser autour des découpages suivants.

- Le choix du salon comprend la réservation d'espace, le choix de l'emplacement, la vérification de la concordance des dates avec d'autres événements de l'entreprise.
- La construction du stand comprend la réalisation de plusieurs maquettes lors d'un **appel d'offre**, le choix d'un fournisseur (une multitude de fabricants de stands existent, attention de choisir une entreprise sérieuse, l'idéal est de prendre les coordonnées d'une entreprise qui a déjà réalisé des beaux stands dans d'autres salons), la décoration du stand, la mise en valeur des produits.
- La communication externe comprend les invitations, les annonces de la participation au salon, l'information de la presse (souvent un bureau de presse est organisé sur place), la préparation des dossiers de presse, l'impression de toute la documentation nécessaire pendant la durée du salon, les modalités d'accueil des personnalités et journalistes, la communication après salon pour le bilan des opérations (nombre de visiteurs, participation ultérieure...).
- L'information interne comprend l'annonce de la participation au salon, la liste des personnes présentes (avec un agenda précis), les modalités d'invitation des clients et prospects, le recueil de documentation de la concurrence, l'exploitation des retombées du salon.

Bien sûr au-delà des aspects organisationnels, la participation à un salon se justifie dans le cadre d'un plan marketing. Les produits nouveaux seront présentés ainsi que les autres changements dans l'entreprise.

Les relations avec la presse et les relations publiques

➤ Les relations avec la presse

Le chef de produit a le choix de les gérer lui-même ou de faire appel à un attaché de presse. Généralement, les grandes entreprises ont un contrat avec un attaché de presse pour la globalité des marques et les relations publiques. Le chef de produit doit simplement informer l'attaché de presse sur les nouveautés, les actions ponctuelles ou tout autre événement marquant (anniversaire de la marque, part de marché record...). L'attaché de presse demandera au chef de produit de participer à tels présentation, interview, cocktail ou déjeuner de presse. L'attaché de presse réalisera les dossiers de presse et se chargera des envois sur la base de son propre fichier.

Si le chef de produit gère lui-même les relations avec la presse et les journalistes, cela représente une charge de travail supplémentaire pour laquelle il convient de s'organiser. Tout d'abord le fichier des médias sera saisi sur une base de données pour permettre la personnalisation des lettres et le suivi des actions. Ensuite un dossier de presse généraliste sera constitué, il sera régulièrement mis à jour pour pouvoir à tout moment répondre à une demande de journaliste. Finalement, et c'est le plus difficile, des contacts réguliers et cordiaux seront entretenus avec les journalistes, rédacteurs et pigistes en charge des rubriques concernant le produit à promouvoir.

Que les relations presse soient gérées en interne ou par un attaché de presse (les deux peuvent même cohabiter harmonieusement), il faut prendre conscience de l'importance des articles rédactionnels. Ils sont d'un enjeu stratégique pour l'entreprise. L'avis d'un journaliste (indépendant) sur le produit et la marque a un effet considérable sur le lecteur. On peut même considérer qu'un article de quelques lignes vaut plusieurs passages publicitaires, si l'article est positif bien sûr.

L'information qui est envoyée aux journalistes tiendra compte des fréquences de parution et des délais de bouclage. Les mensuels travaillent avec trois à quatre numéros d'avance, si votre produit est saisonnier veillez à ne pas dépasser la date limite.

L'information presse est un réel outil de communication, il faut être attentif à l'utiliser à bon escient en exploitant uniquement les événements d'envergure. C'est aussi une action à long terme, la relation avec

Le dossier de presse

Contenu

- Des photos sous formes diverses : noir et blanc papier, couleur papier, ekta (c'est-à-dire des diapositives 24 x 36, montées sous cadre ou en bande). Au dos des photos papier ou à côté des ektas doivent figurer les informations les plus importantes (nom du produit, nom de l'entreprise, prix de vente, disponibilité...). Les légendes des photos peuvent être reprises sur une feuille à part (pensez alors à numéroter les photos).
- Un **communiqué de presse** très bref d'une dizaine de lignes. C'est la base obligatoire du dossier, donner une information claire et précise. Le journaliste comprend immédiatement le sujet et l'intérêt éventuel d'en faire un article. Cette version synthétique du texte doit être un gain de temps pour le journaliste lors de la préparation de son article.
- Un communiqué de presse standard d'une page. C'est le développement des avantages du produit pour les futurs utilisateurs.
- Un dossier produit de plusieurs pages, où les spécifications techniques sont précisées ainsi qu'un historique de la marque. Il est aussi souhaitable d'y faire figurer une brève étude de marché et les résultats d'éventuelles enquêtes.
- Un échantillon, dans la mesure du possible, ou les indications suffisantes pour essayer le produit, tester le service... (« Venez essayer la nouvelle machine à coudre au stand X de la Foire de Paris », en joignant une invitation).
- Un cadeau pour le journaliste, en rapport avec la marque et le marché. Dans la mesure où le produit donné en échantillon ne sert pas lui-même de cadeau.
- Un contact. Il est impératif de donner les coordonnées (directes) d'une personne que le journaliste intéressé peut joindre rapidement pour un complément d'information ou une interview. Cette même personne sera disponible tout au long de l'année pour les renseignements généraux sur l'entreprise. Veillez donc à ne pas donner le nom d'un stagiaire présent seulement pour la durée de l'action presse.
- Le dossier lui-même. Une simple pochette ne suffit pas. Il faut réunir tous ces documents dans un dossier (une chemise porteuse) au nom de l'entreprise et du produit. De nombreux modèles existent en standard chez les imprimeurs et il suffit de s'en inspirer pour avoir un dossier personnalisé de grande qualité.

Conseil de mise en place et d'organisation

Le fichier est un élément primordial. Quels médias contacter ? Quels supports ? Quelles personnes ? Quels pigistes indépendants ?

↳

Ce n'est que par l'expérience et l'achat d'annuaires de journalistes que votre base de données va s'améliorer. Une fois constituée, cette base doit vivre et évoluer au fil des contacts. N'hésitez pas à diviser votre base de données en autant de segments que de centres d'intérêt des journalistes (informations économiques, informations pratiques, informations sur les nouveautés, informations sur des utilisations des produits par certaines cibles...)

Ne jamais relancer un journaliste, même si l'article prévu ne paraît pas ou pour tout autre problème (exception faite des erreurs grossières). Ne faire mention d'éventuelles remarques que dans le cadre de relations plus personnelles, et continuer à envoyer régulièrement de l'information exploitable à tous les journalistes de votre base de données.

les journalistes ne se bâtit pas sur une seule opération. Cette relation entre la marque et les journalistes s'inscrit dans la durée et porte ses fruits (c'est-à-dire les rédactionnels écrits par les journalistes) au bout d'un certain temps. Attention cependant à ne pas brusquer les événements ni à solliciter la presse à tout bout de champ. Restez présent, sans être pesant.

Attention : il ne faut pas confondre article rédactionnel (c'est-à-dire écrit par un journaliste impartial) et publi-reportage (ou publi-information) qui n'est qu'une publicité standard déguisée en article (donc sans aucune valeur d'impartialité pour le lecteur, sauf à entretenir la confusion avec un article réel par une mise en page identique au support).

➤ Les relations publiques

Au niveau du chef de produit, les relations publiques sont limitées. Les véritables relations publiques sont plutôt faites au niveau de l'entreprise toute entière sous forme de réunions, voyages, ou autres créations d'événements.

Néanmoins, le chef de produit entretient un certain nombre de relations privilégiées avec les prescripteurs, les leaders d'opinion, les organisations et fédérations d'entreprises... Ces cibles aiment recevoir une information de première main directement émise par l'entreprise à travers son chef de produit. Le bon état de ces relations sur le long terme permet d'organiser rapidement une « communication de crise », pour répondre à une actualité brûlante, démentir rapidement des informations non fondées, ou expliquer sereinement, dans un climat de confiance, la crise qui touche l'entreprise.

Le brief à remettre à l'agence

Nous vous proposons ci-dessous un brief en dix parties.

➤ L'utilité du brief

Le brief permet de formaliser une demande par écrit. C'est un exercice contraignant mais utile (même dans le cas d'un brief pour un service interne à l'entreprise). Cela donne aux créateurs et concepteurs l'assurance que les idées sur lesquelles ils travaillent sont réellement importantes pour leur client et ne sont pas simplement les fruits de leurs dernières « lubies ».

Le brief est aussi un instrument de contrôle par rapport à l'idée de départ. Il est difficile, lorsqu'on vous présente une campagne qui répond à un objectif de départ, de résister à la tentation d'ajouter d'autres objectifs. La relecture de votre brief vous permettra de replacer la création dans son cadre de départ. Le brief par oral ne permet pas un tel contrôle, c'est la porte ouverte à toutes les fantaisies de l'agence car vous n'avez pas de preuve de votre discours initial.

Un brief permet d'organiser une compétition entre plusieurs agences (dans leur jargon c'est une spéculative), en s'assurant que chacune travaille avec les mêmes données. Mais attention lorsque vous mettez votre budget en compétition entre plusieurs agences, elles vous proposeront, et c'est bien normal, de participer aux frais de la compétition. Augmentez le nombre d'agences contactées pour une simple présentation (gratuite), réduire le nombre d'agences en compétition (payante).

➤ Définition d'un bon brief

C'est le cahier des charges des métiers de la communication. Un bon brief donne les informations suffisantes pour que l'agence de publicité ou le service interne de communication travaillent efficacement. Sans tomber dans un excès d'informations, qui rendrait le brief inutilisable, il suffit d'exposer, sous une forme structurée, les données clés de l'entreprise.

Vous pouvez transmettre ces informations à votre agence de publicité en toute confiance. Elle est soumise au devoir de réserve.

➤ Le brief, mode d'emploi

La manière dont les informations sont données à l'agence chargée de réaliser la mise en forme de vos messages détermine une partie de la qualité du travail final.

Pour être sûr de ne rien oublier vous pouvez utiliser le canevas suivant. C'est la check-list type d'un brief. Elle comprend cent questions dans dix domaines.

Selon la complexité du problème à résoudre et l'importance de chaque élément, il est possible de répondre à une partie seulement de ces questions.

Ce brief de 100 questions est utilisable par toutes les entreprises, vente de services, de biens de consommation, vente par correspondance. Sa rédaction demande un certain temps, ne serait-ce que pour rassembler les documents. Vous pouvez préparer ce travail à l'avance (et un stagiaire peut même vous aider utilement), et vous pouvez exclure certains paragraphes ou certaines questions si elles ne vous semblent pas correspondre à votre activité.

Le Brief

1. L'entreprise C'est une présentation générale de l'entreprise.		
1	Structure juridique	SA, SARL, GIE, Coopérative, Association… N° Siret, RC, code APE, … Cotation en bourse, capital social, capital net…
2	Historique	Date de création, principales évolutions, agrandissement, achat de société, grands marchés, changement de direction, début de l'exportation…
3	Vocation de l'entreprise	Quel est le métier de base, vu d'un côté technologique, vu du côté marché ? Quelle est la philosophie de l'entreprise ? son objectif premier ? son rôle dans la société ?
4	Domaines d'activités	Il s'agit de définir les différents domaines de l'entreprise, par une segmentation produit, marché ou technologie. Le service après-vente, la vente directe, la vente par revendeurs sont des domaines d'activités différents.
5	Chiffre d'affaires	Répartition du CA par domaine d'activité de l'entreprise.

6	Rentabilité générale et par domaine d'activité	D'où vient le profit de l'entreprise ? Quels sont les domaines rentables ? Vous pouvez exprimer ces chiffres en indices ou en pourcentage si vous souhaitez plus de confidentialité.
7	Effectifs	Nombre et qualité des personnes salariées de l'entreprise, en séparant bien les fonctionnels (siège, services centraux...) des opérationnels (vendeurs), fabrication.
8	Organigramme	Qui dirige l'entreprise ? Avec quelle relation hiérarchique ? Le parcours des dirigeants donne aussi une bonne appréciation de la culture de l'entreprise. Quels sont les actionnaires de l'entreprise ?
9	Notoriété, image	Il s'agit d'évaluer la reconnaissance du nom de l'entreprise (pas de ses produits). En l'absence de chiffre précis, une évaluation honnête suffit, par la suite une simple enquête téléphonique peut fournir ce renseignement.
10	Autres informations	

2. Le marché C'est une description précise du secteur et du marché où se trouve le produit à promouvoir.		
1	Historique	Marché ancien ou récent pour l'entreprise.
2	Définition du marché	Quelle est la définition du marché, en terme de satisfaction, de résultat attendu, d'utilité... pour les consommateurs ?
3	Statistiques du marché	CA du marché, quantité vendue, saisonnalité.
4	Nombre de clients/Quantité achetée par client	Nombre de clients classés en actif, peu actifs, inactifs. Quantités achetées par client.
5	Part de marché	Quelles sont les parts de marché de l'entreprise ? Sur quels circuits, dans quelles régions, sur quels segments, sur quelles périodes ?
6	Gamme de produits	Quels sont les produits du marché ? Quelle est l'offre globale de tous les concurrents directs et indirects ?

7	Répartition des ventes par produit	Quelles sont les solutions choisies ? Avec quelle part de marché ?
8	Type de client	Quels sont les grands segments de clientèle ?
9	Ventes annexes	Une première vente induit-elle un service après-vente, un contrat de maintenance, l'achat de fournitures consommables… ?
10	Poids du domaine dans l'entreprise	Quelle est la part de CA, de marge, de rentabilité de ce domaine d'activité dans l'entreprise ? Quelle est sa place stratégique ?

3. Distribution du produit Comment le consommateur final peut-il se procurer le produit ?		
1	Canal de distribution	Description des différents canaux de distribution.
2	Longueur du circuit	Circuit long par grossiste ou circuit court par vente directe. Quel est le nombre d'intermédiaire avant que votre produit arrive chez le consommateur final ?
3	Politique commerciale	Quelle est la politique tarifaire ? Comment est constituée la force de vente ? Politique de promotion des ventes et de promotions conjointes avec la distribution ?
4	DN/DV	Quel est l'état de votre référencement dans la distribution en nombre de point de vente (DN) et de qualité de point de vente (DV)
5	Marge du distributeur	Taux de marque des distributeurs sur les différentes gammes de produits.
6	Rapport avec le distributeur	Puissance de la distribution, fidélité des acheteurs.
7	Combien de concurrents par point de vente	Taux de duplication ? Nombre de gammes de produits, nombre de fournisseurs, existence de marques de distributeurs.
8	Facilité d'importation	Possibilité de trouver ailleurs des produits équivalents.
9	Moyens logistiques de l'entreprise	Possibilité de stockage, d'expédition, de traitement et de préparation de commandes.
10	Autres informations	

4. Les produits (biens ou services) C'est une étude critique des produits de l'entreprise par rapport aux produits de la concurrence directe et indirecte.		
1	Liste des produits	Référence et désignation des produits.
2	Types de produits	Produit banal, produit nouveau, nouveau marché, produit anomal, produit impliquant.
3	Description des produits	D'un point de vue fabrication. Puis utilité pour le consommateur (joindre une documentation).
4	Points forts des produits	Argumentaire de vente utilisé.
5	Prix du produit, prix du marché	Prix de l'entreprise, politique de remise, prix dégressif par quantité. Prix moyen du marché, écart par rapport à la concurrence, évolution des prix, sensibilité aux prix.
6	Adaptation au transport	Produits adaptés à l'envoi par transporteur ou par les différents services de La Poste. La masse volumique des produits est-elle avantageuse ?
7	Part de marché par produit	Part de marché du produit par rapport aux autres produits comparables.
8	Cycle de vie des produits	À quelle vitesse le marché évolue-t-il ? L'obsolescence des produits est-elle rapide ?
9	Niveau technologique du produit	Indication de la difficulté à fabriquer un tel produit.
10	Possibilité de substitution	De nouvelles possibilités de satisfaire le même besoin chez les clients existent-elles ?

5. Les consommateurs et les prescripteurs La connaissance des clients et prescripteurs est un passage obligé du marketing.		
1	Qui consomme ?	Description des consommateurs.
2	Comment ?	Habitude de consommation et comportements des acheteurs.
3	À quels besoins répondent vos produits ?	Quels besoins sont satisfaits par l'utilisation de votre produit ?
4	Processus de décision	La chaîne des décideurs est-elle longue ? Toute l'entreprise du client est-elle impliquée dans le processus d'achat de vos produits ?
5	Liste des prescripteurs	Qui conseille ou pourrait conseiller les utilisateurs ?

6	Nombre de consommateurs du produit	Nombre de personnes, d'entreprises, de familles qui utilisent votre produit.
7	Consommateurs potentiels	Nombre de personnes qui utilisent un produit comparable de la concurrence.
8	Non-consommateur relatif et absolu	Nombre de personnes qui pourraient utiliser un tel produit, et nombre de personnes qui n'utiliseront jamais un tel produit.
9	Type d'approvisionnement	Les commandes sont-elles récurrentes ?
10	Autres informations sur les habitudes de consommation	Achats affectifs, achats raisonnés, achats d'impulsion. Quelle est l'attitude du consommateur ?

6. La concurrence Étude de la concurrence sur des critères les plus objectifs possibles.		
1	Liste des concurrents	Établir la liste des concurrents, classée par proximité avec l'offre de votre entreprise.
2	Points forts / points faibles de chacun	État des concurrents aux yeux des consommateurs, des distributeurs, des prescripteurs.
3	Présence dans la distribution	Connaissance de la distribution et présence (DN/DV) des concurrents.
4	Regroupements possibles	Fusions entre concurrents, position dominante de groupes internationaux…
5	Autres domaines d'activités des concurrents	Le marché concerné représente-t-il tout ou partie de l'activité des concurrents ? Sont-ils plus ou moins spécialisés que vous ?
6	Part de recherche et développement	Puissance de recherche des acteurs du marché.
7	Possibilité d'apparition de nouveaux concurrents	Les barrières pour pénétrer ce marché sont-elles nombreuses ?
8	État de la concurrence	Possibilité de développement d'une concurrence sauvage sur les prix, les promotions…
9	Votre place	Quelle place ambitionnez-vous de prendre dans cette concurrence ?
10	Autres informations sur la concurrence	Issues de l'observatoire de la concurrence interne.

7. La communication C'est la description des stratégies de communication de l'entreprise et des autres acteurs du marché.		
1	Historique de la communication sur le produit	Toutes les communications de l'entreprise doivent être collectées et consignées. Ce dossier est l'histoire de la marque. Toutes les actions de marketing direct seront mentionnées et expliquées.
2	Historique des budgets	Montants consacrés à la publi-promotion, et leurs effets directs et induits.
3	Média utilisé par l'entreprise	Affichage, cinéma, télévision, presse magazine, presse quotidienne, mais aussi presse gratuite, communication directe, clubs, PLV, communication événementielle…
4	Part de voix	C'est le rapport de tous les investissements de publipromotion du marché avec ceux de l'entreprise.
5	Dernières actions	Taux de remontée et de transformation de vos derniers publipostages.
6	Cibles	Identification des différentes cibles, segmentation de la population cible.
7	Moyens	Moyens d'action pour toucher la cible, entre autres existence de fichiers qualifiés sur la cible.
8	Image perçue de l'entreprise, image voulue, image réelle	Existe-t-il un décalage fort entre la réalité de l'entreprise et ce qu'en pensent les clients ?
9	Communication des concurrents	Vos concurrents ont-ils utilisé des méthodes de communication qui semblent porter leurs fruits ?
10	Autres informations	État des relations presse

8.Les objectifs de l'action Quels résultats attendez-vous de votre communication ?		
Liste[1] d'objectifs		Puissance de 0 à 10
1	Obtenir une notoriété spontanée de 40 % deux mois après la campagne.	
2	Augmenter la fréquence de commande des clients actuels.	
3	Augmenter les quantités commandées par commande.	
4	Augmenter le nombre de produits commandés.	

5	Renforcer l'image de sérieux de l'entreprise.	
6	Améliorer l'information sur un produit, aider au lancement d'un nouveau produit.	
7	Augmenter le nombre de distributeurs.	
8	Préparer la visite d'un commercial, annoncer une promotion.	
9		
10		
Total[2] (inférieur à 20)		

1. Cette liste est donnée à titre d'exemple, vos objectifs sont propres à votre action et à votre politique.
2. Si le total est supérieur à 20 c'est que vos objectifs sont trop nombreux, et qu'il est préférable d'envisager une autre action pour atteindre une partie des objectifs.

9.Budget et contraintes Quel est le cadre et quelles sont les limites de la recommandation de l'agence de communication ?		
1	Méthode de calcul des budgets de communication	En pourcentage, en valeur absolue, en taux de progression d'une année sur l'autre, coût par message, coût par retour…
2	Répartition des postes budgétaires	Frais fixes, honoraires, impression, routage, affranchissement, gestion des retours, coût des réponses, coûts informatiques.
3	Limites de la publicité comparative	La copie des actions de la concurrence doit-elle être envisagée ? Dans quelle limite ?
4	Adéquation avec l'action des commerciaux	Le travail des commerciaux peut-il être modifié le temps de la campagne, pour en gérer les retombées positives ?
5	Logistique	L'entreprise dispose-t-elle déjà d'un numéro de libre réponse ou T ? Pouvez-vous gérer les retours ?
6	Ressources humaines	Quel type de personnel est à même de gérer tout ou partie d'une campagne de marketing direct (envoi, remontée, expédition, enregistrement informatique…) ?
7	Vérification	Le bureau de vérification de la publicité doit-il vérifier vos messages ?

8	Contraintes de saison	Les cibles sont-elles indisponibles une partie de l'année, de la semaine ou même de la journée (en cas de phoning).
9	Contraintes légales	Réglementations spécifiques à la classe de produits, en termes de média, arguments, mentions obligatoires…
10	Autres contraintes	

10. Variable suivant le type de brief « Les bases de données » pour le marketing direct, « Contraintes légales » pour une promotion		
1	Ressources informatiques	De quelles ressources informatiques votre entreprise dispose-t-elle ? Matériel et type de logiciel.
2	Fiabilité	Les adresses ont-elles été utilisées récemment ?
3	Renseignements	Quels sont les critères de tri possibles, professions, lecture, pour les entreprises : nombre de salariés, code APE NAF… ?
4	Type de base de données	La base de données est-elle factuelle (un simple fichier) ou relationnelle (base de données marketing avec des données comportementales) ?
5	Mise à jour	Les derniers résultats des campagnes de marketing direct sont-ils consignés dans la base de données ?
6	Identification de la provenance des adresses	D'où proviennent les adresses ? Ont-elles déjà été utilisées pour d'autres opérations… ?
7	Dédoublonnage	Les vrais et les faux doublons ont-ils été éliminés ? La structure de la base permet-elle un dédoublonnage facile avec d'éventuels fichiers externes ?
8	Appartenance	Qui est propriétaire de la base de données que vous utilisez ?
9	Aspects légaux	Les renseignements de votre fichier ont-ils été mentionnés à la CNIL ? Vos clients et prospects sont-ils d'accord pour l'utilisation de leurs données ?
10	Autres informations	

Le plan de campagne

C'est l'organisation de toutes les actions de communication dans le temps, sous forme de planning (diagramme de Gantt, histogramme ou

Plan de campagne

Actions/Événements	mois 1				mois 2				mois 3				mois 4			
	1	2	3	4	5	6	7	8	9	10	11	12	13	14	15	16
Fin des tests consommateur	■															
Mise au point de la formule et test		■														
Mise au point du packaging		■														
Réunion force de vente			■	■												
Présentation des maquettes en centrale d'achat			■													
Lancement de la production				■												
Envoi dossier de presse			■													
Déjeuner de presse			■													
Information des prescripteurs			■													
Lancement officiel lors d'une soirée de gala				■												
Opération mise en place, concours force de vente					■	■	■	■	■	■	■					
Opération animation dans les 50 plus grands hypers référencés						■	■									
Promotion d'essai, offre de remboursement							■	■								
Promotion de stockage point de vente : remise quantitative							■	■	■	■						
Début campagne 1 : presse magazine										■	■	■	■			
Début campagne 2 : affichage													■	■	■	
Création du fichier consommateur et lancement mailing																■
Étude des résultats																■

courbe). Contrairement au plan média, le **plan de campagne** regroupe toutes les actions envisagées : média (grand public et professionnel) et hors-média (promotion, relation publique, marketing direct…). Le plan de campagne met en parallèle les actions prévues et les événements de l'environnement.

Le plan de campagne permet d'avoir une vue globale sur la stratégie générale de communication. C'est la synthèse globale de la communication de l'entreprise sous forme de représentation graphique. Le plan de campagne intègre tous les éléments de nature à donner une information sur l'efficacité des actions marketing-communication. C'est un véritable système d'information dont les indices sont choisis en fonction du marché et de ses habitudes, il est établi en phase finale de la préparation au lancement.

La communication internet de la marque

Le on-line mérite qu'on lui consacre un paragraphe à part. Le on-line, amorcé par le Minitel, prend toute sa dimension avec Internet.

Dans l'absolu, c'est un média comme les autres pour communiquer d'une manière directe avec son public ; à ce titre il figure dans la stratégie de communication globale de la marque. Certaines spécificités obligent à traiter ce média à part.

➤ La diversité des publics touchés

Les publics touchés : client, vendeur, consommateur, prescripteur... C'est comme si le même magazine était lu par la force de vente, les acheteurs professionnels et les utilisateurs du produit. Il est impératif de canaliser l'information émise en fonction de la cible, ce qui rend le site plus complexe.

➤ La constante mise à jour

La mise à jour : une documentation une fois imprimée est réputée terminée, un site internet se doit d'être en constante évolution.

➤ La possibilité de comparaison immédiate

Internet permet à tous les consommateurs une connaissance parfaite du marché. Il est possible de réaliser une vraie étude comparative des produits, des prix, des services avant de passer commande. Le chef de produit veillera à contrôler l'utilisation de sa marque sur internet, la calomnie s'y répand très rapidement.

➤ Des partenaires informatiques

Alors que le chef de produit a l'habitude de gérer des fournisseurs structurés avec des services commerciaux, les partenaires informatiques sont parfois de petites sociétés. Pour réaliser un site internet il faut coordonner plusieurs intervenants : graphistes, programmeurs, hébergeurs, fournisseurs d'accès, éditeurs de logiciels… ce qui pose d'inévitables problèmes de partage de responsabilités.

➤ Le processus de décision

Alors qu'un document commercial est approuvé par une poignée de personnes, le site internet de l'entreprise suit un parcours beaucoup plus long. Chaque service se sent impliqué dans cette vitrine de communication, rendant les décisions longues et fastidieuses, parfois même impossible.

➤ L'interactivité avec les internautes et le « permission marketing »

L'interactivité facilitée et poussée à l'extrême oblige le chef de produit à une réactivité immédiate : un site internet demande une attention de chaque instant. En échange, internet permet de renverser le sens de la requête : dans un cadre de communication classique, l'entreprise initie la communication avec ses publics ; dans le cadre de la communication *on-line*, c'est le public qui demande cette communication. C'est un modèle de communication *pull* et le marketing direct *on-line* se fait sur la base du volontariat : c'est tout le sens du « permission marketing ». Cette différence vaut de l'or car le ciblage est fait par le client lui-même.

Le rôle du chef de produit est de rendre sa marque visible sur internet. Les investissements marketing sur internet sont en hausse de 20 % par an (rappelons que la moyenne des investissements marketing est de +1 %). Tous les aspects du marketing interactif prennent aujourd'hui une dimension stratégique en temps, en ressource financière et humaine. Mais c'est le marketing interactif (pub *on-line*, sites web marketing et extranet, email marketing et nouveaux médias) qui enregistre les meilleurs résultats dans l'étude Ad Barometer, qui couvre 7 pays européens (Allemagne, Espagne, Italie, France, Grande-Bretagne, Pologne et Suède).

Si, au départ, l'entreprise peut se contenter d'un seul et unique site (85 % des entreprises ont un site internet), rapidement le besoin de développer des « mini sites » thématiques ou événementiels se fait sentir (par exemple : Lacoste propose un site par opération et par saison). Après la création de site, le dur et hasardeux travail de référencement développera la fréquentation du ou des sites avec l'aide de quelques campagnes de communication *on-line.*

➤ Conception

La communication *on-line* comme les autres outils de communication doit être utilisée en parfaite cohérence : cohérence graphique bien sûr, mais aussi sur le fond. Toute communication écrite portera mention du site internet et le site internet permettra de télécharger ou demander la documentation écrite.

Plusieurs étapes mènent à la construction réussie d'un site internet, il faut noircir beaucoup de papier avant la mise en ligne d'un site ! Voici tous les points à passer en revue avant le lancement du projet de site internet :

La description des aspects stratégiques du site

Présence passée de la marque ou du produit sur le net et retour d'expériences.

Présence des produits concurrents.

Cibles visées.

Messages principaux.

Objectifs institutionnels, relationnels, promotionnels.

Rôle de ce nouveau site par rapport aux sites existants de la société.

L'arborescence et l'architecture de l'information

L'important pour le visiteur, c'est de trouver rapidement l'information qu'il cherche… et toutes les pages devraient être accessibles en trois clics. L'ergonomie est primordiale pour retenir le visiteur.

Choix d'un rubricage et d'un découpage.

Description de tous les types de pages possibles et *zoning* (type de tableau) de chaque page à l'aide des modèles (*templates*) et CSS (*cascading style sheets*).

Le choix des technologies

Quelles seront les technologies utilisées ?

– Flash

– Shockwave
– Java
– Php mysql
– Lotus Domino
– HTML et toutes ses variantes XML DHTML…
– Enregistrement des visiteurs
– Cookies
– Téléchargements

Le fond textuel

Enfin, on en vient au fond. Que dites-vous ? La lecture à l'écran est 25 % moins rapide que sur papier, il est donc normal de procéder à une re-écriture de vos documentations existantes.

Les *keywords* et titres de page seront utiles lors du référencement.

Brief créatif

Un mot d'ordre : laissez faire le DA ou le *web-designer*. Il ne vient à l'idée d'aucun chef de produit de prendre la caméra du réalisateur pour un tournage, alors ne prenez pas la souris du créatif. Si le brief est clair, vous pourrez vous y reporter pour commenter son travail et améliorer les propositions.

Mise en ligne

Optimisation du poids de chaque page pour un affichage immédiat (de l'ordre de la seconde).

Compatibilité avec les navigateurs du marché (IE, Netscape, Opéra, robot et moteurs de recherche).

➤ Référencement

Le site assure la visibilité, le référencement dans les moteurs de recherche (et maintenant les portails) assure le pointage vers le site du produit. Le référencement internet est une opération longue et fastidieuse qui consiste à enregistrer les coordonnées de votre site (l'URL : www.monentreprise.fr) face à des mots clés. Une fois cet enregistrement validé par le moteur de recherche, tout internaute qui saisit le mot clé dans sa requête se voit proposer votre site dans la liste des réponses. La grande question porte sur la position de votre site (le *ranking*) sur les mots clés que vous choisissez.

Le moteur de recherche Google (fondé par Larry Page et Sergey Brin, le mot *google* signifie 10 puissance 100 ou 1 suivi de 100 zéros) indexe plus de deux milliards d'adresses URL. Google représente 70 % du trafic, il vaut mieux se concentrer sur ce moteur pour le référencement. En deuxième intention de référencement, on peut utiliser Yahoo, Voila, AOL, Altavista, Alltheweb, Nomade et MSN.

On distingue deux sortes d'offres payantes : la soumission payante dans les annuaires, et le référencement payant dans les moteurs. Chez ces derniers (Altavista, Inktomi, Fast, Alltheweb, Mirago, Deep Index), on paie pour avoir la garantie que les pages qui sont dans l'index sont rafraîchies par exemple tous les deux jours. Quant à la soumission payante dans les annuaires, elle offre une garantie de réponse et de délai. On trouve ces offres chez Voila, Nomade, Yahoo, Lycos, à des prix allant de 99 euros HT chez Nomade à 250 euros HT pour Yahoo.

Vous pouvez astucieusement faire appel à un référenceur qui assurera ce travail pour vous avec le conseil des bons mots clés et un calcul de retour sur investissement.

➤ Pub internet

Lemonde.fr enregistre plus de 10 millions de visites par mois : même si cela représente un million d'individus uniques, c'est plus que son lectorat papier ! Idem pour Lesechos.fr avec 2 millions de visites par mois. Personne n'a jamais remis en cause un plan média incluant ce tel support papier, pourquoi le ferait-on dès lors qu'il s'agit de clic ?

La pub sur internet utilise des formats standards proposés par l'Association Européenne pour la Publicité Interactive (European Interactive Advertising Association) et l'Interactive Advertising Bureau Europe (IAB Europe).

Liste des formats :

- La bannière traditionnelle 468 × 60 ; Poids : 15 Ko
- La bannière verticale 120 × 240
- Le gratte-ciel 120 × 600 ; Poids : 20 Ko
- Le gratte-ciel large UAP (Universal Ad Package) 160 × 600 ;
- Le rectangle UAP 180 × 150 ;

– Le carré 250 × 250 ;
– Le rectangle moyen UAP 300 × 250 ;
– La large bannière UAP 728 × 90.
– Le *pop-up* 250 × 250 ; Poids : limité à 15 Ko
– Le *pop-under* Taille inférieure à celle du site et qui respecte l'homothétie ; Poids : limité à 15 Ko
– Le 16/9e 320 × 180
– Interstitiel 800 × 600 ; Poids : 20 Ko ; Durée : 6 secondes maximum
– Les objets animés/Out of the box Taille 50 × 50 (et variable) ; Poids : 5 Ko ; Durée : 10 secondes maximum ou plus si l'internaute peut interrompre l'animation
– *L'expand banner* : 468 × 60 en position fermée et 468 × 180 en position ouverte ; Poids : 20 Ko ; Durée : 2 secondes maximum
– Le Flash transparent : pas de contraintes de taille par l'IAB ; Poids : 15 Ko ; Durée : 6 secondes maximum
– L'habillage de site
– Les publicités audio-vidéo ; Durée : 30 secondes maximum

➤ Emailing

Email entrant

C'est la rançon du succès : votre site est populaire et les internautes jouent l'interactivité en vous écrivant (certains sites reçoivent 100 emails par jour). Mal géré, le mail peut rapidement devenir un levier négatif de marketing viral et affecter l'image de votre produit.

L'email libre est certainement plus difficile à gérer que l'email prérempli à travers un formulaire, d'où l'intérêt d'utiliser ce dernier format, sans interdire le premier. Comme pour le courrier papier, une base de réponses types est nécessaire pour les questions fréquentes. Essayez de traiter les emails en 24 heures, au-delà l'internaute expédie un nouveau message ou téléphone.

Envoyer systématiquement (et automatiquement) un accusé de réception. Si votre réponse tarde à venir, envoyer une réponse d'attente.

Enfin la masse d'informations accumulées par les questions ou demandes des internautes doit être analysée, notamment les réclamations portant sur la qualité et la disponibilité des produits.

Email sortant

L'application de la directive européenne pourrait mettre hors la loi les fichiers collectés en absence de permission marketing (les adresses obtenues hors *opt-out* c'est-à-dire sans volonté expresse de l'internaute), il faut donc faire attention à la provenance du fichier avant de l'utiliser et vérifier s'il y a le numéro du dépôt à la CNIL.

Ensuite, le dédoublonnage peut produire des effets étonnants (par exemple : plus de 95 % d'adresses communes entre deux fichiers achetés chacun au prix fort).

Pour finir, la rédaction du email publicitaire répond aux mêmes règles qu'une campagne de marketing direct classique.

N'oubliez pas de permettre la désinscription de votre liste aux personnes contactées.

La distribution et le trade-marketing

La revue d'enseigne

C'est un exercice annuel réalisé sous l'autorité du responsable des centrales (centrales d'achat des grandes surfaces). En général les entretiens de fin d'année avec la distribution ont lieu d'octobre à janvier. C'est l'occasion d'un bilan sur l'année écoulée (volume des ventes), la préparation de l'année suivante (plan promotionnel) et surtout la révision des accords commerciaux (référencement, remise de fin d'année, niveau d'escompte...). Pour l'entreprise l'enjeu de cette réunion est primordial, il conditionne en grande partie les prévisions de ventes et les marges.

Le chef de produit peut aider le responsable des centrales à préparer cette échéance en constituant un dossier par enseigne précisant les éléments suivants :

– les articles parus dans la presse sur l'enseigne,

- la stratégie de l'enseigne,
- le plan promotionnel prévu par marque,
- les lancements de produits prévus,
- une analyse de marché de chaque segment par marque,
- une synthèse de résultat Nielsen (ou Secodip) sur le circuit de distribution concerné,
- une synthèse des store-checks concernant l'enseigne.

Le (ou les) responsable(s) de centrale apprécieront ce travail et seront certainement prêts à mieux défendre les intérêts des marques gérées par ce chef de produit coopératif.

Les ratios du merchandising et de la vente

Voici quelques ratios classiques du merchandising et de la vente (*sell out*) d'un intermédiaire.

Quantités vendues =	Stock initial + Quantité entrées – Stock final
CATTC =	Quantités vendues × Prix de Vente TTC
CAHT =	Quantités vendues × Prix de Vente HT
RAPPEL : TVA Ajout de la TVA	Prix de vente consommateur Hors Taxe : 128 € HT Taux de TVA 19,6 % Prix de vente final au consommateur Toutes Taxes Comprises : 128 × 1,196 = 153,09 €
RAPPEL : TVA Retrait de la TVA	Prix de vente final au consommateur Toutes Taxes Comprises : 315 € Taux de TVA 19,6 % Prix de vente consommateur Hors Taxe : 315/1,196 = 263,37 €
MARGE BRUTE (MB) =	Prix de Vente HT – Prix d'Achat HT
TAUX DE MARQUE = (en %)	(Prix de vente – Prix d'Achat)/Prix de vente × 100 ou Marge brute /prix de vente HT × 100
COEFFICIENT DE MARGE =	1 / (1 – Taux de marque)
PANIER MOYEN =	CA total hors taxe magasin /nombre total des débits magasin

LINÉAIRE DÉVELOPPÉ pour une référence	Largeur d'un *facing* × nombre de *facing*
RENDEMENT LINÉAIRE =	Chiffre d'affaires hors taxe/linéaire développé
INDICE DE RENDEMENT =	% de chiffre d'affaires / % linéaire développé
TAUX DE RUPTURE =	(nombre de ruptures /nombre de références) × 100
Linéaire développé pour une famille de produit	Addition de la largeur de TOUTES les tablettes de toutes les gondoles (étagères)
Ventes moyennes mensuelles (VMM) =	Vente des trois derniers mois /3
DN =	Nombre de magasins dans lesquels le produit est présent /nombre de magasin de l'univers
DV	CA des magasins dans lequel le produit est présent /CA des magasins de l'univers
DN/DV	Indicateur de qualité de distribution
STOCK MOYEN	Stock volume = (stock initial + stock final)/ 2
Stock valeur	(Stock initial + Stock final)/ 2 × Prix d'Achat HT
COEFFICIENT DE ROTATION =	Quantités vendues (QV)/ STOCK MOYEN
Nombre de jour de ventes ou de Stock linéaire =	Quantité marchandises en stock linéaire/Quantité moyenne mensuelle vendue × nombre de jours d'ouverture d'un magasin dans un mois
Remise de R %	Prix de départ × (1–R %/100) Par exemple : 14 % de remise sur 120 € 120 × (1–14/100) = 120 × (1– 0,14) = 120 × 0,86 = 103,2
Remises en cascade	Les taux de remise ne s'additionnent pas : 10 % de remise suivi de 5 % de remise n'est pas équivalent à 15 % de remise

Les outils d'aide à la vente

Les commerciaux terrains (les chefs de secteurs) ont besoin d'outils de vente pour convaincre leurs interlocuteurs de la qualité de l'offre. C'est le rôle du chef de produit de penser, fabriquer et distribuer ces outils d'aide à la vente. Dans le cas d'outils complexes, c'est aussi son rôle d'assurer la formation à l'utilisation pour les commerciaux (par exemple logiciel d'optimisation de linéaire).

Les outils d'aide à la vente couramment utilisés sont :

- les cartes de visite,
- le catalogue et le tarif,
- les fiches produits (dans un classeur permettant la mise à jour),
- les échantillons de produits (en grand nombre),
- les cadeaux publicitaires (en étroite relation avec le produit),
- les argumentaires imprimés pour les opérations ponctuelles qui sont laissés à l'acheteur après l'entretien,
- les cassettes vidéo, dans ce cas il faut prévoir une location de combiné téléviseur et magnétoscope pour chaque chef de secteur.

De plus en plus utilisé, les argumentaires multimédia. Les chefs de secteur utilisent leurs ordinateurs portables pour faire de véritable show multimédia aux acheteurs. Suivant la complexité de l'animation le chef de produit choisira de réaliser lui-même ces présentations ou de le sous-traiter à une agence spécialisée en PréAO. Pour une réalisation en interne les logiciels PowerPoint de Microsoft ou Freelance de Lotus sont de bons outils, les agences utilisent plutôt Director (voir le chapitre 10 sur l'utilisation de ces logiciels.)

Les outils d'aide à la vente sont conçus en collaboration avec les futurs utilisateurs, c'est l'occasion de réunions avec certains chefs de secteurs. Ces outils doivent être avant tout pratiques pour les commerciaux, dans le cas contraire ils resteront dans le coffre de la voiture.

L'importance croissante de la distribution pour le succès d'une marque entraîne une augmentation des budgets liés à la commercialisation (outils, promotion...). La tendance actuelle est de les distinguer sous l'appellation trade-marketing.

Le trade-marketing

Cette discipline apparue au début des années 90 est en fait la résultante de deux phénomènes :

- le changement de comportement du consommateur vis-à-vis des marques et des magasins,

- le poids croissant de la grande distribution dans les rapports avec les fabricants.

Le trade-marketing a pour ambition d'optimiser la vente aux distributeurs, comme le marketing « classique » a pour but d'optimiser la vente aux consommateurs. Le trade-marketing a un mix qui s'articule autour de :

- force de vente,
- promotion et communication distributeurs (ou encore le trade-promotion), regroupés au sein des CGV (Conditions Générales de Vente),
- logistique,
- organisation et transmission d'informations l'EDI, échanges de données informatisées.

Le chef de produit ne maîtrise pas chacun de ces points, mais encore une fois il peut en être l'instigateur et le coordinateur.

➤ La démarche logistique

Une démarche typique de travail avec le département logistique peut suivre le schéma suivant :

1. Plan de lancement

La rédaction et l'envoi du plan de lancement marque le point de départ de l'opération.

2. Création de code

La création de code est l'étape indispensable à la naissance du produit ou des articles de présentation (PLV). Le chef de produit veillera à fournir dans le plan de lancement tous les renseignements pour réaliser cette création (poids, conditionnement, dimension, variantes...).

3. Prise en compte des contraintes logistiques

Les obligations de distribution et les contraintes montantes du trade-marketing font que le nombre de références géré par l'entrepôt (aux dimensions constantes) augmente. Le chef de produit doit donc être sensibilisé à l'équation économique de la logistique, même si les frais de la logistique n'entrent pas toujours dans le prix de revient du produit.

Le chef de produit doit avoir présent à l'esprit, dès la conception d'une opération, les contraintes logistiques. Cela évite de concevoir, ou de faire concevoir, des opérations logistiquement aberrantes.

Exemples de « non sens logistique » :

- Des produits avec beaucoup de vide (le transport d'éléments vides a un coût important) ;
- Des PLV vides ou hors dimension (plus de 1.90m palette comprise) ;
- Des promotions avec une prime directe changeant tous les emballages ;
- Des produits très fragiles ;
- Des cartons non-gerbables (non superposables).

4. Suivi

Comme toutes opérations le suivi du bon déroulement est un bon moyen d'anticiper les futurs problèmes.

5. Chiffres et statistiques

Le département de logistique commerciale fournit (indirectement) au chef de produit certaines données importantes pour le suivi, et les prévisions, des ventes :

- la facturation,
- le portefeuille,
- les ruptures de produits,
- les dates de disponibilité des produits.

Les produits sont de plus en plus expédiés à la palette (ou à la couche), ce phénomène trouve son origine avec les plates-formes des distributeurs. Comme tout ce qui sort d'un entrepôt est sur palette, l'art du logisticien consiste à optimiser le nombre de produits sur cette unité d'expédition. Des produits aux dimensions standards facilitent donc ce travail.

CHAPITRE 7

L'application sur le terrain

C'est sur le terrain que se juge la réussite d'une stratégie marketing. Il est clair que le chef de produit est entièrement responsable des éventuels échecs. Il est donc primordial pour lui de s'impliquer aussi dans la réalisation des objectifs qu'il fixe pour l'entreprise. Le côté terrain permet d'améliorer son expérience et de relever les causes d'échec ou les points faibles de ses recommandations. Enfin rien de tel que le contact client pour bien les comprendre.

La communication interne

Elle a pour objet de faire comprendre et accepter les idées du chef de produit dans toute l'entreprise. La communication interne du chef de produit donne d'abord tous les éléments pour comprendre la situation, puis elle permet d'expliquer la stratégie choisie, et d'en suivre l'application.

Les présentations en réunion

C'est une partie cruciale du travail du chef de produit. Pendant les présentations se décide le destin des produits. Tout projet, tout lancement de produit, toutes actions passent par une présentation à un public plus ou moins large.

Et n'oubliez pas : « Si vous dites mal ce que vous faites bien, on pensera que vous faites mal ». Voila concentré dans un slogan l'intérêt de travailler autant la conception que la présentation de vos idées et de vos projets.

Voici quelques conseils de base pour assurer le bon fonctionnement d'une réunion dans laquelle vous présentez un projet.

- Lors de la préparation de cette réunion, envoyez personnellement un ordre du jour et des documents préparatoires. Sollicitez les éventuelles modifications à l'ordre du jour, et si certains documents vous manquent, demandez-les avec une date limite d'envoi.
- L'ordre du jour comprend entre autres :
  - la liste des points qui seront évoqués pendant la réunion,
  - le temps maximal de discussion pour chaque point,
  - les documents nécessaires à faire parvenir,
  - les renseignements pratiques (réservation, lieu, repas, pause, téléphone…)
- L'horaire doit être respecté. Veillez à ce que la réunion commence à l'heure ; pour cela appelez les participants 5 à 10 minutes avant le commencement. Dès le début de la réunion exposez le timing général, en même temps que l'ordre du jour. Demandez si ces deux points posent un quelconque problème. Ensuite, entrez dans le vif du sujet et respectez l'ordre du jour et les horaires.
- Donnez aux participants l'habitude de vous approuver. Si les participants vous accordent leur consentement sur des points de détail, ils seront plus enclins à approuver finalement la grande question sur le fond du débat. Si vous posez uniquement la question de fond, les réponses positives seront plus aléatoires car il n'y aura pas de « spirale positive », et le non au projet signifiera peut être un non sur un point de détail.
- Démontrez que vous maîtrisez parfaitement le sujet. C'est un moyen d'inspirer confiance à l'auditoire. En répondant directement aux premières questions, en n'hésitant pas à développer un point de détail. Vous devez présenter 50 % du projet seulement, les 50 % restants sont votre réserve. Si vous vous sentez juste en connaissance, vous devez approfondir votre sujet jusqu'à ce que votre présentation ne représente plus que 50 % de votre connaissance.
- Acceptez immédiatement et avec enthousiasme les bonnes remarques, les bonnes idées proposées. Signalez ceux qui parlent dans le vide ou hors sujet.

- Deux heures avant la réunion, vérifiez le matériel et la salle. Les points suivants sont souvent des causes de dysfonctionnement : le *paper-board* n'est pas correctement rechargé, la lampe du rétroprojecteur est cassée, le tableau de projection n'est pas propre, le réglage du projecteur informatique est complexe, la lumière est trop puissante dans la salle pour de bonnes conditions de projection, il n'y a ni eau ni verres, les copies de dossiers ne sont pas faites en nombre suffisant.

  Une fois ces points vérifiés vous pouvez attendre sereinement l'heure de la réunion. Quelques instants avant le début de la réunion concentrez-vous sur les premières minutes de votre présentation.

- Immédiatement après la réunion, faites le compte rendu. Le compte rendu indique les points évoqués, les décisions prises et les noms de ceux qui sont chargés de les appliquer. Lorsqu'un travail complémentaire a été demandé, il faut désigner le responsable de ce travail dans le compte rendu ainsi que la date de remise. Incitez les participants à la réunion à contester le compte rendu dans un délai maximum de dix jours ; incitez les destinataires du compte rendu à manifester leurs commentaires que vous vous chargerez de diffuser.

Les différents types de réunions du chef de produit

Type de réunions	Participants	But	Fréquence	Préparation du CP
Réunions marketing développement :				
Réunion de développement	directeur de division; directeur de zone, directeur marketing, responsable usine, responsable études	Le Dir Mkg (ou chef de groupe) présente les projets finis. La DG donne son accord ou désaccord.	Tous les 2/3 mois	Le CP n'est généralement pas présent. Il prépare la présentation pour le Dir Mkg et assure la livraison de l'ensemble du matériel (maquettes...)
Réunion lancement	DG; dir. de zone; Dir Mkg; responsable usine, responsable études	Présentation des projets de développement des Dir Mkg des différents pays.	1 à 6 fois par an	Le CP n'est pas présent. Il prépare les transparents et les différents éléments de présentation.

Revues de marques :

Point marketing	DG; Dir Mkg; CP; responsable usine, responsable études	Le CP présente ses projets selon l'ordre du jour. Réunion d'avancement de travail.	De une à quatre fois par mois	Le maximum d'éléments: concepts, maquettes, story board, compte d'exploitation, plan promotionnel, panel...
Réunion Publicité	DG; Dir Mkg; Chef de Groupe; CP; Agence de pub	Etat d'avancement des projets publicitaires	En fonction de l'actualité de la marque	
Réunion Marketing / Commercial	DG; Dir Mkg; Dir Co; Dir de réseau, Commerciaux; Chef de Groupe; CP	Réévaluer les prévisions de vente, évaluer les tendances, discuter des opérations à venir. Le CP doit vendre ses promotions.	1 à 2 fois par mois	Le CP doit préparer l'ensemble des éléments (board, argumentaire...) nécessaires à la présentation. Lors de ces réunions, la crédibilité du CP est en jeu, mieux vaut être bien préparé et tester les propositions au préalable auprès d'un commercial.
Réunion Prévision Vente / Usine	Contrôleur de gestion; représentant usine; Chef de Groupe ou CP	Le CP doit connaître: toutes ses opérations (en quantités, dates, displays); ses stocks; les résultats des opérations en cours; les rythmes de facturation.	mensuelle	Les prévisions de ventes finalisées. Matériel à emmener : calculatrice, état des stocks, historique des opérations équivalentes.
Réunion Marketing / Usine	DG; DC; Contrôleur de gestion; Dir Mkg; Chef de groupe ou CP; Représentant Usine	Régler les problèmes industriels liés aux développements en cours et promotions. C'est l'occasion de faire adhérer ces acteurs externes à vos projets	1 à 2 fois par mois	Maquettes de produits et promotions en cours de développement, prévisions de ventes et tous les éléments pouvant servir à la production.

Grandes Instances :				
Réunion stratégique à long terme	PDG; Dir de zone; Dir de division; Dir Mkg	Discuter de la stratégie globale des marques, des réflexions à long terme, des plus gros développements et lancements, dans le contexte de la France et de l'international.	1 à 2 fois par an	Le maximum d'éléments: concepts, maquettes, story board, compte d'exploitation, plan promotionnel, panel... Le CP n'est pas présent.
Réunion internationale	Dir de zone et son équipe; DG des pays concernés; Dir Mkg; Chef de Groupe	Chaque réunion concerne une partie du monde. Le chef de groupe présente les lancements ou les développements qui pourraient être mis en place dans les pays de la zone.	1 à 6 fois par an	Le maximum d'éléments: concepts, maquettes, story board, compte d'exploitation, plan promotionnel, panel... Le CP n'est pas présent.

Les clients internes du chef de produit

La notion de client interne est à la mode depuis que les entreprises organisent des démarches de qualité totale. Les collaborateurs deviennent des clients internes pour la satisfaction du client final, qui lui est externe. Le commercial terrain est un client interne du chef de produit, c'est-à-dire que le chef de produit doit le servir comme un client (en tenant compte de ses besoins, de ses attentes et en s'assurant de sa satisfaction). De la même manière le chef de produit est client interne des chercheurs et de la production. Cette notion a certaines limites notamment au niveau des répercussions hiérarchiques : la frontière entre le service d'un client interne et de son patron devient floue.

Au-delà des termes, le chef de produit a de nombreux devoirs et obligations vis-à-vis d'un certain nombre de personnes de l'entreprise :

- directeur commercial,
- responsable des centrales,
- directeur régional,
- chef de secteur,
- merchandiseur,

- responsable du planning de production,
- contrôle de gestion,
- service finance,
- service comptabilité,
- service informatique,
- service juridique.

Chacun de ces clients internes trouvera dans le plan marketing du chef de produit les éléments qui le concernent.

Le chef de produit veillera à ne pas devenir l'assistant général du service commercial et à bien vérifier que toutes les demandes de services internes participent bien au développement à long terme des produits.

La communication force de vente

La guerre commercial-marketing n'aura pas lieu. Il en va de la survie de l'entreprise. Pour éviter tout affrontement, et même les échauffements, il appartient au chef de produit, entre autres, d'établir des supports de communication efficaces.

On ne le dira jamais assez, la base d'une communication efficace est l'écoute. Le chef de produit doit être à l'écoute de la force de vente. Les commerciaux sont par nature très sensibles, ils sont constamment à l'écoute de leurs clients sur le terrain, et si à leur tour personne ne les écoute au siège de l'entreprise, un malaise peut se créer et conduire à une situation où aucune communication n'est possible. La création de réunions spécifiques peut remédier à cette situation. Ces réunions sont le cadre de défoulement, où toutes les critiques sont permises, où les commerciaux sont écoutés, où leurs avis et ceux de leurs clients sont enfin pris en considération.

Un commercial, qui représente l'entreprise auprès des clients, est seul sur son secteur. Il est important de le relier au siège par un bulletin hebdomadaire. Ce document donne à la fois les informations pratiques et nécessaires au travail du commercial et les nouvelles de l'entreprise. Le chef de produit pourra y tenir une rubrique habituelle sur la vie des marques, les projets en cours, les chantiers, les axes de recherches…

La communication on-line avec la force de vente via e-mail & intranet permet un contact beaucoup plus direct, rapide et réactif. Attention à structurer l'information, la messagerie devient vite un vaste fourre tout… et trop d'information tue l'information.

La rencontre des clients

Le chef de produit connaît bien les clients, en théorie mais pas en pratique. Par le biais d'études, de recherches, le chef de produit aura établi une typologie de clientèle, mais les réelles rencontres physiques sont rares. Cette connaissance empirique est pourtant le complément indispensable de la connaissance statistique.

À l'écoute des clients et des distributeurs

Les commerciaux représentent le distributeur, le chef de produit l'utilisateur. Sans distribution, le produit ou le service n'a aucune chance de trouver son marché et ses consommateurs. C'est pourquoi le chef de produit doit être à l'écoute des commerciaux pour satisfaire les distributeurs[1].

Du succès de ces opérations dépend la qualité de la disponibilité du produit, l'enjeu est important et justifie les sommes de plus en plus importantes qui y sont consacrées.

Le chef de produit peut créer un club de clients, ou d'utilisateurs. La création et la gestion d'un club demandent une grande énergie et une mobilisation de capitaux importants. Bien mené c'est une arme de fidélisation imparable, qui utilise toutes les techniques du marketing direct.

Les voyages d'information, tout comme les salons, sont aussi l'occasion pour le chef de produit de rencontrer certains clients. Ces rencontres seront mises à profit pour prendre la « température » du marché.

Par ailleurs le chef de produit assistera à certaines négociations de référencement en centrale d'achat, sous la direction du responsable des centrales. Il interviendra à la demande de ce dernier pour présenter le côté recherche, étude de marché, innovation de la gamme de produits à référencer.

1. Des fonctions *trade-marketing* sont déjà mises en place dans de nombreuses entreprises pour optimiser les rapports avec la distribution (voir page 171).

Les tournées terrain

Le chef de produit consacre une à deux journées par mois à l'accompagnement des commerciaux sur le terrain. C'est l'occasion idéale pour le chef de produit de rencontrer les clients, de mesurer la qualité de ses recommandations et la distorsion entre la stratégie et sa perception par le client. C'est aussi l'occasion de mieux connaître la force de vente par un contact moins superficiel que les réunions officielles au siège.

Le planning des tournées terrain est établi pour l'année, dès le mois de janvier, avec l'accord du directeur commercial. Après chaque tournée un compte rendu est diffusé aux commerciaux et au directeur marketing. Ce compte rendu ne porte aucun jugement sur la qualité du travail commercial mais uniquement une analyse des comportements des clients et les éventuels problèmes qui pourraient être du ressort du chef de produit (PLV mal adaptée, argumentaire de vente trop long, etc.).

Les tournées accompagnées ne doivent en aucun cas être une source de travail supplémentaire pour le commercial terrain. Si le premier rendez-vous est à 7 h 30, le chef de produit doit arriver la veille et rejoindre le commercial à son hôtel. Le commercial n'a pas une fonction de chauffeur, ni de taxi et son travail ne doit pas être planifié en fonction du dernier avion pour Paris. La venue du chef de produit est une aide non pas une charge. Une tournée de deux jours est recommandée car c'est au cours du repas du soir que la discussion est la plus enrichissante pour le chef de produit.

À éviter : les tournées « touristes » dans le sud au mois de juin, les tournées « week-end » du vendredi en Normandie ou en Bretagne, les tournées « événements » décidées au dernier moment pour assister à l'ouverture d'un nouveau magasin.

Les réponses aux consommateurs

Le chef de produit est en contact direct avec les consommateurs. Certains lui écrivent, d'autres téléphonent. Dans tous les cas, la réponse apportée doit être personnalisée et consignée dans une base de données.

- Questions sur la qualité des produits : les réclamations consommateurs sont très importantes, elles sont un indicateur de satisfaction (ou de mécontentement), elles sont utiles pour déceler un problème de fabrication ponctuel. Les mentions du service consommateurs et l'adresse doivent être bien visibles sur le packaging. Certaines entreprises, très orientées vers la satisfaction du consommateur, examinent les réclamations consommateurs du mois en comité de direction. Il est d'usage de faire parvenir aux consommateurs déçus un produit de remplacement.

- Questions sur la disponibilité du produit : à cet effet une liste des magasins détenteurs par régions et par villes doit être prête. Toutes les remarques des consommateurs concernant le point de vente doivent être transmises au service commercial.

- Questions sur l'arrêt de fabrication des produits : lorsqu'un produit n'est plus fabriqué les consommateurs sont toujours nombreux à se plaindre de l'arrêt. Un petit stock de dépannage pour faire parvenir « le dernier produit » à un consommateur fidèle depuis des années est souvent bienvenu.

Réponse aux réclamations

M. Jean Dupont
16, rue Duplat
69009 Lyon

Monsieur,

Nous faisons suite à votre courrier (appel téléphonique) du 31 décembre 2003, et nous vous remercions de l'intérêt que vous portez aux produits de notre société.

Nous sommes désolés du désagrément que vous avez subi lors de l'utilisation de produits X.

Nous pouvons vous affirmer que cet incident est rare car notre société prend les plus grandes précautions tout au long du processus de fabrication afin de garantir une excellente qualité.

Néanmoins, un incident a pu survenir dans la fabrication du lot du produit X, et nous entamons immédiatement des recherches pour en déceler la cause.

Nous vous renouvelons nos excuses et pour vous être agréable, nous vous faisons parvenir un assortiment de produits de notre société.

Nous vous prions de croire, Monsieur, à notre sincère considération.

Faire faire le travail par les autres

Dans sa mission le chef de produit collabore avec presque tous les services de l'entreprise, mais aussi avec de nombreux fournisseurs extérieurs.

La gestion des partenaires extérieurs est complexe, ils sont nombreux et très diversifiés. Encore une fois, ce sont les qualités d'adaptation et de motivation qui permettent au chef de produit de mener à bien cette partie externe de ses responsabilités, dans des domaines aussi variés que la création artistique, les techniques d'impressions, le travail du fer et du plastique ou encore des importateurs de gadgets. Le chef de produit peut développer une nouvelle manière d'acheter : le marketing achat avec les fournisseurs de premier et second degré (voir le détail de cette fonction au chapitre 1).

Le choix des fournisseurs

➤ Fournisseurs de premier degré

Ce sont les fournisseurs avec qui le chef de produit traite en direct. Le chef de produit choisit la plus grande partie de ses fournisseurs, mais une autre partie lui est imposée soit par l'ancienneté des relations de l'entreprise et des sous-traitants, soit par contrat, comme avec la plupart des agences de publicité ou paneliste. Il est d'ailleurs de plus en plus difficile de mettre fin sans indemnités à une collaboration avec une agence.

Le chef de produit assume la responsabilité de tous les fournisseurs qu'il les ait choisis ou non, dans la mesure où il passe commande et signe les factures. Les relations avec les fournisseurs sont d'une grande importance, un climat de confiance mutuelle doit s'instaurer. Le marketing achat consiste à tirer le meilleur de chaque prestataire de service et c'est le chef de produit qui les « manage » et qui leur « vend » les besoins de l'entreprise pour qu'ils soient plus impliqués. Il n'existe pas à proprement parler de méthode de sélection des fournisseurs, mais plusieurs critères entrent en compte :

- ancienneté des relations,
- sérieux et stabilité financière,
- clients en références et recommandations de tiers,
- savoir-faire techniques.

Le choix des fournisseurs doit s'inscrire dans la durée, ce n'est pas le moins-disant (c'est-à-dire le moins cher) qui doit systématiquement être choisi.

Si le chef de produit est apprécié à travers la perspicacité de ses recommandations stratégiques, il l'est aussi, et plus qu'on ne le croit, à travers la qualité du travail de ses fournisseurs.

Une très belle action promotionnelle peut être gâchée par le laxisme du fournisseur de carton d'emballage, qui n'aura pas livré les **box-palettes** à temps à l'usine. Ce type de mésaventure, qui perturbe et retarde le travail d'au moins dix personnes dans l'entreprise, marquera plus les esprits qu'une erreur de recommandation.

➤ Fournisseurs de second degré

Ce sont les fournisseurs qui sont gérés par le département achat ou production, mais avec lesquels le chef de produit doit collaborer. Par exemple le fabricant de tube de crème doit expliquer au chef de produit et à l'acheteur de la société son nouveau système de fermeture. Parfois c'est sur l'initiative du chef de produit qu'un appel d'offre est mené pour trouver tel ou tel accessoire au produit.

Dans ces cas le chef de produit doit agir avec beaucoup de tact, en laissant les prérogatives à l'**acheteur** de l'entreprise, mais apparaître ferme sur les points qu'il souhaite améliorer. En aucun cas il ne doit agir en donneur d'ordre mais en conciliateur. Le chef de produit pourra avantageusement présenter son produit, sa marque, les évolutions de l'entreprise aux fournisseurs : « il faut leur donner envie de travailler pour vous ».

➤ Utilité des fournisseurs

Les fournisseurs sont souvent spécialisés dans un domaine et les informations qu'ils peuvent vous donner sont fondées. Elles peuvent servir de base à une étude sur de nouveaux procédés ou être utiles à un observatoire de la concurrence.

Les informations des fournisseurs prennent plusieurs formes :

– contact face à face,

– visite d'usine,

– documentation.

Les fournisseurs spécialisés sont une source d'information. Ils peuvent assurer la formation du chef de produit dans certains domaines et apporter leur contribution au lancement de nouveaux produits.

La gestion des fournisseurs

➤ Tout par écrit

De l'appel d'offre à l'éventuelle lettre de réclamation, tout échange doit se faire par écrit et comprendre le plus de détails pertinents. Pour les documents importants ou officiels, la lettre recommandée peut s'imposer ou à défaut il est possible de demander une confirmation de réception. Le développement des télécopies ne change pas la manière de procéder, car une lettre simple n'a pas plus de valeur juridique qu'une télécopie.

Les points importants à confirmer concernent l'objet du contrat, le prix, les délais, les pénalités de retard et autres modalités importantes.

Dans le cas d'opérations complexes, un planning avec les différentes étapes doit être accepté par le fournisseur, pour pouvoir suivre les opérations et prévenir tout dépassement ou le cas échéant organiser en interne un nouveau planning.

Pour les contrats à long terme, ou comportant de la création artistique, l'aide d'un juriste est parfois nécessaire.

Il est impératif de produire un bon de commande numéroté se rapportant au devis lui aussi numéroté, précisant en plus les délais et conditions de paiement.

Les recours (en cas de retard, non-conformité ou défaillance) sont l'assignation, la mise en demeure et plus lourd : le dépôt d'une plainte auprès du tribunal de commerce (uniquement pour les litiges de plus de 1 000 euros).

➤ Classement

Un classeur de tous les devis reçus doit être conservés. En cas de contestation ultérieure sur votre politique d'achat (par la direction financière), les preuves de vos appels d'offres seront très utiles. Cette base de données peut aussi vous aider, lors de l'établissement du budget annuel, à cerner les coûts au plus proche de la réalité et à justifier l'enveloppe budgétaire que vous demandez.

Sans détailler toutes les professions, ni prétendre donner un vernis technique pour chacun des métiers, nous examinons les trois fournisseurs les plus importants en terme de budget et de besoin de qualité : les conseils en études, les conseils en communication et l'imprimerie au sens large.

Les sociétés d'études

Chaque type d'étude marketing a ses fournisseurs attitrés. Quelques grandes sociétés (Sofres, Nielsen, Secodip...) fournissent un éventail complet d'études, mais la plupart sont spécialisées dans un domaine. Les outils sont de plus en plus sophistiqués et il convient de bien connaître les méthodologies de chacun, avant de faire appel à tel ou tel intervenant. Encore une fois, une bonne documentation et une bonne définition du problème à résoudre sont nécessaires.

Il est possible de distinguer les sociétés d'études pour les problèmes spécifiques, qui sont des prestataires occasionnels suivant les phases de développement des produits, les « panelistes » et les sociétés qui vendent des études toutes faites.

➤ Les études ad hoc

Ce sont des études spécialement faites pour votre besoin et que le prestataire s'interdit de vendre à d'autres clients. Les études ad hoc représentent 50 % des études avec une répartition de 80 % d'études quantitatives et 20 % d'études qualitatives[1].

Plusieurs méthodologies existent : entretien face à face, omnibus, test projectif. Face à toutes ces méthodes, chaque prestataire a sa spécialité et a bien sûr tendance à vous orienter vers son savoir-faire, d'où l'importance de bien connaître chaque spécialiste.

Seule les études ad hoc nécessitent un brief, les autres catégories étant « prêtes à porter ». La rédaction du brief conditionne la qualité des résultats et l'enveloppe budgétaire. Avec un brief flou, les questions seront plus nombreuses et l'enquête plus coûteuse. Les coûts d'une étude varient de 525 euros (pour une question en omnibus à

1. Source Esomar.

2 000 personnes) à 150 000 euros (pour une étude complexe de comportement ou un marché-test de commercialisation).

➤ Les panels

Les « panelistes », Iri-Secodip et Nielsen, possèdent tous deux des nouveaux panels distributeurs scannerisés : les chiffres de ventes ne proviendront plus de la savante soustraction des achats et du stock, mais bien des sorties caisses équipées de scanners. C'est une véritable révolution qui donne quasiment en temps réel l'influence du prix des promotions et des actions merchandising.

Les contrats avec les « panélistes » sont par nature des engagements de long terme, avec une période de préavis en cas de rupture. La négociation de départ sur les coûts d'abonnement est d'une grande importance car ceux-ci sont tacitement renouvelés chaque année. Il est bien sûr possible de commander une étude ponctuelle (un one-shot) mais le prix est souvent dissuasif et les enseignements d'une fiabilité moyenne car la force du panel réside plus dans l'évolution et les tendances que dans des chiffres bruts.

Le coût d'abonnement à un panel varie de 23 000 à 45 000 euros, en fonction de la fréquence (l'année se divise en 13 périodes de 4 semaines). Il faut ajouter les licences d'exploitation des logiciels qui permettent d'interpréter les données du panel.

En échange du droit d'enquête dans les magasins, les panélistes offrent des résultats sur les enseignes et la part de marché des segments de produits, mais en aucun cas la part de marché des marques.

Le nouveau type de panel aujourd'hui disponible s'appelle le *tracking*. Après le suivi des ventes distributeurs, le suivi des achats du consommateur, le *tracking* suit l'image des entreprises auprès de leurs cibles : c'est à proprement parler un panel qualitatif. Son coût est très élevé, mais les enseignements très utiles.

Les panels de tout type représentent 30 % des dépenses d'études en France[1].

1. Source Esomar.

➤ Les études collectives

Elles sont aussi appelées études en souscription ou baromètre. Il est possible d'acheter des études dans divers domaines et d'une complexité variable. Par exemple, la Banque de France publie des études documentaires sur tous les grands secteurs économiques français et internationaux ; certaines sociétés d'études réalisent des enquêtes poussées sur des thèmes précis et d'actualité : « L'impact du multimédia dans les sociétés de service ».

Une liste exhaustive de ces études existe au Syntec (chambre syndicale des sociétés de conseils). Leurs coûts varient de 500 à 4 000 euros suivant la difficulté de recueil de l'information.

Le chef de produit a intérêt à bien chercher du côté des études collectives avant de commander une étude ad hoc, forcément plus coûteuse.

➤ Quelle étude pour quel usage ?

Les études sont des outils de suivi et d'anticipation des marchés. Elles sont utiles pour tester les nouveaux produits ou certains éléments du mix avant la mise sur le marché (packaging, sensibilité aux promotions ou au prix...). Elles permettent de mesurer les performances du produit, de la marque, de l'équipe commerciale...et surtout les variations de ces performances dans le temps.

La première question à se poser, avant de commencer une enquête, porte sur l'utilité des informations que le chef de produit veut recueillir. L'information est une matière première, il faut donc savoir comment traduire en plan d'action les informations apportées par l'enquête.

Les principales études

Étude	Description	Objectif	Utilisation
Panel distributeur	Outil d'évaluation des ventes infos recueillies aux sorties de caisses	Mesurer la performance de la marque (PDM) et les différents critères qui la constituent (DN, DV, prix...)	Lors des actions du plan publi-promotionnel : mesure d'impact. Pour le suivi des performances de la concurrence

Panel consommateur	Outil d'évaluation des achats infos recueillies auprès de ménagères équipées d'un lecteur de code barres	Comprendre le profil du consommateur	Identification du consommateur de la marque et celui des concurrents. Permet d'agir sur les éléments du mix pour optimiser les ventes.
Étude ad hoc qualitative : l'entretien de groupe	Outil d'étude des freins et motivations des consommateurs. Entretien de groupe (de 8 à 10 pers.)	Faire des choix pour le développement du mix en cours d'élaboration	Lors de l'élaboration d'un projet de développement ou de campagne publicitaire
Études ad hoc quantitatives : Concept test	Permet une évaluation qualitative du produit avant qu'il n'entre en phase finale. Interview avec méthode des quotas.	Fournir une première approche du concept	Permet d'affiner le concept d'un produit ou de revenir à des études qualitatives pour retravailler le concept.
Concept use test	Concept test auquel on ajoute une partie utilisation du produit. Il peut être fait en blind ou en branded.	Permet de choisir entre différentes formules, packs…et de les évaluer par rapport à la concurrence.	Recommander le choix d'une formule définitive et évaluer le potentiel global du mix.
Folder test	On insère des ébauches de films publicitaires ou annonces presse dans une bande annonce. Mesure les réactions des interviewés.	Juger la qualité d'une création en terme de compréhension, de mémorisation et d'attribution.	Validation d'une ou deux recommandation.
Day After Recall (DAR)	Permet de tester un spot à l'antenne en appelant les interviewés pré-recrutés le lendemain du premier passage.	Vérifier que le film a un score d'impact intéressant par rapport aux normes du marché.	Évaluer l'impact et effectuer un nouveau montage si besoin est.

Bilan de campagne	Permet d'effectuer une étude quantitative sur l'impact de la campagne.	Évaluer l'efficacité de la campagne publicitaire.	Permet de mener une réflexion de fond sur la communication Média et sur les éventuelles recherches de nouveaux canaux.
Notoriété	Étude standard (omnibus sur 1000 à 3000 personnes) fournie par une société spécialisée.	Connaître le pourcentage de personnes capables de citer la marque spontanément ou après avoir vu une liste de marques (notoriété assistée).	Permet de déterminer les différences entre la perception du produit et le comportement d'achat en croisant les résultats avec les panels consommateurs.

➤ Quel type d'étude à quel moment ?

Phase du cycle de vie	Type d'études	Objectif
Lancement	Qualitatives	Connaître les chances de succès du nouveau produit. Procéder aux modifications du mix nécessaires
Croissance	Quantitatives	Suivre la pénétration du produit.
Maturité	Etudes de communication (qualitatives et quantitatives)	Connaître l'image et la notoriété de la marque.
Déclin	Statistiques issues des séries passées	Connaître la sensibilité au prix et aux promotions. Préparation du relancement du produit

➤ Les différentes phases d'une étude

1. Le brief étude (objectif, budget, délais…)
2. La consultation de plusieurs sociétés d'études
3. Le choix d'une méthode d'enquête et des personnes interrogées
4. Le choix des questions
5. L'administration
6. La saisie et le traitement des résultats

7. Extrapolations
8. Présentation et recommandation du prestataire
9. Interprétation interne des résultats
10. Communication des résultats aux personnes impliquées
11. Décision et proposition de plan d'action

➤ **Que doit-on communiquer à la société d'étude ?**

- Le contexte et l'objectif de l'étude,
- Les informations déjà disponibles,
- Les questions auxquelles il faut répondre,
- La méthode à utiliser,
- La cible de l'étude,
- Le planning de réalisation,
- Le budget prévu,
- L'exploitation escomptée de l'étude.

Les agences conseils en communication et leurs rémunérations

Ce sont, de loin, les prestataires de services les plus importants pour le chef de produit. L'agence de publicité, l'agence de design, l'agence de promotion ou encore de marketing direct mettent en valeur les produits. Le choix et la rémunération de ces prestataires méritent d'être bien pesés.

Le choix d'un nouvel intervenant se fait par une compétition intelligente, c'est-à-dire rémunérée, entre peu d'agences issue d'une *short-list.* Cette *short-list* est le résultat d'un premier tour de table des agences susceptibles de bien servir la marque. Il existe d'ailleurs des agences conseils en choix d'agence (Vidéothèque, Gibory, etc.).

La rémunération se fait de différentes manières : en pourcentage du budget d'achat d'espace (commission), en honoraires, au temps passé, en droit d'auteurs, aux rendements, ou encore en mixant ces différentes méthodes. La loi Sapin a introduit la transparence dans les rémunérations des agences, principalement dans les commissions reversées par les supports et les centrales d'achat d'espace. Le chef de produit connaît maintenant la rémunération réelle de son agence et ce n'est pas une raison pour la réduire. Le chef de produit et l'agence devraient plutôt s'employer à l'augmenter sensiblement parallèlement à la qualité du travail fourni. Le seuil historique d'une rémunération à 15 % de l'achat d'espace est aujourd'hui obsolète, car les agences ont ajouté de nombreux services liés à la marque (études, suivis, piges, stratégie...) et non plus aux médias. David Ogilvy prétendait à juste titre qu'une agence devait être payée avec une certaine largesse pour permettre une bonne entente et un travail de qualité.

Des contrats types existent à l'UDA et à l'AACP (voir « Adresses utiles d'organismes professionnels ») pour régir les relations annonceurs-agences. Il est conseillé dans tous les cas de rédiger un contrat. En l'absence de documents écrits c'est un contrat de fait qui régit les rapports entre les parties, ce qui n'est souvent favorable ni aux uns ni aux autres.

L'impression (prépresse, PAO, chaîne graphique)

Les méthodes d'impression et surtout celles de prépresse ont évolué très rapidement, au rythme des possibilités informatiques. Un genre nouveau d'entreprise apparaît : les studios d'impression. Hier réservé aux capitaux lourds ce commerce existe aujourd'hui en franchise. Une tendance se dessine dans les entreprises au chiffre d'affaires inférieur à 60 millions d'euros : le marketing devient l'agence de publicité interne et réalise (conçoit, imprime) beaucoup de documents. Même si cette pratique peut apparaître attractive et sympathique, il ne faut pas oublier que le rôle du chef de produit est orienté vers le développement des marques à long terme.

Pour l'impression, il faut distinguer trois phases : la création, la fabrication des films et l'impression-finition.

➤ La création

Elle est réalisée par le directeur artistique en collaboration avec le concepteur-rédacteur. De nombreuses sociétés proposent des créations ; il faut s'attacher à la qualité des travaux déjà effectués, ceux-ci étant présentés dans un book.

Encore une fois le brief qui est fait au créatif détermine une bonne partie de la qualité du travail.

➤ La fabrication des films

C'est la partie de la chaîne graphique qui a le plus évolué grâce à l'informatique. Aujourd'hui connectés directement aux ordinateurs de la création, les films sont produits (flashés) pour un prix dérisoire. Les très coûteux frais techniques qui empêchaient l'impression de petits tirages diminuent et de nouveaux types de travaux bénéficient d'une impression de qualité.

➤ L'impression-finition

Pour cette partie « laborieuse » de l'impression, les techniques ont peu changé (si on excepte l'impression numérique). En revanche les méthodes commerciales évoluent et de plus en plus d'imprimeurs font appel à des multicartes pour vendre leur prestation (ce qui n'est généralement pas signe d'un bon suivi du dossier). Attention cependant, les imprimeurs de qualité restent souvent chers.

Check-list des opérations à effectuer

1	Recommandation et budget	Définition de la cible et des objectifs, calcul du nombre d'exemplaires
2	Demande de devis (voir modalités page suivante)	En collaboration avec le service achat ou l'agence
3	Brief PLV ou Argu	Quantité, nb de couleurs, supports, façonnage, notice objectifs ; textes ; visuels ; ektas
4	Réception des épreuves et maquettes	Discussion DM/CG, tests clients et commerciaux...
5	Mise au point	
6	Document d'exécution	
7	Photogravure	OK Cromalin
8	Impression	(Offset; sérigraphie; numérique.) Se rendre chez l'imprimeur pour le BAT
9	Façonnage	
10	Expédition, livraison, routage, dispatching	Qui est destinataire des documents, en quelle quantité

Grille de travail et d'établissement de devis

<table>
<tr><td>DOSSIER :</td><td colspan="3">SOUS-DOSSIER :</td><td colspan="2">NOMBRE DE SOUS-DOSSIER :</td></tr>
<tr><td colspan="3">Nom du fournisseur :
Adresse :
Téléphone :
Télécopieur :
Dossier suivi par :
Info à :</td><td colspan="3">Date début de dossier :
Date début sous-dossier :
Délais :
Livraison le :
Lieu de livraison 1 :
Lieu de livraison 2 :</td></tr>
<tr><td colspan="2">DOCUMENTS CONFIÉS</td><td>Nbre</td><td>TYPE DE RÉALISATION</td><td>Nombre de pages</td><td>Quantité</td></tr>
<tr><td>Ektas</td><td></td><td></td><td>Tarif</td><td></td><td></td></tr>
<tr><td>Bromures couleurs</td><td></td><td></td><td>Catalogue</td><td></td><td></td></tr>
<tr><td>Bromures N&B</td><td></td><td></td><td>Fiche argumentaire et promotion</td><td></td><td></td></tr>
<tr><td>Illustration</td><td></td><td></td><td>Plastification</td><td></td><td></td></tr>
<tr><td>Maquette</td><td></td><td></td><td>Dossier de presse</td><td></td><td></td></tr>
<tr><td>Vidéo</td><td></td><td></td><td>Photocopie N&B</td><td></td><td></td></tr>
<tr><td>Disquette, Syquest, CD, Zip</td><td></td><td></td><td>Photocopies couleur</td><td></td><td></td></tr>
<tr><td>Photos</td><td></td><td></td><td>Packaging</td><td></td><td></td></tr>
<tr><td>Épreuves et imprimés</td><td></td><td></td><td>PLV</td><td></td><td></td></tr>
<tr><td>Doc. traits</td><td></td><td></td><td>Affiche</td><td></td><td></td></tr>
<tr><td>Échantillons</td><td></td><td></td><td>Sérigraphie</td><td></td><td></td></tr>
<tr><td>Documentations</td><td></td><td></td><td>Panneaux d'exposition</td><td></td><td></td></tr>
<tr><td colspan="3">SORTIE</td><td colspan="3">TRAVAUX PRÉPARATIFS</td></tr>
<tr><td>Bromure</td><td colspan="2">Matchprint</td><td>Photos</td><td></td><td></td></tr>
<tr><td>Films négatifs</td><td colspan="2">Cromalin</td><td>Illustrations</td><td></td><td></td></tr>
<tr><td>Positif</td><td colspan="2">Iris</td><td>Rewriting de textes</td><td></td><td></td></tr>
<tr><td>Ekta</td><td colspan="2">Laser</td><td>Retouche photo</td><td></td><td></td></tr>
<tr><td>Ozalid</td><td colspan="2">4 films</td><td>Nombre de scan quadri</td><td></td><td></td></tr>
<tr><td>Cromalin</td><td colspan="2">Résolution</td><td>Surface de scan quadri</td><td></td><td></td></tr>
<tr><td></td><td colspan="2">Trame</td><td></td><td></td><td></td></tr>
</table>

PRÉCISIONS TECHNIQUES			PAPIER		
Nombre de couleurs Illustrations Prises de vues Scan insolarisation Trame quadri			Grammage Couleur Type (couché...) Mat Brillant		
Descendue Dégradé			FORMAT		
Nuance Pantone Image de synthèse Flaschage			A4 A3 Autre		
FINITIONS			FAÇONNAGE		
Vernis UV Vernis mat Vernis partiel Vernis total Pelliculage Autres			Rainage Pliage Piqûre Découpe Collage Livré à plat Dos carré Dos collé		
Mise sous pli Routage			Insertion d'autres doc Affranchissement		
RETOUR DES DOC :			DOSSIER CLASSÉ :		

Une attention toute particulière doit être portée au choix des prestataires. Ce n'est pas forcément le moins-disant qui doit emporter l'affaire et d'autres considérations entrent en ligne de compte : la créativité, la qualité du parc machine, les délais, la qualité du suivi, les services annexes (finition, mise sous pli, expédition, stockage...).

Les autres prestataires de service

PLV, conseil en marketing et stratégie, gestion de base de données, objets publicitaires, médias, fabricants de stands, phoning, photographes, films vidéo... le chef de produit a intérêt à avoir un carnet d'adresses bien rempli.

Il conservera avec intérêt toutes les documentations envoyées par les fournisseurs, en les classant par thème, par exemple...

- Conseil
  - agence de communication
  - agence de RP
  - agence de design
  - agence de promotion
  - force de vente supplétive
  - conception d'événement
  - conseil en merchandising
  - concepteur rédacteur *free lance*
  - institut d'études ad hoc
  - panel et pige, étude en souscription
  - web agency
- Fabrication d'imprimés
  - studio de création
  - imprimeur généraliste
  - imprimeur spécialisé
  - PAO, prépresse
- PLV
  - PLV métal
  - PLV carton
  - PLV plastique
  - PLV fabricant généraliste
- Présentation
  - infographiste
  - matériel de présentation
  - multimédia et internet
- Exposition
  - fabricant de stand

- matériel de location

- Cadeau
  - fabricant d'objet
  - catalogue d'importateur
- Location
  - location de matériel de réception
  - location de téléviseur et matériel audiovisuel
- Imagerie
  - prestataire vidéo
  - photographe et laboratoire photo
  - illustrateur-dessinateur, créateur d'animation
- Divers
  - fabricant d'outil de classement
  - traducteur
  - organismes professionnels
  - hébergeur de sites et registar

La gestion des procédures

Les procédures, consignées dans une bible des procédures de l'entreprise, rappellent le fonctionnement général de l'entreprise, et imposent un mode de publication et de distribution de l'information.

L'application des procédures est une contrainte et une perte de temps par certains côtés, mais c'est aussi un garde-fou puissant. L'avantage principal réside dans le systématisme, toutes les personnes concernées sont informées au même moment à l'aide d'un document standard.

Le but de l'information procédurière est d'annoncer, à toutes les personnes concernées, les modalités d'un événement d'une certaine importance dans la vie de l'entreprise. C'est une sorte de « Journal Officiel » ou livre de bord de l'entreprise, afin que nul n'ignore la loi, surtout s'il a un rôle à jouer dans l'opération.

Cette information comprend les modalités principales de l'opération, les besoins particuliers, les dates de mise en œuvre, les procédures d'urgence et surtout les signatures de chaque directeur de département de l'entreprise. Théoriquement tous les points ont été vérifiés lors de réunions préparatoires, ou dans le plan marketing.

C'est une information à but d'application dans les opérations qui impliquent bon nombre de salariés dans l'entreprise telles que les promotions, les changements de packaging, les modifications de prix, les ruptures de stocks. Les informations procédurières peuvent concerner d'autres domaines spécifiques à chaque type d'organisation.

➤ Les informations procédurières des promotions

Les promotions de tous styles se multiplient sur tous les types de produits. Elles contribuent à dynamiser les marques, mais sont aussi des éléments perturbateurs à tous les niveaux.

- Production : la promotion est souvent portée par le produit lui-même, il faut donc produire une série spéciale de « produits en promotion ». Les changements peuvent être simples : collage d'un **autocollant** sur le conditionnement, ou plus compliqués : insertion d'un cadeau à l'intérieur du produit (nécessitant une modification du processus de production).
- Informatique : si le prix, le code, le poids ou les conditions de vente du produit changent, le service informatique doit modifier les données dans la base centrale de l'ordinateur pour que tous les documents (facture, bon de livraison, procédure d'achat de matière première, statistiques de vente) soient conformes.
- Ventes : les vendeurs doivent être informés en priorité des dates de promotion, ils doivent disposer des outils de vente appropriés et d'échantillons. Dans le cas de primes *on-pack*, ils doivent recevoir suffisamment de cadeaux pour les distribuer à tous les clients concernés.
- Administration des ventes : l'administration des ventes veille au respect des règles de la promotion (si la remise est conditionnée par l'achat de produits différents dans certaines gammes, par exemple). En général les bons de commandes sont saisis ou vérifiés par l'administration des ventes, les nouvelles références doivent leur être communiquées.

En cas de baisse temporaire du prix de facturation, le règlement des litiges de client demandant une prolongation doit être prévu (certains clients n'hésitant pas à déduire eux-mêmes la remise à laquelle ils n'ont plus droit).

Procédure de promotion

Fiche d'action publi-promotionnelle n° …	
Nom de l'opération	
Événement	
Dates	
Cibles	
Objectifs	
Modalités	
Budget	
Commentaires	
Effets induits	
Résultats	
Points à améliorer	
Signataires	Direction générale Direction financière Direction commerciale Direction des ressources humaines Direction de la production Direction marketing

➤ Les modifications de prix

Sur un modèle similaire au formulaire de procédure de promotion, les modifications de prix sont mises en application.

Type	Objet et contenu	Utilisation
Mémorandum (ou mémo)	Point de vue sur une question.	Dans le but de statuer sur un point, préciser son point de vue actuel sur une question, un fait d'actualité... N'appelle pas de réponse.
Note	Brève indication recueillie par écrit.	Une note peut être manuscrite, c'est souvent une interrogation, qui appelle une réponse.
Rapport	Exposé et analyse de ce que l'on a vu, entendu, témoignage de ce que l'on a fait.	
Lettre	Envoi à l'extérieur de l'entreprise, contenu varié.	Doit correspondre à la charte graphique de l'entreprise ; attention cependant à la position du bloc adresse par rapport aux enveloppes à fenêtres.
Mémento	Aide-mémoire, définition de mots et de notions.	En début de projet, il est important de définir un certain nombre de termes pour éviter toute équivoque.
Ordre du jour	À la fois invitation et document de travail préparatoire.	Donner aux participants, et à leurs supérieurs hiérarchiques, les thèmes qui seront évoqués.
Compte rendu	Exposé de ce qui s'est dit ou fait, même si son propre rôle est passif. Le compte rendu ne contient pas d'analyse.	Concerne souvent une réunion, mais est aussi utilisé après une rencontre même informelle ou une conférence.
Note de service	Information générale sur diverses dispositions de l'entreprise, affichée ou destinée au plus grand nombre.	N'est pas émise par le chef de produit.
Communication force de vente	Informations utiles pour la visite des clients : les promotions en cours, les changements de prix...	Envoyée toutes les semaines au vendeur, cela constitue son lien avec l'entreprise.
Revue de presse	Sélection des articles parus dans la presse.	Plusieurs niveaux suivant les destinataires, articles de fond, articles pratiques...

➤ Les ruptures de stocks

Sur un modèle similaire au formulaire de procédure de promotion, les ruptures de stocks sont signalées.

➤ L'information générale standardisée

Note, mémorandum, lettre, rapport, compte rendu, etc., chacun de ces termes désigne un type différent de communication dans l'entreprise. Ils ont chacun une présentation différente, un mode de circulation dans l'entreprise différent et correspondent à un type d'information précis.

Les grandes entreprises, ou les filiales de grands groupes étrangers, ont la plupart du temps bâti une charte graphique et une « bible » pour l'utilisation des différentes présentations.

Mais si aucune standardisation n'existe, il est préférable de bâtir la votre en tenant compte de la charte graphique existante, quitte à la faire évoluer.

Si un même type de communication est fait à intervalles réguliers, il est recommandé de respecter les règles suivantes :

- même liste de distribution,
- titre clair et identique avec numéro d'ordre (compte rendu n° 1, n° 2…),
- même présentation, même plan, même unité de valeur pour les tableaux.

TROISIÈME PARTIE

Un chef de produit efficace

Le chef de produit a une lourde et belle tâche, faite de nombreux contacts et de responsabilités variées. Il reçoit et produit un grand nombre d'informations. Pour mener à bien cette vie professionnelle intense, il doit organiser sa charge de travail, sous peine de ne rien pouvoir finir et d'avoir un sentiment de frustration.

Une bonne organisation permet au chef de produit de travailler en toute sérénité, d'améliorer ses performances, et d'atteindre une réussite totale dans son action, et il aura en plus le temps de le faire savoir.

Cette partie apporte suffisamment d'idées et de solutions pour que s'exprime au mieux la créativité de chacun.

Dans chacun des domaines nous vous proposons des solutions, souvent modulables, celles-ci ont trait au management d'un stagiaire (chapitre 8), à la gestion du temps (chapitre 9), au classement (chapitre 10) et à l'organisation de réunion (chapitre 11)[1].

---

1. Voir également sur le site www.chefdeproduit.com un complément d'information traitant de « l'informatique au quotidien ».

CHAPITRE 8

Le management d'un stagiaire

On ne dira jamais assez l'importance de la bonne intégration des jeunes dans l'entreprise. Les directeurs de ressources humaines auraient beaucoup à apprendre de la part des jeunes embauchés (même stagiaires) sur le décalage entre le discours des managers et la réalité du travail. Le chef de produit pourra profiter de l'arrivée d'un stagiaire pour changer les méthodes d'intégration.

Certaines sociétés, parmi les plus réputées pour leurs qualités marketing (L'Oréal, Procter et Gamble, Unilever...) ont érigé le management de stagiaires en méthode de recrutement. C'est pourquoi les stages d'été font peu à peu place, sous la demande des entreprises et la compréhension des écoles, aux stages à mi-temps sur des périodes de six mois ou à temps plein sur des périodes longues.

Le chef de produit a ainsi l'occasion de débuter dans la fonction de management, car il s'agit de bien gérer cet apport de travail supplémentaire et de choisir son futur assistant.

Le chef de produit a des devoirs de formation envers le stagiaire. Quant au stagiaire il n'a qu'une obligation de présence. Et ce n'est que bien encadré que le stagiaire donnera son plein apport.

Le recrutement et l'insertion dans l'entreprise

Les stagiaires sont en formation supérieure. Les risques de recrutement tiennent essentiellement à la difficulté d'évaluation des candidats stagiaires. Sans expérience marketing (sauf dans le cas de stage significatif) il est périlleux d'essayer de deviner si le candidat développera un savoir-faire marketing en adéquation avec l'entreprise. Le jugement ne peut pas s'appuyer sur des réalisations marketing passées. Il faut choisir le candidat sur sa bonne « composition intellectuelle ».

Les détails pratiques

Bureau prévu, mot de bienvenue, emploi du temps, présentation de l'équipe de travail, des personnes avec qui le stagiaire aura des rapports : cette entrée en matière est aussi importante pour le stagiaire que pour l'entreprise. On peut présenter l'entreprise au stagiaire de la même façon qu'à un client.

Quels sont les horaires de déjeuner ? Quel est votre méthode de classement documentaire ? Autant de détails pratiques qui mettent le stagiaire en bonne condition de travail. Ne pas oublier de préciser quand et combien il sera payé et ses avantages (tickets restaurant, frais de déplacement, produits gratuits, prime éventuelle...)

Pour la rémunération la loi permet une déduction minimale de 320 € (dans le cadre de convention de stage) ; il est clair que ceci est nettement insuffisant pour un stagiaire en fin d'étude. Il est souhaitable de compléter cette indemnité avec une prime ou avec des remboursements de frais substantiels. Un stagiaire mal payé aura toujours un peu de réticence à effectuer un très bon travail.

Un stagiaire est aussi une source de renseignements importante :

– sur les études en général (classement des écoles),

– sur votre entreprise (vue par un œil neuf),

– sur la concurrence (un nouveau type d'espion).

Mais il ne faut pas limiter son rôle à une mission de recherche documentaire.

Les objectifs

Dès les premiers jours les objectifs doivent être discutés et communiqués de manière formelle. Ils peuvent se décomposer en un objectif scolaire, un objectif pour l'entreprise, un objectif personnel.

Domaine	Priorité	Objectifs	Plans d'action	Dates
Gestion	C	Réduction du poste impression	Négociation avec les fournisseurs	01-09 /31-12
Production	B	Limitation du stock de matières premières	Prévision de ventes (– 5 %)	01-10 / 30-11
Produits 1		Néant		
Produits 2	D	Rentabilité actuelle (+ 5 %)	Changement de prix	05-09 / 28-01
Projet 1	A	Lancement nouveau produit	Test produits 3	15-11 / 30-12
Marché A	C	Adapter les produits 2 au marché A	Extension de gamme	01-09 / 31-12
Marché B	E	Analyse des potentialités	Enquête marché B	15-09 / 25-01
Connaissance personnelle	B	Maîtrise de l'outil d'interrogation informatique		15-10 / 25-01
Organisation		Respect des nouvelles procédures d'engagement du budget	Suivi informatique du budget	05-09 / 23-12
Coordination	B	Améliorer les relations avec les commerciaux	Tournée terrain	05-09 / 25-09

En développant des contrats d'objectifs avec votre stagiaire, c'est-à-dire en expliquant ce que vous attendez de lui et en le faisant participer aux décisions qui affectent le résultat, vous obtenez :

– une meilleure performance, par l'aspect participatif des objectifs,
– un autocontrôle du travail, par la prise de conscience de la finalité.

Le choix des objectifs se fait dans le cadre des objectifs principaux de l'entreprise et de la politique du service marketing. C'est une limite à la liberté de la participation.

La délégation de responsabilité

Il est nécessaire d'expliquer clairement au stagiaire l'étendue de sa responsabilité : quelle décision peut-il prendre en votre nom sans vous en parler *a priori* ? Votre autorité lui est déléguée, vis-à-vis des fournisseurs et des collègues, lorsqu'il traite un dossier que vous lui confiez. Précisez-lui vos responsabilités personnelles, celles que vous pouvez lui confier et son degré d'autonomie.

Les rendez-vous

Vous ne voulez pas être dérangé dix fois par jour ? Adoptez un agenda clair avec des rendez-vous fixes, demandez au stagiaire de programmer lui-même ces rendez-vous et leurs ordres du jour, cela deviendra son plan de travail.

De plus un déjeuner tous les quinze jours en tête à tête est bienvenu, car le stagiaire a certainement beaucoup de sujets de conversation qu'il n'ose pas aborder dans le cadre du travail stricto sensu.

Le rapport de stage et l'appréciation

Le sujet doit être défini dès la première semaine, veillez à ce qu'il corresponde à une de vos priorités, et que vous puissiez le réutiliser par la suite. Ce rapport angoisse bien des stagiaires, vous pouvez les libérer en les aidant sur la rédaction du plan et en leur donnant quelques sources d'informations, ils ne seront que plus disponibles pour traiter vos dossiers. Insistez pour être présent lors de la soutenance de ce rapport, c'est une manière de souligner l'importance dans son travail.

L'école de votre stagiaire vous demandera certainement une appréciation de fin de stage, veillez à y accorder toute l'importance quelle mérite. Faites-en un point d'ordre du jour de chaque rendez-vous. N'hésitez pas à dissocier évaluation de type scolaire et évaluation de type jeune recruté. Toutes les informations seront d'une grande aide pour votre stagiaire.

Bien choisi, le stagiaire vous secondera efficacement, et s'il vous permet de vous décharger des tâches quotidiennes pour vous consacrer au travail de fond, alors le pari est gagné. Si en plus vous pouvez utiliser son rapport de stage comme base de travail pour l'accomplissement d'un de vos objectifs, vous aurez optimisé l'apport du stagiaire.

CHAPITRE 9

La gestion du temps et des priorités : les cycles de travail du chef de produit

S'il est une matière dont l'enseignement fait cruellement défaut, c'est bien la gestion du temps ou, plus généralement, un cours sur les méthodes de travail.

Le temps est une ressource précieuse qui, gaspillée, entraîne des coûts, des manques à gagner et des tensions nerveuses. Notre temps de travail, morcelé par divers facteurs d'interruption, perd de sa valeur ; et les changements d'activités fréquents achèvent sa perte. Il est urgent de maîtriser ces interrupteurs de temps et les changements d'activité.

Nous vous proposons une véritable charte du temps, en formulant quelques idées : « les règles d'hygiène de la gestion du temps ».

Ces règles sont basées sur vos objectifs personnels, à partir desquels il est facile de dégager des priorités. Le raisonnement inverse est vrai : en examinant l'emploi du temps d'un cadre, on devine ses priorités ; et si l'écart est trop important on parlera alors de mauvaise gestion du temps.

Les dix règles d'hygiène de la gestion du temps

1. Ne jamais prétexter un manque de temps pour une tâche que vous ne voulez pas faire, car vous sous-entendez que vous êtes bien responsable de cette tâche mais que vous ne pouvez pas l'assumer actuellement faute d'une bonne organisation personnelle.
2. Savoir dire non, ou éventuellement reporter une demande, en prenant soin de lui affecter une priorité et de l'inscrire à votre ordre du jour ; l'accomplissement de vos objectifs passe par des réponses négatives à tout ce qui n'est pas lié à vos priorités A, B ou C.
3. Déléguer à toute personne compétente en lui faisant totalement confiance sans chercher à « tout savoir ».
4. Ne pas avoir peur de « perdre » du temps, pour préparer, organiser, apprendre, se faire plaisir sur un dossier précis.
5. Prendre des rendez-vous avec vous-même : le temps de la réflexion. Les idées mûrissent pour peu qu'on alimente la base de données d'informations et qu'on leur laisse le temps.
6. Différencier l'urgent de l'important ; une série de travaux urgents vous empêchera de remplir vos objectifs qui eux sont importants.
7. Prévoir le déroulement des événements vous aidera à ne pas être pris au dépourvu.
8. Connaître ses priorités par cœur (c'est tout sauf une perte de temps de les apprendre), et se placer en arbitre pour juger si ce que vous faites y est directement lié ; si la réponse est « non » tirez-en les conséquences immédiatement.
9. Adopter vos propres outils de gestion de votre temps, restez-y fidèle au-delà des modes. À voir le succès des agendas modulables (lancé par Filofax en 1921 et amélioré depuis par des dizaines de sociétés) et des organiseurs électroniques (Outlook et PDA), le problème mérite d'être traité.
10. Refuser de participer à une réunion mal préparée ; mais à vous de préparer les réunions dont vous êtes responsable de manière irréprochable.

Avant tout une bonne gestion du temps demande de la rigueur dans la préparation des plans de travail à l'échelle de la journée, du mois et de l'année ainsi que dans l'affectation de temps aux projets.

La journée

La journée du chef de produit est faite de quatre sortes d'événements :

– le travail des projets à long terme,

– la gestion de ses produits,

– les tâches routinières,

– et les imprévus.

L'outil de gestion du temps de la journée est l'agenda, il doit y avoir suffisamment de place pour bien préparer, la veille au soir de préférence, le découpage du lendemain.

Il ne faut pas perdre de vue que les grands projets sont faits de petits travaux quotidiens. Il est impératif de travailler chaque jour sur l'un de ces grands projets qui constituent les objectifs de l'année. Il faut parfois quitter la longue vue pour regarder le bout de ses chaussures, et cet exercice est plus périlleux qu'il n'y parait.

Pour un bon découpage de la journée, il faut tenir compte de ses propres rythmes physiologiques (avec en général une meilleure lucidité le matin et en fin de journée), du temps de latence entre deux tâches (un agenda ne peut jamais être rempli à 100 % du temps), d'une certaine diversité (pour ne pas avoir à se concentrer plus de deux heures sur un même sujet) ; un découpage prévu à l'avance permet de réfléchir à sa tâche suivante avant de finir la précédente (et d'éviter la feuille blanche d'un nouveau travail).

Il ne faut jamais se laisser dépasser par les événements ; un retard de plusieurs jours de lecture ou de courrier à faire rend le rattrapage pénible et, quelquefois, ce rattrapage ne se fait jamais...

➤ Dominante de la journée

Si possible la dominante de la journée portera le nom du projet principal qui y sera traité. La qualité et l'efficacité du travail quotidien dépendent en grande partie de la réflexion préalable sur les projets. S'ils ne sont pas divisés en un certain nombres d'étapes (correspondant à environ deux heures de travail), les projets sont difficilement insérables dans un plan de journée.

➤ Contacts de la journée

La diversité de vos interlocuteurs, qui abordent chacun un sujet différent, vous oblige à garder trace de ces contacts. Selon votre préférence vous pouvez avoir un cahier de contacts, dans l'ordre chronologique, ou un agenda à anneaux qui permet de commencer une fiche par personne.

Lorsque les renseignements échangés portent sur des éléments essentiels, vous devez confirmer par lettre (télécopie ou messagerie interne) le contenu du contact.

➤ Centre d'information

Vous recevez beaucoup d'informations, une partie de votre rôle est de les redistribuer quotidiennement selon des procédures identiques pour éviter toute perte de temps ou d'information.

Certaines des informations reçues concernent des travaux que vous faites en fin de mois, les consigner, afin de ne pas perdre de temps, par exemple lorsque vous serez devant votre tableau de prévision de ventes en train de rechercher l'information d'un commercial sur un long contrat.

➤ Téléphone

Avec la multiplication des standards téléphoniques intelligents, vous êtes joignable partout dans l'entreprise et souvent même en dehors avec les téléphones mobiles. La réduction du nombre de standardistes s'accélère, donc de plus en plus de personnes peuvent vous joindre directement, comment réagir ?

Rien ne sert de dissuader les personnes qui veulent vous parler de le faire, les prospecteurs téléphoniques sont nombreux et tenaces, et un collaborateur qui a besoin d'un renseignement viendra le chercher physiquement ou pire vous écrira une note de service. Il faut canaliser ces contacts, former vos interlocuteurs au rythme que vous avez choisi.

- Soyez joignable directement. Vous éviterez de faire perdre du temps à vos collègues et à vos correspondants.
- Dans votre plan de semaine fixez des plages horaires pour le téléphone, et demandez à vos interlocuteurs de vous appeler dans cette plage, si lors du premier appel ils vous dérangent.

- Ne parlez qu'en présence du dossier concerné, avec un stylo à la main pour noter. Apprenez à être bref et précis lorsque vous appelez.
- En dehors de simples renseignements, votre téléphone mobile n'est utile que si vous avez le dossier sous les yeux.
- La chaleur de votre contact doit mettre vos interlocuteurs en confiance pour qu'ils vous donnent immédiatement les éléments importants de leur appel.

➤ **Déplacements**

- Profitez de vos déplacements pour préparer le dossier en cours.
- Regroupez les déplacements lorsque c'est possible sur une seule journée.
- Prenez l'habitude d'appeler votre bureau après chaque fin de rendez-vous, vous aurez peut-être des messages concernant votre rendez-vous suivant et cela vous évitera d'être dérangé sur votre téléphone mobile.

➤ **Rendez-vous**

- Préparez chaque contact et les documents à remettre.
- Planifiez vos contacts, avec suffisamment de temps entre chacun.
- Donnez-vous un objectif à atteindre pour chaque rendez-vous.
- Gardez une trace écrite de ce contact.
- Annoncez le temps prévu à votre interlocuteur, et respectez-le.
- Précisez bien à votre interlocuteur la suite des événements, en convenant d'un appel tel jour à telle heure.

➤ **Courrier**

- Regardez votre courrier en une seule fois.
- Classez-le immédiatement.
- Écrivez la réponse à donner par écrit ou par téléphone immédiatement, quitte à téléphoner ou à écrire plus tard seulement.
- Ayez des réponses types sur votre traitement de texte.
- Idem pour les e-mails : organiser votre disque dur comme vos classeurs de courrier et dispatcher directement après lecture les e-mails à conserver. Détruiser ceux qui ne vous concernent pas et n'hésitez pas à demander à ne plus figurer sur certaines listes (la facilité consistant à informer tout le monde sans sélection préalable, ne jouez pas ce jeu).

➤ **Problèmes de crise**

- Ils doivent être traités ou délégués immédiatement.
- Tenez vos correspondants informés de la démarche que vous entreprenez, cela évitera qu'ils vous téléphonent dans une période déjà bousculée.
- Informez largement toute personne qui pourrait être confrontée à ce problème, avec la marche à suivre, cela évitera encore des appels et des messages.
- Dès la fin du problème, tirez les conclusions et informez tout le monde.

➤ **Gestion des reports**

Si vous n'avez pas le temps de faire ce qui était prévu, la reprogrammation des tâches s'impose. Il ne s'agit pas de reporter systématiquement au lendemain les lacunes de la veille, mais de les redistribuer ou de les annuler en fonction des priorités.

Le mois et les travaux répétitifs

Suivant les entreprises et ses règles comptables, la fin de mois « officielle », peut varier entre le 25 et le 5 du mois suivant. La fin de mois et les arrêtés de comptes déclenchent pour le chef de produit une série de travaux :

– mise à jour des statistiques de ventes mensuelles et sortie d'un éventuel tableau de bord,
– analyse des ventes,
– comparaison avec les prévisions de ventes,
– établissement des nouvelles prévisions de ventes,
– contrôle budgétaire des dépenses marketing,
– état des engagements de dépenses.

Vous trouverez, très certainement, dans cette liste de quoi déléguer à votre assistant ou stagiaire. Une bonne organisation vous permettra de passer chaque fin de mois sans problème, en réservant le temps nécessaire à toutes ces tâches et en les préparant tout au long du mois.

D'autres travaux ne sont pas strictement mensuels, mais reviennent tous les deux ou quatre mois avec la même régularité, c'est le cas des panels distributeurs, des panels consommateurs et de la pige publicitaire. Une réservation de plages horaires pour traiter ces dossiers vous garantit contre tout retard.

Selon le même schéma que la journée, le travail mensuel vous offre une mine d'informations nécessaires pour établir vos plans annuels, et un bon classement vous sera utile.

L'année et les événements lourds

C'est dans le travail annuel que la fonction de planification du chef de produit prend toute sa dimension. Dès les mois de septembre-octobre l'effervescence atteint tous les services marketing pour le travail sur le budget de l'année suivante. Cet exercice n'est pas à considérer comme isolé, le bon rassemblement des données et des idées tout au long de l'année permet un travail rapide.

La préparation du budget débute par un *latest estimate*, dernière prévision pour l'année en cours, puis par le bilan du précédent plan marketing, ensuite viennent les grandes lignes du nouveau plan marketing, l'aspect budgétaire et les prévisions de ventes globales pour la future période. Enfin les discussions et commentaires à tous les niveaux modifient les premières données. Tout est entériné dès les premiers jours de décembre. Pour une bonne gestion du temps, il faut prévoir environ trois heures de travail quotidien pendant cette période.

Janvier est la période du bilan, non plus sur la base d'estimation mais sur les résultats réels. Une analyse des écarts s'impose.

Juin, pour les entreprises qui clôturent leurs comptes en décembre, est la période des résultats financiers. Parfois le chef de produit est chargé de formuler une note de perspective sur les grandes lignes du développement de ses produits ou marchés, et de fournir un listing des personnes à qui il souhaite faire parvenir ce rapport financier (fournisseurs, agences, services marketing des clients).

Les grands rendez-vous sans date précise sont :

- convention de vendeurs, revendeurs ou concessionnaires,
- salons grand public ou professionnels,
- grande réunion interne,
- séminaire de vente,
- voyage d'étude.

Ces rendez-vous sont quelquefois sous la responsabilité du chef de produit. Ils sont l'aboutissement de longs projets, et pour les participants, l'appréciation sur le projet dépend de la qualité de l'événement. C'est ainsi que l'on a assisté à une inflation de moyens fastueux, remis en question par les récentes réductions budgétaires. Ces événements sont lourds à gérer, d'autant plus qu'ils sont souvent déportés par rapport au siège de l'entreprise.

La répartition du temps par projets

Cette autre méthode de répartition du temps permet une comptabilité plus analytique du temps passé sur chaque projet. Elle est pratique en termes d'attribution de ressources, elle s'inspire des méthodes pratiquées dans les cabinets d'audit américain (et chez les garagistes), toute heure d'un salarié doit être attribuée à un client, même le temps des réunions internes. Ce besoin de répartition devient vite un cauchemar pour le chef de produit, mais l'idée mérite d'être adaptée à quelques périodes du cycle de travail du chef de produit, pour un projet de lancement de produit par exemple.

Voici deux répartitions annuelles du temps confiées par deux chefs de produit.

	Chef de produit bureautique	Chef de produit grande consommation
Formation	10 %	5 %
Animation, réunion	30 %	35 %
Recherche d'informations	20 %	10 %
Réflexion, analyse, rédaction…	40 %	50 %

CHAPITRE 10

Autre outil d'amélioration de la productivité : le classement

Le classement est une nécessité absolue. Sans s'attarder sur les catastrophes qu'entraîne un mauvais classement pour un chef de produit, nous essayerons simplement de vous aider à organiser le vôtre, à le rendre agréable et que le verbe chercher disparaisse du vocabulaire au profit de prendre, car lorsqu'on sait par avance la place des objets on ne les cherche pas, on les prend directement.

L'intérêt d'une méthode de classement, au-delà de la sécurité de trouver un document dans un temps raisonnable, réside dans la possibilité de le déléguer à un assistant, certains travaux nécessitant la recherche de documents. Le classement permet à tous de s'y retrouver, met en avant le travail à effectuer, sert de base de données, vous rend moins indispensable. Et si, comble d'organisation, tous les chefs de produit de l'entreprise utilisaient le même classement, le passage d'un produit à l'autre serait facilité…

Le chef de produit reçoit et envoie quelques kilogrammes de papier par semaine, et les messageries électroniques ne résolvent pas complètement le problème. Au contraire l'informatique crée un nouveau besoin de classement des fichiers informatiques sur le disque dur ou sur les sauvegardes.

Une des premières tâches à effectuer lors d'une prise de fonction est un audit du classement pour s'imprégner des règles de classement, pour éventuellement constater qu'il n'y a pas de règle et s'atteler à en édicter une. La règle est indépendante du type de mobilier utilisé, qui est un héritage rarement remis en question.

Ce qu'il faut savoir sur le classement

Il n'existe que trois sortes de classements : dénominal (classement alphabétique sur un nom), thématique (classement sur l'idée du document) et chronologique.

La difficulté réside dans le choix de la logique de classement (la règle propre de votre classement), cette logique doit répondre précisément au besoin du chef de produit.

Avant de décider des règles de classement, il faut d'abord s'intéresser au concept de document :

- nombre de consultations,
- durée de vie,
- base de travail,
- évolution du nombre de documents,
- besoin de circulation, prêt, copie,
- et surtout, nature du document : correspondance, dossier, fiches...

D'autre part, l'analyse de la circulation des documents décide aussi des matériels de classement.

- En classeurs : nombreuses consultations avec mise à jour, sans retirer les documents, c'est le cas des fact-book, classeur financier, tableau de bord.
- En dossiers : la plus grande partie du volume de classement. La particularité du travail de chef de produit est le grand nombre de dossiers actifs en même temps et la rapide obsolescence de ces mêmes dossiers. Si on n'y prend pas garde, c'est au moins une nouvelle armoire tous les deux ans qu'il faut acheter.
- En boîtes à archives : l'archivage de documents doit être justifié par l'intérêt potentiel d'une ultime consultation. L'archivage des campagnes de publicité vieilles de dix ans présente un réel intérêt. En revanche, le dossier de modification de packaging vieux de trois ans et déjà modifié depuis ne présente pas un réel intérêt.

Les règles d'un bon classement

- *Unicité* : chaque document a une place unique, pas de photocopie pour un double classement.
- *Destruction* : chaque dossier comporte une date de destruction visible.
- *Ergonomie* : le classement, sans être un plaisir et un jeu, doit au moins être visuel et agréable.
- *Simple* : de la facilité à comprendre votre classement dépend son maintien. Chaque personne doit remettre en place les dossiers consultés, sous peine de ne plus avoir accès aux informations.
- *Sécurité* : en inscrivant sur chaque document ses données de classement, à la même place, suivant votre codification permet de ne pas perdre un document important. Ceci doit être un réflexe qui suit la lecture d'un document. Il faut lire « stylo en main ». En ce qui concerne les documents confidentiels le rangement est immédiat dans un logement fermant à clé.
- Limiter le type de contenant, et si possible dédier le contenant de façon à ce qu'il évoque le contenu. Par exemple une pochette en carton solide avec élastique peut correspondre à un dossier qui voyage de réunion en réunion comme un projet d'amélioration de la qualité. Les pochettes en plastique translucide correspondent bien aux dossiers temporaires, elles évitent d'inscrire le titre du dossier, et contrairement aux pochettes papier elles peuvent être réutilisées sans problème.
- Adopter une structure de dossier assez homogène, par exemple la correspondance vient en fin de dossier, les notes et idées au début, ensuite viennent les présentations, le planning, les révisions...

➤ Les avantages d'un bon classement

Pour vous : la conséquence de toutes ces actions est la réduction du temps de recherche au strict minimum.

Pour les autres : si vous souhaitez que personne ne perde votre document, il suffit de penser au classement de vos interlocuteurs en mentionnant clairement le nom du projet qui s'y rapporte ou d'inclure une ligne « classement ». Vous pratiquerez ainsi l'identification du document à la naissance.

Ce qu'il ne faut jamais faire : créer les dossiers « divers »,« à classer », « à voir ou à lire » et « pour copie avant classement ». Classer les documents « par émetteur » car le même émetteur peut traiter de sujets différents et la constitution d'un dossier sur un thème devient un vrai casse-tête (car le chef de produit travaille avec un grand nombre d'interlocuteurs, sur un grand nombre de dossiers). Se lancer dans un classement numérique (chaque dossier a un numéro et le thème est répertorié dans un cahier) sans être certain de le tenir à jour.

Enfin tout bon classement comprend un répertoire qui contient, outre les règles de classement, une liste des catégories classées et éventuellement un index des mots clés.

Les rubriques du classement idéal

Voilà une proposition qui devrait satisfaire le plus grand nombre de chefs de produit.

➤ **Dossiers suspendus**

1. Vie de l'entreprise, historique, rapport financier, discours...
2. Concurrence

   À l'intérieur de cette partie le classement peut être alphabétique. C'est ce qui semble le plus simple pour retrouver rapidement un dossier de concurrent. Chaque dossier doit être normalisé dans les documents et ses sous-parties, tous les concurrents sont logés à la même enseigne et chaque dossier doit avoir la même information, c'est le seul moyen de n'être jamais pris de court par une demande mais aussi par un concurrent.
3. Tableau de bord
4. Stratégie, plan marketing, budget, prévision de ventes
5. Études quantitatives et qualitatives, panel...
6. Fichiers d'adresses
7. Tarif, prix, politique commerciale, remise
8. Photo
9. Organisation
10. Communication

11. Fournisseur

12. Brochure et catalogue de l'entreprise

13. Revue, magazine professionnel et journaux

14. Distribution

➤ Classeurs

1. Un *fact-book* par marque ou produit géré.
2. Un classeur financier pour toute l'activité.
3. Un classeur de devis pour tous les fournisseurs.
4. Un répertoire téléphonique : un sur vous, un autre au bureau.
5. Un classeur de « chrono » pour classer chronologiquement tous les documents qui sortent du service. C'est un bon outil même s'il nécessite une photocopie supplémentaire, car il est un bon indicateur de l'activité du département, et il peut sauver d'une perte de document dans un dossier. Ce classeur ne doit en aucun cas être personnel au chef de produit, il est le chrono de son département. Bien sûr il faut résister à la tentation d'un « chrono » des arrivées, car chaque document entre dans un dossier, et il n'est pas question de remplacer une poubelle par un classeur. Ce qui n'a pas sa place dans votre classement ne doit pas être conservé.

➤ Divers

1. Boîtes à archives, pour les différentes classes d'archives (légale, documentation, à détruire avec date de destruction clairement indiquée).
2. Parapheur pour les papiers à signer.
3. Dossier 31 jours, pour y placer tous les dossiers à ouvrir chaque jour.

Exemple de FACT BOOK

- Budget, écart et engagement
- Lancement et planning
- Prévisions de ventes (mensuelles / trimestrielles)
- Réalisé / RAF
- Compte d'exploitation
- Tarif
- Conditions commerciales / Remises / Prix moyens par circuit / CGV
- Prix Nets
- PRI (prix de revient industriel)
- Marge Brute
- Prix publics constaté par circuits
- Commandes
- Références / Conditionnements
- Forces / Faiblesses
- Objectifs / Stratégie
- Budget Marketing
- Plan d'action
- Segments
- Panel distributeur (Nielsen, Iri-Secodip, IPP…)
- Panel consommateur (Nielsen, Sofrès…)
- Profil consommateurs
- Lieu d'achat
- Pénétration
- Notoriété
- Image
- Merchandising
- Commerciaux (liste, tél., secteurs…)

Chapitre 11

L'organisation des réunions

Si la réalisation d'une superbe présentation (voir chapitre 10 sur l'informatique) ne pose pas de problème spécifique, si vous avez le temps de bien préparer votre dossier, la projection, la disposition de la salle et la présentation orale peuvent s'avérer plus délicates car souvent gérées dans l'urgence. Vous trouverez dans ce chapitre de précieux conseils qui vous aideront à optimiser vos réunions et présentations.

La projection

Pour la projection, il faut vérifier :

- la présence d'un projecteur informatique (avec une puissance suffisante) ;
- la compatibilité du projecteur informatique ;
- la présence et la bonne taille de l'écran de projection ;
- la possibilité d'obscurcir la salle.

Suivant le modèle de projecteur, la distance entre l'appareil et l'écran varie pour obtenir une image de taille satisfaisante (environ 2 × 1,5 m). Vérifiez bien que vous pouvez placer le projecteur à la bonne distance. Les câbles de projecteur sont quelquefois courts, munissez-vous d'une rallonge VGA mâle-femelle.

Vérifiez la présence d'une touche « *freeze* » (généralement sur la télécommande du projecteur) et entraînez-vous à figer l'image du projecteur pendant que vous faites défiler les diapositives sur votre ordinateur pour sélectionner celle que vous souhaitez projeter. Cela vous permettra de mieux vous adapter au temps imparti et de ne présenter que ce qui intéresse votre auditoire, sans être esclave de l'enchaînement linéaire de votre présentation.

Dans tous les cas, et surtout si l'ordinateur est neuf, vous devez faire un test de projection et bien maîtriser la combinaison des touches (souvent Fn + F4 ou Fn + F5, Fn étant la touche de fonction) qui envoient votre présentation sur la sortie VGA de votre ordinateur, elle-même connectée au projecteur. Attention à bien avoir le retour de l'image sur votre ordinateur pour éviter de vous retourner vers l'écran pour savoir ce qui est projeté.

Si votre auditoire est déjà installé lorsque vous entrez dans la salle, votre ordinateur doit déjà être allumé et le fichier de présentation ouvert.

Si vous avez le temps d'installer votre matériel avant le début de la réunion, faites en sorte que la première diapositive de votre présentation (au besoin un fond noir) soit déjà en projection lorsque les personnes entreront dans la salle.

Pour les présentations très importantes, prévoyez un projecteur de secours ou prévoyez le moyen de vous en procurer un dans la demi-heure.

La disposition de la salle

Quelle que soit la taille et la disposition de la salle, celui qui présente doit se trouver entre l'auditoire et l'écran. Le présentateur ne doit jamais tourner le dos aux participants, pour cela son ordinateur lui montre exactement ce qui est projeté. La prise de parole en public est un exercice suffisamment périlleux pour ne pas ajouter de difficulté liée aux éléments matériels.

La disposition en « U » est idéale pour une réunion de moins de 35 personnes (figure 11.1). Cette configuration vous permet d'être au centre de l'écran avec une très bonne capacité de mouvement. Suivant les moments du discours ou le niveau d'attention, vous pouvez approcher très près des participants. Cette configuration favorise les échanges et l'interactivité. Le projecteur sera placé au sol ou au plafond sans gêner les participants.

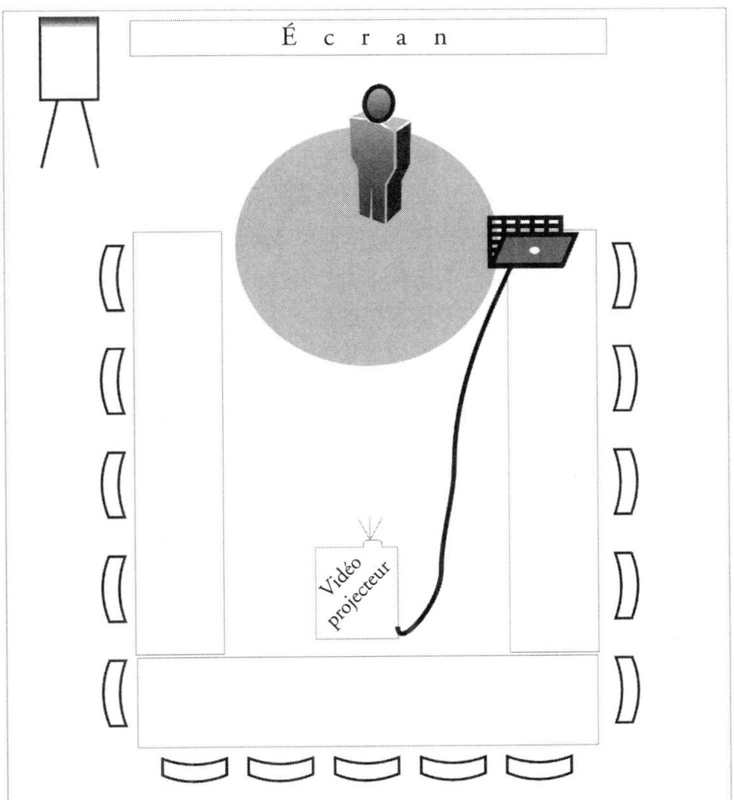

Figure 11.1 – Configuration en U

La configuration en salle de conseil (figure 11.2) n'est conseillée que pour les petites réunions à caractère informel (des groupes de travail de moins de 6 personnes). Au-delà, il vous sera impossible de captiver l'attention en étant assis au même titre que les autres. Votre mobilité est réduite et le projecteur est souvent placé sur la table.

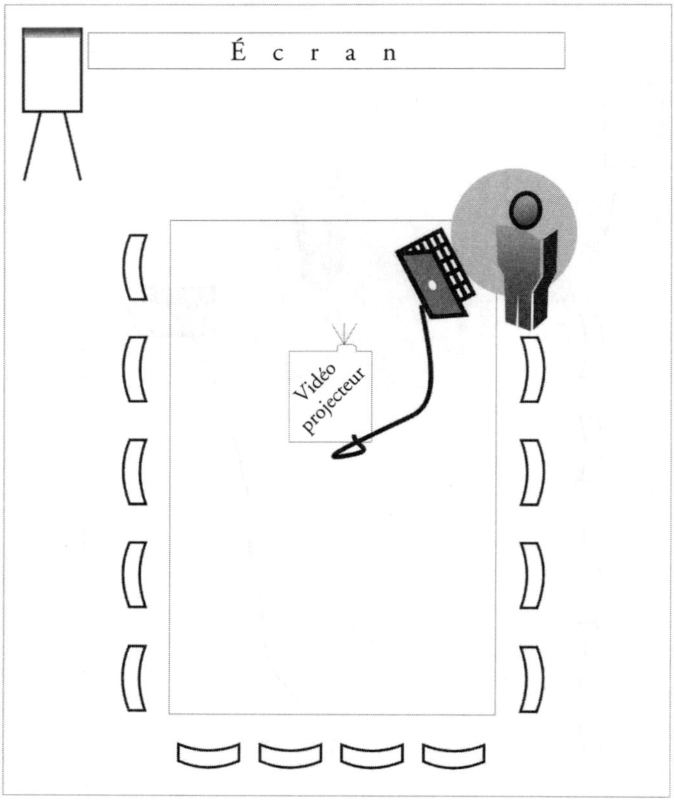

Figure 11.2 – Configuration en salle de conseil

La disposition en salle de dîner (figure 11.3) favorise le dialogue... entre participants, ce qui n'est pas facile à gérer lorsqu'on doit convaincre. Chaque table devient un sous-groupe dans le groupe à gérer individuellement. Dans cette configuration, votre discours sera bref et percutant laissant, par la suite, à chaque table le soin d'élaborer un travail de groupe.

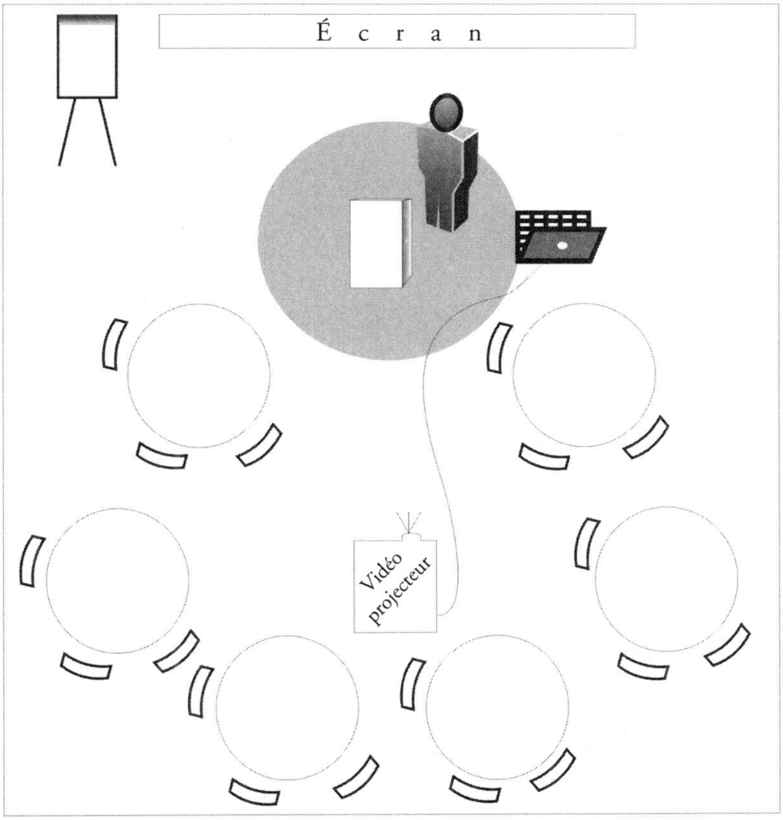

Figure 11.3 – Configuration en salle de dîner

La configuration en salle de classe (figure 11.4) ou en amphi s'impose au-delà de 50 personnes. La présentation sera moins interactive. Il faut veiller à obtenir une taille d'écran suffisante pour que les participants du dernier rang bénéficient de la présentation. Un micro (avec un système d'amplification) peut aussi être nécessaire.

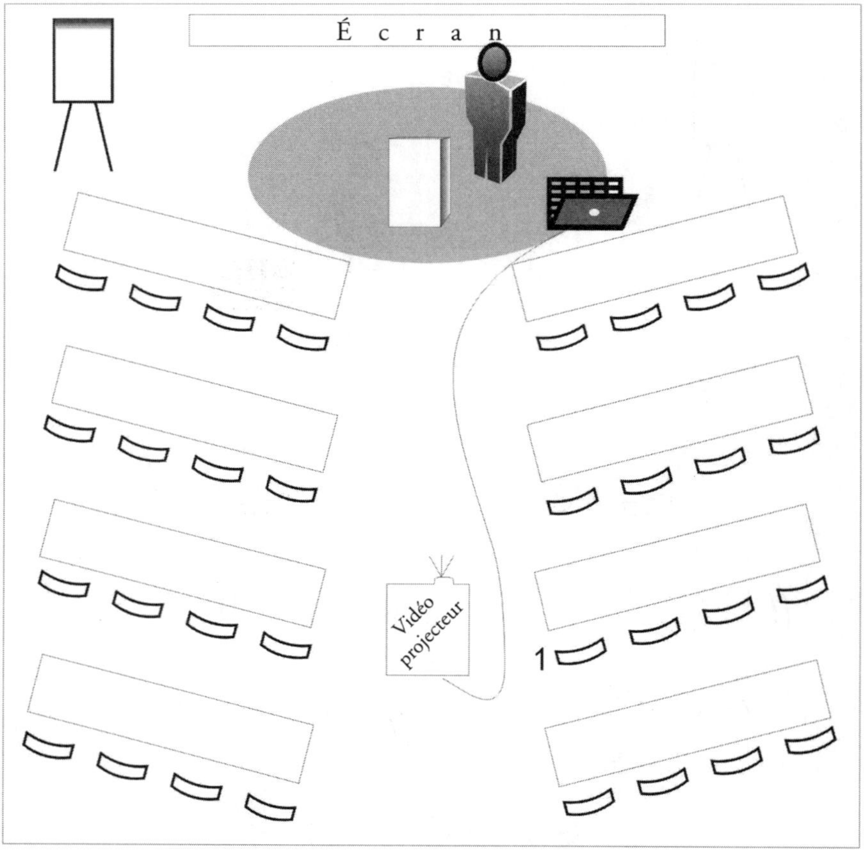

Figure 11.4 – Configuration en salle de classe

Quelques détails à vérifier :
- prises électriques (au moins deux) ;
- *paperboard* et marqueurs ;
- présence d'eau pour vous et le public ;
- support pour poser l'ordinateur ;
- recul nécessaire pour obtenir une image de projection adaptée ;
- éventuellement : présence d'un micro et d'un pupitre ;
- porte nom sur les tables pour les participants ;
- feuille ou/et dossier et stylo sur les tables pour chaque participant ;
- ventilation de la salle.

La présentation orale

Si vous dites mal ce que vous pensez bien, on pensera que vous pensez mal. On ne le répétera jamais assez, qu'il faut répéter les présentations orales en travaillant surtout les transitions.

Les participants à une réunion ne retiennent que 20 % des messages. Insistez sur les points importants avec la règle de trois : annoncez que vous allez dire quelque chose d'important, dites la chose, rappelez que vous venez de dire une chose importante. Faites à l'oral ce que vous faites sur un document écrit lorsque vous soulignez en caractère gras une idée forte.

Rappeler le plan à chaque changement de partie est le moyen de garder un fil conducteur logique pendant toute votre présentation.

Les chanteurs le disent : tout est basé sur la respiration ! La force de la voix, le ton, la hauteur, le débit sont gouvernés par une bonne respiration abdominale (vous devez sentir le ventre se gonfler et se dégonfler à chaque respiration, quant aux poumons ils restent immobiles).

Parlez fort. Soyez mobile, actif, vivant mais ne gigotez pas sur place. Ne tournez jamais le dos à votre audience, encore moins pour lire ce qui est projeté derrière vous. Ne distribuez aucun document avant votre présentation, vous risquez de perdre 50 % d'attention. Ne répétez pas (ou pire : ne lisez pas) ce qui est écrit sur la diapositive projetée. Votre aide à la présentation n'est pas un prompteur mais un support pour aider l'audience à suivre la progression de votre message (2 minutes par diapositive et un seul message fort par diapositive. Attention aux tableaux et graphiques complexes qu'il vaut mieux découper).

Lorsque d'autres personnes présentent avec vous, pensez à les aider pendant leur présentation en leur prêtant toute votre attention et à les féliciter à la fin.

Quatrième partie

Le chef de produit et le marketing en entreprise

Quelles que soient l'appellation et la place du marketing dans l'organigramme, cette fonction est vitale pour le développement de l'entreprise. Le marketing assure une constante optimisation des deux éléments fondamentaux de l'entreprise : la satisfaction du client et le profit... sans ces deux piliers : pas de survie et encore moins de développement.

La vision marketing n'est pas l'apanage du chef de produit, certains dirigeants en font preuve et on peut même affirmer que les grandes réussites industrielles du début du siècle dernier (à l'époque ou les équipes marketing n'existaient pas) sont l'œuvre de dirigeants naturellement animés par cette philosophie.

Cette quatrième et dernière partie développe l'évolution de carrière dans le marketing (chapitre 12) ainsi que l'évolution du marketing dans l'entreprise (chapitre 13) pour finir par un tour d'horizon des grandes distinctions de la fonction chef de produit suivant le type d'entreprise (chapitre 14).

CHAPITRE 12

La gestion prévisionnelle de carrière

Le recrutement et les entretiens

Quel est le meilleur moyen d'entrer dans la fonction marketing ? La réponse est tout aussi simple que la question : en débutant dans la fonction marketing.

Il n'est pas question de dire ici que le marketing est un univers fermé où seuls les jeunes diplômés sont admis. Cet univers, fort heureusement, accepte aussi des personnes d'horizons différents : commercial, médical ou technique.

Il est simplement juste de rappeler que la majorité des chefs de produit actuels ont débuté leurs carrières comme assistants marketing ou assistants chef de produit (sur le terrain pour certains, mais avec le statut d'assistant marketing). De plus en plus, la fonction marketing a organisé des passerelles transversales avec les autres fonctions de l'entreprise.

De manière quasi automatique, les chefs de produit sont recrutés dans le vivier que représentent les assistants chefs de produit. Les places de chefs de produit sont rares et très recherchées et la compétition est encore plus rude lorsqu'il s'agit de progresser dans un organigramme en forme de pyramide.

➤ Recrutement

Environ 1 500 postes marketing par an sont proposés dans les annonces d'offre d'emploi. C'est une partie seulement des effectifs embauchés car un certain nombre ne passe pas par annonce.

– Chef de produit	48 %
– Responsable marketing	28 %
– Chargé d'étude	8 %
– Promotion des ventes	10 %
– Trade-marketing	6 %

Les filières qui mènent à un entretien d'embauche sont nombreuses.

- Cabinet de recrutement

  De manière générale, 45 % des annonces marketing passent par un cabinet de recrutement. Ceux-ci sont peu utilisés pour le recrutement d'assistants marketing, le coût du recrutement est trop élevé pour ce type de poste. Néanmoins certains cabinets spécialisés en marketing conservent les candidatures de débutants.

- Annonce dans la presse (sans cabinet de recrutement) ou APEC

  55 % des annonces marketing sont passées directement par l'entreprise. Pour le candidat, l'avantage est d'être en contact direct avec l'employeur. La difficulté est d'être parfaitement et immédiatement au courant des activités de l'entreprise.

- Candidature spontanée

  Elle donne d'assez faibles résultats et demande une grande énergie, car une candidature doit être adressée nominativement et elle doit être motivée. Envoyer une candidature spontanée suppose de connaître l'organigramme et les marchés de l'entreprise.

- Stage

  Toutes les entreprises sans exception proposent des stages d'été ou de plus en plus souvent tout au long de l'année. Cette formule présente des avantages pour le candidat qui peut mieux se rendre compte de ses conditions de travail, pour l'entreprise qui évalue mieux le futur collaborateur.

- Par connaissance

  C'est une méthode rapide pour entrer en contact avec des cadres marketing. Elle demande beaucoup de rigueur et d'efforts. De la rigueur pour contacter toutes les personnes du monde du travail que vous connaissez (à commencer par les intervenants et conférenciers en marketing), leur demander conseil sur la carrière que vous envisagez d'entreprendre dans le marketing et leur demander des noms de personnes à voir de leur part pour ces mêmes conseils. En échange de ces informations, il faut rendre compte de la suite de votre projet. À force de rencontrer des personnes pour avoir des conseils, il y en a une qui vous mettra sur une vraie piste d'un poste à pourvoir.

Si vous connaissez une dizaine de personnes au début de votre recherche, vous vous trouverez à la fin à la tête d'un énorme carnet d'adresses. Il faut de la rigueur pour gérer tout ces contacts.

Cette méthode laborieuse présente trois énormes avantages :

– améliorer vos connaissances du monde de l'entreprise,
– avoir une appréciation de vos possibilités dans la carrière marketing,
– avoir connaissance d'un poste à pourvoir en avant-première, ce qui représente un avantage déterminant par rapport à ceux qui attendent une offre pour y répondre.

Quelques statistiques sur les offres d'emploi

Une enquête exclusive sur les annonces passées pour un poste d'assistant chef de produit grande consommation dans l'agroalimentaire nous montre le profil des personnes postulantes.

L'âge moyen est de 26 ans et demi avec la répartition suivante :

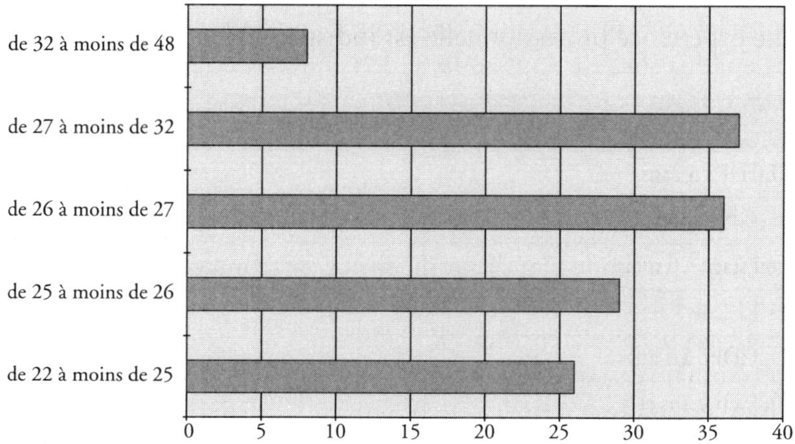

Le niveau d'études est de bac + 5 :

Niveau d'étude	
Écoles de commerce B (les ESC)	25,00 %
Écoles post bac (bac +3/+4)	19,12 %
Écoles de commerce indépendantes (Bac + 5)	13,97 %
Dess	13,24 %
Autres 3ème cycles	6,62 %
Ecoles de commerce A (Les 5 grandes)	4,41 %
FAC Maîtrise	3,68 %
Bac + 3 (BTS +1 année de spé)	3,68 %
Autres formations niveau Bac +3/4 (DEESMA..)	2,94 %
MS	2,21 %
BAC	1,47 %
Autodidacte	1,47 %
BTS DUT DEUG	0,74 %
MBA	0,74 %
Ecoles d'ingénieurs	0,74 %
Total répondant	100,00 %

Une expérience professionnelle est indispensable :

Expérience professionnelle	
CDD,CDI 1 à 2ans	32,35 %
Stages + de 6 mois	25,00 %
Sans ou stage – 6 mois	15,44 %
Stages 1 à 2ans	9,56 %
CDD, CDI 3 à 4 ans	8,82 %
CDD, CDI 5 ans et +	8,82 %
Total répondant	100,00 %

Dernière fonction occupée	
Marketing	37,50 %
Commercial	33,82 %
Agence de communication et de promotion	9,56 %
Etudes	8,09 %
RP / Communication	2,94 %
Autre	2,21 %
Chef de rayon	1,47 %
Trade Marketing	1,47 %
Conseil	0,74 %
Marketing Direct	0,74 %
RH	0,74 %
Gestion / Finance	0,74 %
Total répondant	100,00 %

Rémunération demandée	
15 à 19	2,27 %
20 à 24	11,36 %
25 à 27	43,18 %
28 à 30	31,82 %
30 à 33	4,55 %
34 à 37	2,27 %
37 à 42	2,27 %
Plus de 42	2,27 %
Total répondant	100,00 %

Sexe	
Homme	27,21 %
Femme	72,79 %
Total répondant	100,00 %

➤ Les entretiens dans l'entreprise

- *L'entretien avec un responsable du personnel*

  Le responsable du personnel, ou le responsable du recrutement pour les plus grandes entreprises, reçoivent les candidats. Ces personnes connaissent les définitions de fonctions des postes à pourvoir mais n'ont pas de réponses aux questions précises sur les tâches du futur recruté.

Quelques règles pour réussir un entretien avec un responsable du personnel...

  – Posez seulement des questions générales sur l'entreprise.
  – Montrez en quoi le marketing vous attire de manière générale.
  – Montrez que vous avez un potentiel d'évolution vers d'autres postes.

- *L'entretien avec un responsable du marketing*

  Pour le recrutement d'un assistant chef de produit, c'est le chef de produit ou le chef de groupe qui reçoit les candidats. La difficulté du recrutement d'un débutant réside dans l'impossibilité de lui demander des exemples d'actions, des preuves de succès. Il faut s'en tenir à une évaluation générale du potentiel à devenir un bon chef de produit. C'est pourquoi le stage est un bon moyen de rassurer sur vos capacités à travailler.

  Si vous ne commencez pas par un stage dans l'entreprise, une grande attention sera portée à la préparation de l'entretien avec le chef de groupe. Il ne pardonnera pas à un futur assistant chef de produit l'absence de store-check sur le produit, d'autant moins s'il a la possibilité de promouvoir un stagiaire déjà en place.

Quelques règles pour réussir un entretien avec un responsable du marketing...

  – Posez des questions précises sur les marques, les marchés, la concurrence.
  – Montrez que vous connaissez déjà le marché, même de manière sommaire.
  – Montrez que vous connaissez aussi la distribution des produits.
  – Intéressez-vous au succès de l'entreprise.

Soyez le plus précis possible au début de l'entretien. Vous apportez les détails sur les questions que vous connaissez bien, puis votre interlocuteur posera lui-même des questions d'ordre général. Dans le cas contraire, si vous commencez par des grandes réflexions, votre interlocuteur posera des questions précises auxquelles vous pouvez ne pas savoir répondre. Pour éviter de montrer vos faiblesses, commencez par les détails techniques que vous maîtrisez le mieux.

Autre remarque d'ordre général : les personnes qui cherchent un collaborateur sont angoissées par l'erreur de jugement qu'elles pourraient faire. Embaucher un mauvais assistant est un élément négatif dans la carrière d'un cadre marketing. Vous devez impérativement rassurer votre interlocuteur, soyez le plus professionnel possible, au risque de paraître austère. Vous aurez tout le temps en entreprise de montrer votre caractère sympathique.

La carrière idéale

Entrer dans le marketing n'est pas tout, il faut y progresser. Un plan de carrière se bâtit au fur et à mesure des expériences, des succès et des échecs. Souvent les formations que l'on reçoit sont l'indice d'une évolution de carrière à court terme. Une entreprise qui paye une formation négociation à un chef de produit a certainement dans l'idée de le faire évoluer vers la vente.

➤ L'évolution idéale

En aucun cas, les promotions ne sont le fait de l'ancienneté. Les promotions sont proposées à ceux qui ont le mieux montré non seulement leur professionnalisme mais aussi leurs capacités à évoluer. Les qualités, les savoir-faire ne sont pas les mêmes d'un poste à l'autre. Et un bon chef de produit deviendra peut-être un mauvais chef de groupe, ne délégant rien, voulant tout contrôler, sans vision à long terme de son groupe de produits.

Les durées minimales et maximales qui sont données (voir le tableau ci-dessous) ne tiennent pas compte du secteur d'activité, ni de l'intérêt des marques. Par exemple au niveau de chef de groupe, un changement de marché, un lancement très important ou un passage dans une filiale

Poste	À découvrir	Durée minimale	Durée maximale
Assistant chef de produit	Les qualités essentielles pour le marketing	3 mois	1 an
Commercial terrain	Les difficultés quotidiennes de la force de vente	4 mois	1 an
Chef de produit junior	L'application des principes marketing	1 an et demi	2 ans et demi
Chef de produit senior	Le lancement d'un produit important	6 mois	2 ans
Chef de produit senior avec un assistant chef de produit	La formation	1 an	3 ans
Chef de groupe	La délégation et la motivation	2 ans	4 ans et demi
Responsable des comptes clés ou grands comptes	La négociation en clientèle	2 ans	3 ans
Chef de vente régional	Le management d'une équipe de vente	1 an et demi	3 ans
Responsable marketing	La synergie marketing-commercial	1 an et demi	4 ans
Responsable marketing commercial	La vue globale de l'entreprise	3 ans	6 ans
Total pour devenir responsable marketing commercial		11 ans	24 ans

étrangère sont susceptible de prolonger la durée du poste à 6 ans. Il n'y a pas de règle générale sauf celle de ne pas s'ennuyer et de toujours apprendre.

Ce parcours doit se faire au moins dans trois entreprises différentes, pour intégrer différentes cultures, différents marchés. Les changements d'entreprises ne doivent pas intervenir en même temps que les réorientations de carrière, sous peine de difficultés insurmontables pour démarrer une nouvelle fonction sur un marché inconnu.

➤ La formation professionnelle du chef de produit

1. La formation dans l'entreprise

- Stage de commercial terrain de trois à douze mois

Dès son arrivée le chef de produit suit un stage commercial parfois ressenti comme laborieux. D'une durée plus ou moins longue, le passage sur le terrain est devenu obligatoire.

- Formation informatique

Souvent les départements informatiques assurent ou organisent eux-mêmes les stages informatiques. Quel qu'en soit le niveau, ils peuvent concerner deux parties de l'informatique : les logiciels spécifiques et les interrogations de la base de données centrale de l'entreprise. Les stages n'ont de réelle portée que si le chef de produit utilise les connaissances acquises au moins une fois par mois.

Dans le cas contraire, les différentes modalités de chaque logiciel s'oublient.

Il est important de se former soi-même à l'informatique et de ne pas se contenter de touches et de fonctions qu'on à l'habitude d'utiliser. Plongez-vous dans le manuel, ou mieux, dans le didacticiel (programme d'auto-formation) ; et surtout faites des essais.

2. Les sociétés de formation

- Langues

Formateur en entreprise, entretien téléphonique, stage d'immersion complète... toutes les formules existent pour pratiquer et entretenir une langue étrangère.

- Stratégie d'entreprise

Après cinq ans d'ancienneté une formation d'au moins une semaine sur les stratégies d'entreprises sera profitable.

- Conduite d'entreprises

Après dix ans d'ancienneté une formation sur la gestion générale d'une entreprise est possible. La plus réputée des formations dans ce domaine est l'INSEAD, ou le CEDEP à Fontainebleau, ou encore I'IFG.

3. *On-job training*

La formation du chef de produit est, en principe, assurée par l'entreprise, mais il ne doit pas hésiter à prendre les choses en mains lui-même.

Une méthode de formation intéressante est la formation *on line*, c'est-à-dire se former en même temps que travailler, ou encore l'autoformation (on apprend en faisant). Cette formation a plusieurs avantages :

- meilleur travail car la réflexion est toujours présente,
- pas d'absence du lieu de travail,
- permet de donner l'exemple du travail bien fait, et bien réfléchi.

L'inconvénient est une impression de lenteur pour l'extérieur du chef de produit.

La méthode de *on-job training*, c'est-à-dire d'apprendre en faisant, est illustrée par les exemples suivants. La partie financière des dossiers de la concurrence peut soit être déléguée, le chef de produit se contente de joindre les mémos au dossier, soit être réalisée par le chef de produit lui-même. Dans cette deuxième solution il y a une certaine perte de temps, mais le chef de produit maintiendra ses connaissances financières à un bon niveau. Ces connaissances peuvent aussi lui permettre de briser la barrière du dialogue avec ses collègues financiers.

De même une partie des connaissances techniques sont apportées par les fournisseurs du département marketing. Une visite d'atelier de sérigraphie prend du temps mais vous y apprendrez les « trucs » du métier, qui un jour vous éviteront certaines petites erreurs, c'est peut-être là qu'il faut chercher le gain de temps. De visites en visites, vous acquérez une réelle connaissance des arts graphiques.

Dans des domaines plus techniques comme les enquêtes qualitatives, le temps passé peut varier du simple au triple, selon que vous donnez simplement un brief ou que vous vous investissez dans la méthodologie de l'enquête avec visite sur le terrain. Au bout du compte la seconde solution vous donne de sérieuses bases pour mieux appréhender votre future étude de marché.

Les grandes qualités du chef de produit, les points clés pour évoluer

Il s'agit ici des qualités, qui peuvent éventuellement se développer, mais qu'il vaut mieux posséder dès son entrée en fonction.

- Les qualités indispensables :
  - Bon sens.
  - Curiosité.
  - Leadership, charisme, capacité à mobiliser des personnes sur un projet.
  - Puissance de raisonnement, sens des réalités.
  - Empathie, compréhension du consommateur, du client et des collaborateurs internes.
- C'est mieux si vous possédez :
  - Bonne analyse statistique, goût pour l'informatique et les chiffres en général.
  - Facilité d'élocution orale.
  - Plusieurs langues.
  - Vente d'idées, goût de la communication et de la persuasion, capacité pédagogique à bien expliquer ce qu'il faut faire.
  - Informatique PAO et PréAO.
  - Bon goût artistique.
- L'idéal, mais à l'impossible nul n'est tenu :
  - Persévérance pour les projets de longue haleine.
  - Sens des responsabilités.
  - Sens pratique, doublé parfois d'un sens tactile.
- Comportement dont il est préférable de se passer :
  - Nombrilisme guettant le chef de produit qui écoute plus ses goûts personnels que ceux de son marché. En début de carrière, c'est le problème de l'identification du consommateur à soi-même. En fin de carrière, on croit qu'il est possible d'influencer le marché par sa propre personnalité.
  - Manque de respect du produit ou du consommateur.

- Trop anticiper les évolutions de comportement et offrir des produits en avance sur les attentes.
- Perdre de vue la personnalité et le territoire de marque de son produit.

Formation scolaire et universitaire, le savoir nécessaire

La fonction marketing en général est une fonction surdiplômée, les autodidactes y sont plus rares que dans la vente. La majorité des chefs de produit viennent des écoles supérieures de commerce, avec une prédominance des trois grandes écoles parisiennes (HEC, ESSEC, ESCP). D'autres viennent d'IEP (Sciences Po) ou d'université (maîtrise de gestion, spécialité marketing).

Certains postes de chefs de produit spéciaux nécessitent une double formation : école d'ingénieur ou Faculté de médecine, suivie d'un troisième cycle de marketing. D'une façon générale, la règle est que le chef de produit doit avoir au minimum la même formation que les clients de l'entreprise. En effet comment mieux se comprendre que par une école commune. C'est pourquoi les chefs de produit pharmacie sont souvent médecins ou pharmaciens.

En revanche le niveau technique des produits a moins d'importance, un chef de produit électronique peut sortir d'une école de commerce s'il travaille dans la division grand public.

Le salaire d'un chef de produit

➤ Salaires moyens de la fonction marketing

De nombreuses enquêtes existent sur les salaires des cadres. Dans une fonction aussi précise que le marketing, il existe peu de données. Les deux enquêtes sérieuses menées sur ce sujet sont celles de cabinets de recrutement spécialisés dans le marketing.

De manière générale, les salaires des chefs de produit dépendent des budgets gérés, du chiffre d'affaires généré et du secteur de l'entreprise. Le salaire à âge égal peut varier de 25 %.

Sans ouvrir un débat sur l'opposition salaire fixe / salaire variable, il nous semble important de préciser clairement notre point de vue : il n'y a aucune raison pour que les salaires des chefs de produits et plus généralement des cadres marketing soient fixes. Seul le revenu variable calculé sur le profit économique de la marque permet à l'entreprise d'assurer une création de valeur suffisante pour continuer son activité. Un calcul basé sur les résultats comptables (profit d'exploitation, marge nette ou progression de ces deux indicateurs) n'est pas équitable car il ne tient pas compte des capitaux investis. Par exemple : les salaires variables de deux chefs de produits dont les marques affichent un résultat de 1 million d'euros seront différentes au profit de celui qui aura utilisé moins de capital pour arriver à ce résultat. N'oubliez jamais qu'il est très facile d'avoir un profit comptable de 10 millions d'euros… avec un capital de 500 millions d'euros !

➤ **Assistant chef de produit**

Secteur / Taille des entreprises	PCG, agro-alimentaire, hygiène, beauté		B to B		Start-up internet*		Informatique high-tech, télécoms		Pharmacie, parapharmacie, santé		Luxe	
	min	max	min	max	min	max	min	max	min	max	min	max
Inférieure à 150 millions d'euros	19	29	18	27	16	23	23	33	18	30	20	31
Supérieure à 150 millions d'euros	27	34	26	32	21	28	30	40	27	37	28	39
Salaire exprimé en 1 000 Euros.												

* L'attribution de stock option n'est pas intégrée dans le salaire.

➤ **Chef de produit**

Secteur / Taille des entreprises	PCG, agro-alimentaire, hygiène, beauté		B to B		Start-up internet*		Informatique high-tech, télécoms		Pharmacie, parapharmacie, santé		Luxe	
	min	max	min	max	min	max	min	max	min	max	min	max
Inférieure à 150 millions d'euros	31	44	32	42	23	30	33	44	32	41	36	41
Supérieure à 150 millions d'euros	41	51	44	53	30	44	44	54	39	58	41	53
Salaire exprimé en 1 000 Euros.												

* L'attribution de stock option n'est pas intégrée dans le salaire.

➤ Chef de groupe

Secteur / Taille des entreprises	PCG, agro-alimentaire, hygiène, beauté		B to B		Start-up internet*		Informatique high-tech, télécoms		Pharmacie, parapharmacie, santé		Luxe	
	min	max	min	max	min	max	min	max	min	max	min	max
Supérieure à 150 millions d'euros	52	69	53	87	43	70	62	100	62	91	57	85
Salaire exprimé en 1 000 Euros.												

* L'attribution de stock option n'est pas intégrée dans le salaire.

➤ Augmentation de salaire

Les négociations de salaires se font à dates fixes dans chaque entreprise. C'est l'occasion de faire le point sur la période écoulée depuis la dernière rencontre de ce type. Si, comme c'est le cas dans la plupart des entreprises, des objectifs ont été fixés, il est important pour vous de préparer un dossier sur vos résultats. De la même manière, si au cours de l'année des points faibles ont été mis en avant, vous devez montrer toutes les actions correctives que vous avez mises en place à ce sujet. En un mot préparez vos arguments ; préparez aussi vos projets, c'est le moment d'en parler.

Il est d'usage de diviser les augmentations de salaire en plusieurs parties :

- Coût de la vie.
- Participation.
- Avantage en nature.
- Prime.
- Rattrapage de différentiel.
- Augmentation due au mérite.
- Attribution de stock-options.

Certains points ne sont pas discutables, ils sont identiques pour la totalité des salariés. Le but est simplement de les isoler pour vous concentrer sur ce qui est négociable.

Beaucoup d'entreprises utilisent un système de notation particulier, le plus connu est le système de points Hayes. Quel que soit le système, il est important pour vous de le connaître avant vos entretiens, demandez-le, il y a toujours une version pour les salariés disponible à la direction des ressources humaines.

Bâtissez votre plan de négociation, car vos interlocuteurs en ont bâti un.

Chaque service a une enveloppe d'augmentation de salaire. C'est bien sûr aux plus efficaces, mais aussi à ceux qui argumentent le mieux que vont les meilleures augmentations. Le salaire vaut reconnaissance dans l'entreprise, et même si personnellement vous n'y attachez pas d'importance, vous devez faire valoir votre travail et la rémunération qui ne manquera pas de l'accompagner. Un cadre sous-payé n'est pas considéré comme une bonne affaire par l'entreprise, mais comme un élément moins apprécié par rapport à ses collègues.

Les tensions sur le marché de l'emploi rendent plus rares les changements d'entreprise avec des gains de salaires de 30 %. Raison de plus pour négocier votre salaire et tous les avantages à l'intérieur de l'entreprise actuelle.

Les définitions de fonctions classiques

Tâche	ACP	CPJ	CPS	CG	DM
Analyse des panels	X	X	X		
Promotion distributeur	X	X	X		
Gestion financière de la marque	X	X	X	X	X
Tarif		X	X	X	
Relation presse	X	X			
Marketing Direct	X	X			
Communication consommateur			X	X	
Plan marketing		X	X	X	
Packaging		X	X		
Étude	X	X	X		
Choix des sociétés de conseil				X	X

Relation publique					X
Communication institutionnelle					X
Stratégie globale de la marque				X	X
R & D			X	X	X
Communication internationale		X	X	X	

ACP : assistant chef de produit
CPJ : chef de produit junior
CPS : chef de produit senior
CG : chef de groupe
DM : directeur marketing

Niveau de centralisation des tâches (5 très centralisé/1 décentralisé)

Tâches	5	4	3	2	1
Analyse des panels					X
Promotion distributeur					X
Gestion financière de la marque				X	
Tarif				X	
Relation presse				X	
Marketing Direct				X	
Communication consommateur			X		
Plan marketing			X		
Packaging		X			
Étude		X			
Choix des sociétés de conseil		X			
Relation publique		X			
Communication institutionnelle		X			
Stratégie globale de la marque		X			
R & D	X				
Communication internationale	X				

CHAPITRE 13

Organigrammes et structure d'entreprise

L'organisation marketing (nombre de personnes, définition de fonctions, allocation de budget, processus décisionnel...) de l'entreprise doit être en phase avec ses objectifs. Le risque de sur-promesse est rapidement atteint lorsque l'entreprise, sous la pression de la concurrence, affirme que « le client est au centre de nos préoccupations » et qu'aucune structure interne n'est prévue dans ce sens. Avant de promettre, il faut être certain que la position de l'entreprise sur la matrice de Levitt est en cohérence avec les objectifs.

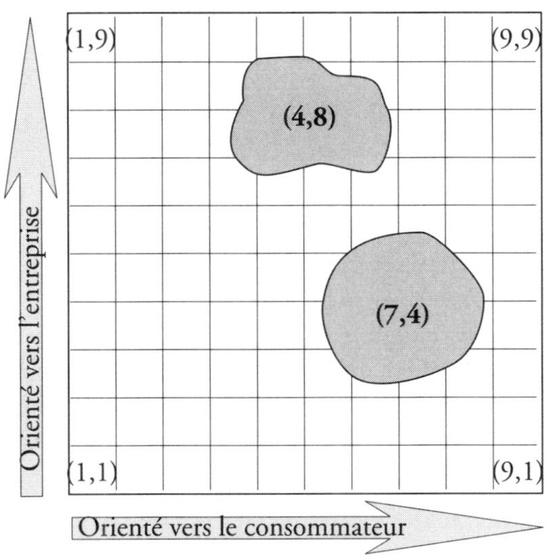

Figure 13.1 – Matrice de Théodore Levitt

Une (trop) célèbre banque en position 2/9 (c'est-à-dire orientée vers les procédures internes, le confort des salariés, la rentabilité immédiate, les horaires d'ouvertures classiques, des procédures lourdes et fixes…) a essayé de faire croire à ses clients qu'elle était en 8/5 (c'est-à-dire orientée vers le client et sa satisfaction, prête à élargir les horaires d'ouverture, à prendre des initiatives dans le sens d'une réponse plus rapide…) : le pouvoir de faire croire les choses qui n'existent pas est limité même avec un budget publicitaire pléthorique !

Nous traiterons successivement de la place du marketing dans l'entreprise et de l'organisation du marketing lui-même.

Le marketing dans l'entreprise

Organigramme phase 1

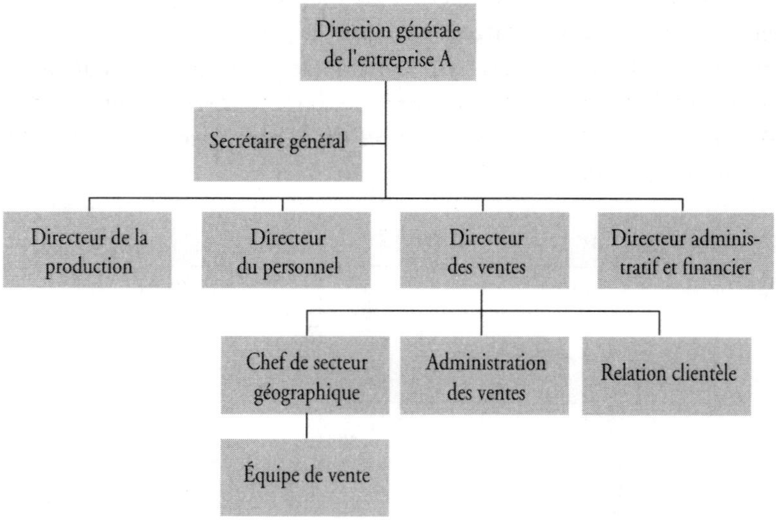

Dans la phase 1, le marketing ou la publicité n'apparaissent pas. Le secrétaire général et le directeur de ventes pourvoient aux différentes actions de publicité ou de stratégie. Le type d'entreprise en phase 1 est la PMI de moins de 50 salariés, qui travaille en sous-traitance pour de grands industriels.

Organigramme phase 2

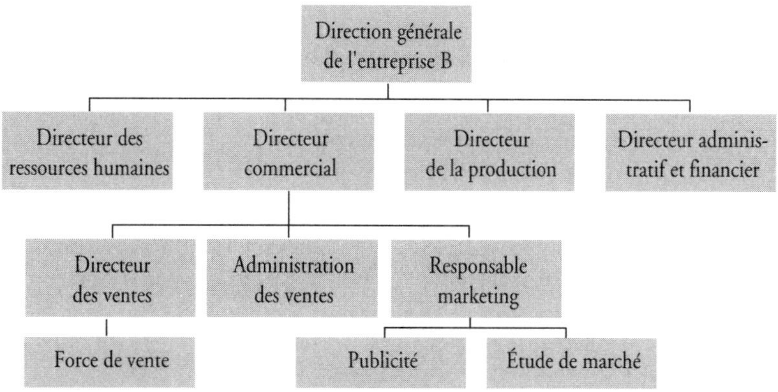

En phase 2, le marketing fait son apparition. Il est sous la responsabilité du directeur commercial, c'est donc un marketing plutôt opérationnel, un interface entre le commercial et la production. Les entreprises en phase 2 opèrent sur des marchés stables, à faible valeur ajoutée ou contre peu de concurrents.

Organigramme phase 3

En phase 3, le marketing arrive à hauteur du directeur commercial, gage d'indépendance et de progrès. La vente est organisée géographiquement, le marketing est organisé thématiquement (les étude, les produits, la publicité). La plupart des entreprises restent dans cette phase 3.

Organigramme phase 4

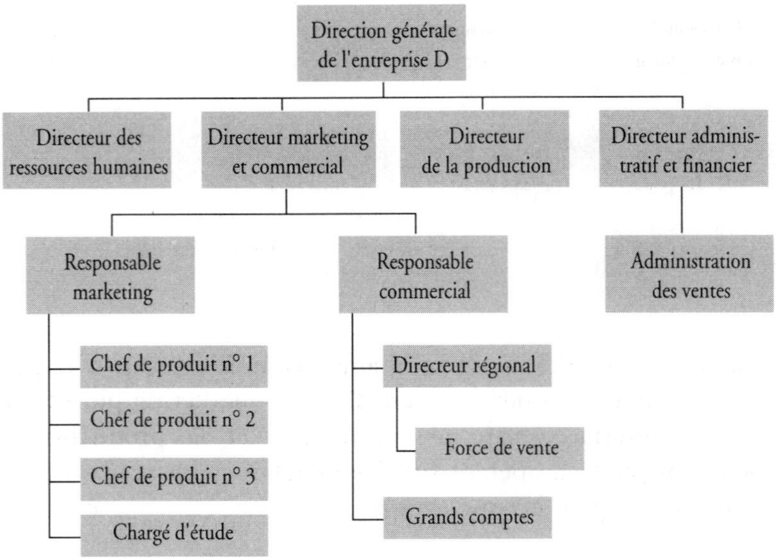

La phase 4 voit l'intégration du commercial au marketing sous l'égide d'un directeur marketing-commercial. La vente reste géographique mais le marketing intègre une structure par produit. Cette phase est une transition vers la phase 5. C'est à ce moment que peuvent apparaître les nouvelles fonctions de trade-marketing ou de category manager.

La phase 5 prend en considération la spécificité de chaque marché et adopte une structure matricielle entre les chefs de marchés et les chefs de ventes. Assez difficile à gérer, cette structure est la plus proche de la philosophie marketing, le marché est roi. Cette structure s'adapte bien à une organisation internationale, les chefs de marchés étant centralisés, les chefs de produit et de ventes étant locaux.

Organigramme phase 5

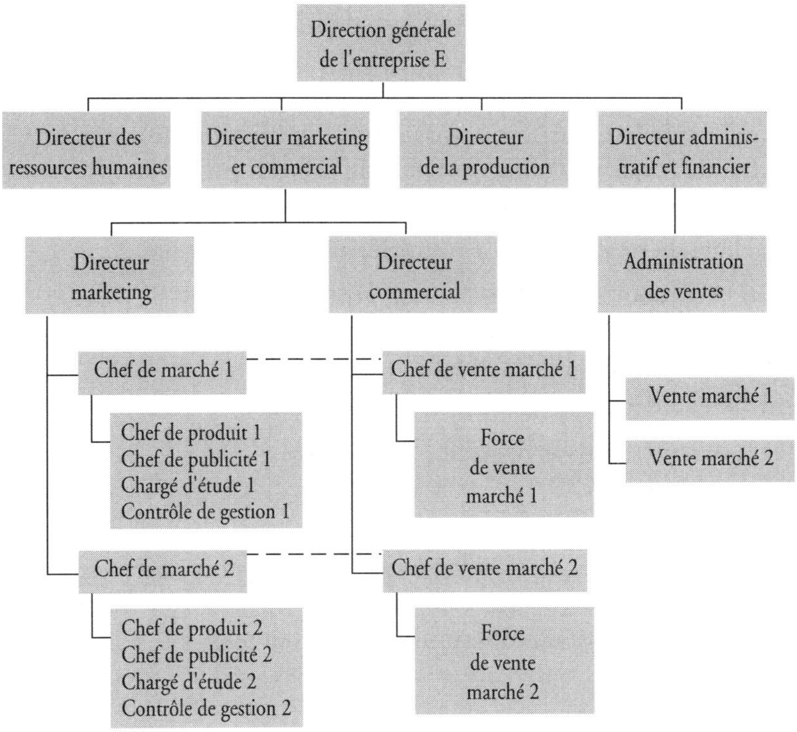

On connaît de nombreuses variantes de la phase 5 suivant la culture de l'entreprise qui influencera la vision du Directeur marketing commercial d'un côté ou de l'autre.

Les fonctions « nouvelles » de trade marketer et category manager viennent s'ajouter pour la première et se substituer pour la seconde à l'organigramme ci-dessus. Les trade marketer s'ajoutent au directeur marketing ou au directeur commercial pour mettre en place les outils de la vente de premier niveau aux intermédiaires. Les catégorie managers remplacent les chef de marché ou les chefs de produits. Ces changements au niveau de l'organigramme ne sont pas seulement des nouvelles appellations pour des fonctions existantes, ces changements reflètent une nouvelle manière de gérer l'offre de l'entreprise. Cette nouvelle gestion a des implications au niveau comptable, contrôle de gestion, informatique : c'est du reengineering.

Quel patron pour un chef de produit ?

Au début de leur carrière les assistants chefs de produit « reportent » à un chef de produit senior. Les chefs de produit junior « reportent » en majorité à un chef de groupe.

Les chefs de produit senior ont des patrons plus variés :

- 30 % « reportent » à un chef de groupe ;
- 44 % au directeur marketing ;
- 8 % au responsable marketing ;
- 18 % au directeur commercial ou directeur de division.

Les moyennes constatées sont les suivantes :

- 1 DM pour 2 CG
- 1 CG pour 4 CP

Au-delà du patron du chef de produit, la structure même du département marketing peut varier. Certaines entreprises font du produit un centre de profit, d'autres fonctionnent par marchés.

Changer de fonction

Plusieurs solutions s'offrent au chef de produit qui souhaite changer de fonction ou évoluer vers un métier proche en terme de compétence :

- vers un autre type de fonction marketing : étude, communication, responsable du plan média ;
- vers l'interface marketing-commercial : trade-marketing, merchandising ;
- vers le commercial : responsable des ventes, chef de ventes, directeur régional, responsable des comptes clés ;
- vers une fonction en agence de communication : directeur de clientèle ou chef de publicité ;
- vers la responsabilité d'un centre de profit.

La fonction chef de produit ouvre de nombreuses opportunités de carrières.

CHAPITRE 14

Les chefs de produits spéciaux

Tous les chefs de produit ne se ressemblent pas, suivant le secteur ils sont plus ou moins orientés : communication, développement, ou complètement focalisés sur les produits. Les différences proviennent du type d'entreprise dans laquelle ils travaillent.

Pour bien décrire la fonction de chaque chef de produit dans différents domaines, il faudrait un deuxième, voire un troisième tome, à cet ouvrage. Nous n'aborderons donc que les points principaux et les grandes différences entre les secteurs des services, de l'industrie, de la pharmacie, de l'informatique et des start-up.

Chef de produit pour des entreprises de services

Dans le cas d'entreprises de services, le produit n'est pas physique, il ne se stocke pas. Le facteur humain est prépondérant dans le service, mais la formation, le recrutement, la gestion des salariés n'est pas maîtrisée par le marketing. Le produit, en l'occurrence le service, n'est pas entièrement supervisé par le chef de produit, puisqu'il manque la composante humaine.

➤ Chef de produit dans l'assurance

Le chef de produit dans l'assurance s'appelle un chef de marché. Il existe un chef de produit mais son rôle est celui d'un actuaire ou d'un statisticien, qui gère le montage financier des produits, qui calcule les rapports sinistres à prime. Le chef de marché est chargé du positionnement et du lancement de produits sur une certaine cible de clientèle (plus généralement particuliers, professions libérales ou entreprises).

Les assureurs fonctionnent par un système de courtiers (ou d'agents généraux) chargés de commercialiser les services, alors que l'assureur prend les risques financiers. Les plus grands courtiers français sont Gras Savoye et Faugère & Jutheau. Le chef de marché, suivant qu'il est du côté courtier ou assureur, a un rôle différent. De plus en plus d'assureurs traitent en direct une partie de la commercialisation de leurs produits.

Le chef de marché essaie de bien couvrir tous les besoins de la clientèle ciblée. Il en étudie toutes les attentes et réunit les services d'assurance susceptibles de les intéresser.

Une partie de plus en plus grande du budget marketing est réservée à la communication directe par courrier, téléphone... L'arrivée des assurances par VPC accentue ce phénomène.

➤ Chef de produit dans la banque

De la même manière que pour l'assurance, le chef de produit dans la banque est un financier pur. La fonction chef de marché correspond au travail marketing sur les services bancaires.

Comme dans l'assurance, le chef de marché organise des packages produits, qui augmentent la fidélité des clients, en augmentant la dépendance de ceux-ci.

De plus en plus de banques sont maintenant structurées de manière différente. Il s'agit principalement des banques fortement orientées vers la satisfaction de la clientèle qui donne à la fonction chef de produit une tout autre signification. Dans ce cas le chef de produit PEL (Plan Épargne Logement) a sous sa direction une équipe de personnes qui gèrent les aspects techniques, marketing, communication, développement. Ces équipes sous la direction du chef de produit sont considérées comme des centres de profits indépendants, qui doivent apporter leur contribution au fonctionnement général de la banque.

➤ Chef de produit en grande distribution

Le chef de produit grande distribution travaille pour une centrale de magasins (principalement des GMS ou des GSS). C'est en fait un acheteur spécialisé sur un type de produit ou plutôt sur un segment de marché.

Son travail consiste à :

- lister de manière exhaustive les fabricants de son rayon (même et surtout à l'étranger) ;
- établir une sélection sur des critères objectifs propre à l'enseigne ;
- négocier un certain nombre de points (pas seulement le prix, mais aussi délais de livraison, garantie, possibilité de réassort, co-advertising, aspect logistique...) ;
- constituer une gamme cohérente en termes de prix, de positionnement ;
- organiser le merchandising de cette gamme ou du rayon entier (entre autres proposer à chaque type de magasin un assortiment plus ou moins long) ;
- dans certains cas le chef de produit gère les MDD (marque de distributeurs) ou la marque d'enseigne.

Chef de produit dans l'industrie

Le chef de produit dans l'industrie travaille sur un marché de professionnels à professionnels. Son entreprise agit en sous-traitance d'autres industries. Le nombre de clients et d'utilisateurs de son produit sont peu nombreux, il les connaît presque tous. Il est spécialisé sur un type de produits précis ou sur une technologie.

Le chef de produit dans l'industrie a certainement le travail le plus complet, mais les budgets les plus petits. Si un chef de produit grande consommation gère en moyenne des budgets de communication de 300 000 €, son homologue de l'industrie se contente parfois de dix fois moins. La cible à toucher n'est pas la même mais les enjeux sont parfois aussi importants.

Le chef de produit dans l'industrie est très souvent à l'usine ou chez les clients. Son rôle peut s'approcher de celui du commercial. Il est en prise directe avec les clients, qui sont souvent les utilisateurs, et le département recherche ou planning de production. Son champ d'action est souvent international, car les clients ont les mêmes besoins dans toute l'Europe.

Un cas de figure fréquent consiste à attacher un chef de produit industriel à l'usine où sont fabriqués ses produits, et à le laisser gérer les commerciaux locaux. Il répond directement aux questions des commerciaux et peut être impliqué dans le processus de vente.

Chef de produit pharmaceutique

Les fonctions du chef de produit pharmaceutique diffèrent sensiblement selon s'il gère des produits éthiques ou OTC (Over The Counter). Dans tous les cas, le chef de produit est responsable de la gestion de la gamme des médicaments ; il établit les prévisions de vente, contrôle les budgets et la rentabilité de sa marque.

➤ Chef de produits éthiques

De formation scientifique (médecin ou pharmacien), ce type de chef de produit a un rôle très réglementé. Il n'est pas libre de *marketer* ses produits comme il l'entend. Il travaille dans un laboratoire pharmaceutique, et le circuit de distribution est obligatoirement la pharmacie.

Le lancement d'un nouveau médicament est complexe, plusieurs séries de tests d'abords internes puis officiels précédent l'autorisation de mise sur le marché (AMM). Pour le lancement, le chef de produit suit toutes les séries de tests, ainsi que toute la procédure administrative. Il apporte son concours technique et scientifique.

La publicité sur les médicaments étant très contrôlée, c'est une équipe de visiteurs médicaux qui explique à chaque médecin l'intérêt des nouveaux médicaments. Le chef de produit donne aux visiteurs médicaux les meilleurs outils de vente (fiche produit, mallette de présentation…).

Le chef de produit participe à l'élaboration du nom et de l'emballage en collaboration avec une agence de recherche de nom et un studio de design. Il est responsable de la notice technique normalisée qui accompagne le médicament, ainsi que de la parution dans les annuaires professionnels (le Vidal étant le plus connu). Le prix des médicaments vignetés est réglementé par les organismes gouvernementaux.

Ces contraintes ne s'appliquent qu'aux médicaments remboursés par la sécurité sociale et inscrits aux tableaux A, B ou C.

La distribution des médicaments est assurée par les répartiteurs (OCP, CERP…) qui livrent plusieurs fois par jour les pharmacies. Ce sont des intermédiaires puissants au chiffre d'affaires aussi important qu'un laboratoire pharmaceutique.

De nombreuses agences généralistes ont ouvert un département médical pour mieux appréhender la spécificité de ces produits.

➤ Chef de produits OTC

Les produits OTC sont les produits d'automédication, c'est-à-dire les médicaments non remboursés pouvant être achetés sans ordonnance.

Le chef de produit OTC a une formation école supérieure de commerce ou pharmacien (souvent complété d'un troisième cycle marketing).

Bien que le chef de produit OTC supporte des contraintes légales et des procédures liées à l'industrie pharmaceutique, les processus marketing s'apparentent à ceux des produits hygiène-beauté. Il dispose des mêmes moyens : campagnes publicitaires, RP, promotions...

La distribution des produits OTC est assurée par des représentants commerciaux qui visitent les officines. Le chef de produit élabore donc des outils d'aide à la vente (argumentaire de vente, mallette de présentation,...), et des challenges commerciaux. Les prix des produits OTC sont librement fixés par les pharmaciens.

Actuellement les concepts tels que le merchandising, le trade-marketing, sont adaptés à la pharmacie. Les laboratoires développent des équipes de merchandisers ou font appels à des prestataires externes. Le chef de produit met en place des schémas d'implantation, développe la PLV et la communication de la marque.

Chef de produit dans l'informatique

Le chef de produit sur les marchés informatiques (qu'il s'occupe de logiciels ou d'ordinateurs) est plus un interface production-recherche-marché, qu'un directeur général de produit. Son rôle est plutôt centré au niveau du produit, il laisse entièrement la politique de distribution aux commerciaux, la publipromotion aux services de communication.

Une partie importante de son travail est la comparaison de sa gamme de produits avec les gammes équivalentes de la concurrence. Cette comparaison a pris le nom de *benchmark* ; faire un *benchmark* consiste à comparer toutes les fonctionnalités de son produit à celles d'un ou plusieurs concurrents.

La gestion du produit revient aussi au chef de produit, qui doit de plus en plus gérer des composants et faire organiser le montage au dernier moment tant la diversité de la demande est grande. L'informatique est un secteur où l'innovation est un facteur de croissance ; le chef de produit lance une nouveauté tous les trois mois. Il faut malgré cela conserver une gamme cohérente, en prix et en puissance.

Chef de produit internet

➤ Chef de produit dans une start-up

Hormis les aspects liés à la rémunération sous forme de stock-options et la formidable opportunité de participer au développement de cette nouvelle économie, le poste de chef de produit dans une start-up comporte certaines spécificités sur :

– la taille et le type des cibles,

– les modèles économiques et leurs implications sur les méthodes de calcul de profit.

Si les principes généraux du marketing sont identiques dans la nouvelle économie, leur application au quotidien est particulière. Ces particularités viennent :

– du manque de données et d'études sur les domaines du comportement du client, de l'analyse de la concurrence ;

– de la rapidité d'action et du schéma de prise de décision ;

– de la fréquence et du type de reporting financier ;

– de la polyvalence demandée à chaque salarié.

Reprenons en détail chacune des spécificités de ce nouveau métier dans une « dot com » : la cible et le modèle économique.

Cibles internes

Si les cibles restent les mêmes, leur importance dans la vie du chef de produit est bouleversée. Dans l'économie traditionnelle, le CP sait qu'il travaille pour des actionnaires, mais cette idée reste très vague… dans la net-économie l'actionnaire est omni-présent chaque semaine, chaque mois il attend des éléments, des tableaux de bord ou autres chiffres. De même si la détermination des cibles est une opération difficile dans l'économie traditionnelle, cet exercice est encore plus complexe dans une start-up car les informations ne sont pas toujours existantes et que les cibles sont mondiales

Cibles externes

Si la détermination des cibles externes est une opération difficile dans l'économie traditionnelle, cet exercice est encore plus complexe dans une start-up. Les informations ne sont pas toujours existantes, les comportements des consommateurs sont complètement inconnus et imprévisibles. De plus, les cibles (400 millions d'internautes) sont mondiales, accèdent à une offre souvent locale. Dans ce cas, l'intuition tient plus jeu de hasard.

Modèle économique

Le principe même de profit suit une logique toute différente dans la nouvelle économie qui sort totalement des logiques comptables classiques. Pour analyser la performance des start-up, il faut faire appel à des techniques financières telle que l'EVA ou la création de valeur : cela consiste à actualiser les flux futurs de trésorerie...

La provenance de CA est multi forme.

Autant de spécificités, de difficultés qui nous font dire « amateurs s'abstenir ! », il est préférable de bien maîtriser tous les aspects du marketing avant de se lancer dans l'aventure de la net-économie. Le e-business a ses exigences qui n'autorisent pas l'erreur, car elle est accentuée par la rapidité de propagation et par le retrait immédiat des investisseurs.

➤ Chef de produit développement e-business dans une entreprise traditionnelle

Bien des entreprises traditionnelles (appelées dans le jargon internet « click and mortar » par opposition aux « pure player » présents uniquement sur internet), de peur de rester sur le bord de la route de la nouvelle économie, lancent (par acquisition ou par création) un département e-business. Il est important ici de considérer les objectifs d'un tel développement pour guider le CP en charge de ce nouveau département.

Contrairement à une start-up, qui n'a rien à perdre (pas même son capital car il ne lui appartient pas), une entreprise traditionnelle joue gros sur son extension e-business ; elle joue bien plus que l'investissement nécessaire à la création de ce département. En effet c'est l'équilibre global de son marché, notamment dans les relations avec ses intermédiaires qui est principalement en cause. Poussé à l'extrême, le raisonnement est le suivant : pour un CA négligeable généré par internet, mais important pour l'image progressiste de l'entreprise, elle risque de mettre en péril la politique générale ainsi que la totalité du CA.

C'est la politique de prix, derrière la stratégie de distribution, qui est en cause. Les intermédiaires, qui réalisent aujourd'hui 100 % du CA de l'entreprise, se rémunèrent grâce à un différentiel de prix justifié par leur service. Si internet remet en cause leur fonction, il remet en cause leur rémunération et les rapports de force avec les fournisseurs et les clients.

Loin de nous l'idée de prétendre qu'internet présente plus d'inconvénients que d'avantages. C'est une réelle opportunité de développement si le CP intègre les difficultés liées à ce nouveau média de communication directe.

La mort des intermédiaires n'est (heureusement ou malheureusement) pas pour demain. Les grossistes, distributeurs, répartiteurs, VAR, centrales d'achat et autres intermédiaires tiennent le marché, parce qu'ils tiennent les clients pour encore quelques années. Leurs stratégies internet est souvent en avance par rapport à celles des fabricants. Il faut donc bâtir un nouveau système qui les intègre et qui préserve leurs avantages, ce qui n'exclue par une nouvelle négociation des rôles et de la rémunération des nouvelles fonctions.

Le miroir aux alouettes de 100 % des ventes réalisées par internet existe, et il ne faut pas se faire piéger en niant le rôle des intermédiaires. Même sur internet, paradigme de la communication directe, il y a des intermédiaires : les sites portails. Ce sont les nouveaux intermédiaires, ou encore les sites de distributeurs (100 % *on-line* ou issus de l'ancienne économie).

Chef de « produits nouveaux »

Pour certaines sociétés, l'innovation est un tel facteur de succès qu'elles préfèrent confier cette tâche bien particulière à un ancien chef de produit classique devenu senior qui se spécialise dans les produits nouveaux. Dans sa 7e édition, l'équipe du Mercator[1] défend « l'idée selon laquelle l'innovation, créatrice de valeur pour le client, est au cœur des stratégies marketing d'aujourd'hui », et on ne peut qu'être d'accord avec eux.

Les qualités requises pour ce type de travail sont bien différentes que pour un chef de produit classique :

- la persévérance,
- la technicité sur les produits,
- la bonne connaissance des hommes de la production et des chercheurs (qui sont parfois éloignés du siège social, voire sur un autre continent),
- une disponibilité à 100 % du temps dans les derniers mois avant le lancement (ce qui serait incompatible avec la bonne gestion d'une autre marque),
- la bonne connaissance des études de marchés, des études qualitatives pour extrapoler des résultats et les interpréter de manière professionnelle,
- la qualité de persuasion pour convaincre les nombreux échelons impliqués de l'importance du lancement,
- la clairvoyance. Au-delà de tous les tests de concept, de produit, d'emballage, de prix, c'est un homme qui décide du lancement. Certains se trompent moins que d'autres dans ces décisions stratégiques.

Une fois le produit lancé, le chef de « produits nouveaux » retourne après quelques mois au sein de l'équipe régulière de chef de produit.

1. J. Lendrevie, D. Lindon, *Mercator : théorie et pratique du marketing*, 7e édition, Dalloz, 2003.

Chef de produit dans une collective

Les collectives ont longtemps été connues et reconnues pour leur seule communication, et de ce fait l'importance et la qualité de leur marketing ont été occultées. Certaines collectives gèrent de véritable marque propre (Semaine du Goût pour le Cedus, Woolmark...), d'autres gèrent des marques collectives (Prince de Bretagne, Perle du Nord...), toutes participent au développement d'un marché. Le spécialiste français des collectives, Louis Orenga, définit ainsi l'action collective : « elle est financée ou réalisée au bénéfice de plusieurs entités juridiques qui, ayant des intérêts communs, se regroupent afin d'entreprendre une action qui met généralement en avant des produits commercialisés sur un marché au profit d'entreprises, que ces produits soient identifiés ou non ».

Les collectives les plus connues agissent dans le monde alimentaire : Cedus pour le sucre, Cidil pour le lait, CIV pour la viande, la célèbre collective du pruneau, chaque appellation viticole (ou presque) possède sa collective ; mais d'autres secteurs économiques profitent des bienfaits de l'action collective : l'air conditionné, l'or, le diamant, le fuel, la lunetterie. Il y a même une collective des marques (Prodimarque) et une « collective des collectives » (SCC).

Le chef de produit, ou plus exactement les chefs de marque et de marché d'une collective organisent le développement d'une catégorie de produits. Il utilise les mêmes moyens d'étude (panel, U & A, sondage...) et d'action (promotion, publicité, relation presse, événementiel) qu'une entreprise classique.

Le budget d'investissement marketing des collectives représente 6 % des investissements totaux, ce qui montre l'importance de ce secteur et l'intérêt que peuvent y porter les professionnels pour des opportunités de carrière.

Les autres chefs à ne pas confondre

➤ Chef de publicité en agence

Responsable commercial des clients de l'agence, parfois aussi responsable de la prospection de nouveaux clients, c'est l'intermédiaire entre les créatifs et les annonceurs. Ce poste est très recherché dans les grandes agences car il s'agit de gérer des comptes d'annonceurs très importants. Les budgets d'un seul annonceur dépassent parfois le chiffre d'affaires d'une petite agence de publicité. Dans une petite agence, le chef de publicité s'orientera plutôt vers la recherche de nouveaux clients.

➤ **Chef de publicité en support**

C'est un commercial chargé de vendre l'espace publicitaire aux agences de communication, aux centrales d'achats d'espace publicitaire, et de plus en plus en direct aux annonceurs.

➤ **Chef de publicité chez l'annonceur**

Il est responsable de la communication sur une ligne de produits, un marché ou une marque. Il est sous la responsabilité du directeur de la communication ou du marketing, voire dans certains cas (sociétés lessivielles américaines) du chef de marque.

➤ **Chef de fabrication en agence**

Il est responsable de la sous-traitance, principalement dans la chaîne graphique, les arts ou la production audiovisuelle.

➤ **Chef de produit dans l'assurance**

C'est en fait un actuaire dont la fonction technique est centrée sur les calculs de statistiques produits. Le principal indicateur pour les produits classiques IARD (incendie, accident, risques divers ou assurance de dommages) est le rapport sinistre / prime. Les autres parties : assurance vie et retraite, qui sont en fait des placements, utilisent une notion de fonds collectés comme indicateur. Pour l'assurance santé (les « mutuelles ») le poste chef de produit est très rare.

Conclusion

Le poste apparaît en 1931 chez Procter & Gamble pour gérer le succès du savon Lux. Quelques succès et quelques échecs plus tard, la fonction a aujourd'hui bien évolué. Ce métier va vers plus de terrain, plus d'opérationnel, plus de contrôle des coûts. Les directeurs généraux veulent du tangible pour chaque salaire de l'entreprise comme le demandent les actionnaires.

Néanmoins, l'intérêt des métiers du marketing pour l'épanouissement de la personne est évident. Les questions sont diverses, les activités variées, la réflexion présente à chaque instant…

Les limites et les inconvénients du poste sont de plusieurs ordres :

- sclérose sur produit,
- manque d'action sur un poste fonctionnel,
- schéma de décision lourd,
- management d'équipe difficile,
- stress des délais,
- mais surtout frustration de ne pas voir les résultats et de ne pas être responsable de la globalité de la démarche.

Le marketing a une mission fonctionnelle, il peut lui arriver de regretter un manque de prise de participation dans les actions terrain et de ne pas avoir de reconnaissance vis-à-vis des chiffres de ventes.

Et pour finir sur une note littéraire, voici un passage d'un livre bien connu, qui s'applique plus qu'on ne le croit au marketing :

« Mais après réflexion, il ajouta :

– Qu'est-ce que signifie « apprivoiser » ?

– C'est une chose trop oubliée, dit le renard. Ça signifie « Créer des liens… »

– Créer des liens ?

– Bien sûr, dit le renard. Tu n'es encore pour moi qu'un petit garçon tout semblable à cent mille petits garçons. Et je n'ai pas besoin de toi. Et tu n'as pas besoin de moi non plus. Je ne suis pour toi qu'un renard semblable à cent mille renards. Mais, si tu m'apprivoises, nous aurons besoin l'un de l'autre. Tu seras pour moi unique au monde. Je serai pour toi unique au monde… »[1]

Le marketing apprivoise le marché.

1. Le lecteur aura évidemment reconnu, *Le petit Prince,* Antoine de Saint-Exupéry, Gallimard.

Adresses et sites utiles

Retrouvez ces informations sur le site www.chefdeproduit.com avec une actualisation des adresses et une mise à jour des sites.

A

ADETEM – Revue Française du Marketing
221, rue Lafayette 75010 Paris
Tél. 01 40 38 97 10 – Fax 01 40 38 05 08
www.adetem.org

Association pour la Promotion de la Presse Magazine
71, avenue Franklin D. Roosevelt 75008 Paris
Tél. 01 42 89 32 60 – Fax 01 45 63 39 75
www.aepm.fr

AACC – Association des Agences Conseils en Communication
40, boulevard Malsherbes 75008 Paris
Tél. 0147 42 13 42 – Fax 01 42 66 59 90
www.aacc.fr

AFM – Association Française du Marketing
79, avenue de la République 75543 Paris CEDEX 11
www.afm-france.org

Afnor – Association Française de Normalisation
Tour Europe 92049 Paris la Défense CEDEX. France
Tél. 01 42 91 55 55 - Fax 01 42 91 56 56
www.afnor.fr

ANVAR – Agence Nationale de Valorisation de la Recherche
43, rue Caumartin 75009 Paris
Tél. 01 40 17 83 00 – fax 01 45 26 09 68
www.anvar.fr

Argus des fichiers – Presse
183 rue de Courcelles 75017 Paris

Tél. 01 44 29 19 29 – Fax 01 44 29 19 20
www.argus-fichiers-presse.fr

L'action commerciale
56, rue de Paris 92100 Boulogne
Tél. 01 46 99 93 85

B

BCMW
19, Rue Danton 94270 Le Kremlin-Bicêtre
Tél. 01 53 14 16 80 – Fax 01 53 14 16 99
www.bcmw.com

Ballester Consulting
6 ter, av. Mac Mahon 75 017 Paris
Tél. 01 45 72 95 30
www.ballester-consulting.com

Banque de France – Service Information
39, rue des Croix Petit Champs 75001 Paris
Tél. 01 42 92 42 92 – Fax 01 42 92 39 40
www.banque-france.fr

BIPE – Bureau d'Information et de Prévisions Économiques
12, rue Rouget de l'Isle 92442 Issy-les-Moulineaux
Tél. 01 46 62 33 00
www.bipe.fr

BVP – Bureau de Vérification de la Publicité
11, rue Saint Florentin 75008 Paris
Tél. 01 40 15 15 40
www.bvp.org

C

CB News
175 rue d'Aguesseau 92100 Boulogne
Tél. 01 46 04 12 12
www.toutsurlacom.com
Magazine de référence sur la communication et le marketing diffusé à 12 500 ex.

Club des Annonceurs
www.leclubdesannonceurs.com

CSA – Conseil Supérieur de l'Audiovisuel
www.csa.fr

CCA – Centre de Communication Avancée (CATHELAT Bernard)
84, rue de Villiers 92683 Levallois-Perret CEDEX
Tél. 01 41 34 31 61 – Fax 01 41 34 31 65
www.lecca.com/cca

CEDEF – Centre de Documentation Économie Finances
12, place Bataillon du Pacifique 75012 Paris
Tél. 01 53 18 72 00 – Fax 01 53 18 36 39
www.finances.gouv.fr/DICOM/cedef.htm

CESP – Centre d'Étude des Supports de Publicité
136 Boulevard Haussmann 75008 Paris
Tél. 01 42 89 12 26
www.cesp.org

Cité des Sciences et de l'Industrie
30, avenue Corentin Cariou 75019 Paris
Tél. 01 40 05 70 00
www.cite-sciences.fr

CJD – Centre des Jeunes Dirigeants
19, avenue Georges V 75008 Paris
Tél. 01 53 23 92 50 – Fax 01 40 70 15 66
www.cjd.net

CNIL – Commission Nationale de l'Informatique et des Libertés
21, rue St Guillaume 75008 Paris
Tél. 45 48 39 39
www.cnil.fr

Copyright – Syndicat des agences photographiques d'illustration générale
21, rue Bonaparte 75006 Paris
Tél. 01 43 26 54 76
www.snapig.com

CREDOC – Centre de Recherche pour l'Étude et l'Observation des Conditions de Vie
142, rue Chevalet 75013 Paris
Tél. 01 40 77 85 10 – Fax 01 40 77 85 09
www.credoc.asso.fr

D

Direction du Développement des Médias
www.ddm.gouv.fr

Documentation Française (La)
29, quai Voltaire 75007 Paris

Tél. 01 40 15 70 00
www.ladocfrancaise.gouv.fr

DCF – Dirigeants Commerciaux de France
1, villa George Sand 75016 Paris
Tél. 01 45 25 11 44 – Fax 01 40 50 15 56
www.dcf-fr.com

E-F

ESOMAR – European Society of Marketing and Research
JJ Viotta Straat, 29 - 1 000 Amsterdam - Pays-Bas

Faire Savoir Faire – La lettre Hebdo du commerce Évolutif
9, rue Moncey 75009 Paris
Tél. 01 40 16 17 82 – Fax 01 40 16 17 88

FFSS – Fédération Française des Salons Spécialisés
22, av. F. Roosevelt 75008 Paris
Tél. 01 42 25 05 80

G

GESTE – Groupement des éditeurs en ligne (association loi 1901)
27-29 rue des Poissonniers 92200 Neuilly sur Seine
Tél. 01 55 62 00 70 – Fax 01 47 45 48 55
www.geste.fr

Gencod EAN France
2 rue Maurice Hartmann 92137 Issy-les-Moulineaux CEDEX
Tél. 01 40 95 54 10 – Fax 01 40 95 54 49
www.eannet-france.org

I

IFM – Institut Français du Merchandising
La Grande Arche 92044 Paris La Défense
Tél. 01 49 06 49 14 – Fax 01 47 78 94 63
www.ifm.asso.fr

Infopresse – Le mensuel du marketing, de la publicité et des communications (Canada)
www.infopresse.com

Ina – Institut National de l'Audiovisuel
www.ina.fr

IRI France
Filiale de IR Information ressources (Inteligence to power your business)
4 rue André Derain - BP 49 78240 Chambourcy

Tél. 01 30 06 22 00 – Fax 01 30 65 09 45
www.infores.com

Spécialiste des panels distributeurs, anciennement IRI-Secodip
Panel : InfoScan (option Tendance Diagnostic Promotion Performance)
Merchandising : logiciel Apollo

INC – Institut National de la Consommation 50 millions de consommateurs
80, rue Lecourbe 75015 Paris
Tél. 01 45 66 20 20

INPI – Institut National de la Propriété Industrielle
26 bis, rue de Saint Petersbourg 75008 Paris
Tél. 01 53 04 53 04 – Fax 01 42 93 59 30
www.inpi.fr

INSEE – Institut National de la Statistique et des Études Économiques
Tour Gamma A - 195, rue de Bercy 75 012 Paris
Tél. 01 41 17 66 11 – Fax 01 53 17 88 09
www.insee.fr

IREP – Institut de Recherche et d'Études Publicitaires
62, rue de la Boétie 75008 Paris
Tél. 01 45 63 71 73
www.irep.asso.fr

L

LSA – Libre Service Actualité
6, rue Marius Aufan 92300 Levallois
Tél. 01 47 58 20 00
www.lsa.fr

M

Médiamétrie
55/63, rue Anatole France 92532 Levallois-Perret
www.mediametrie.fr

Spécialiste des études d'audience TV, radio, internet

Marketing magazine et *Marketing Direct magazine*
31-35, rue Gambetta 92150 Suresnes
Tél. 01 41 18 86 18 – Fax 01 45 06 29 81
www.e-marketing.fr

O – P

OJD – Organisme de Justification de la Diffusion - Diffusion Contrôle
18/20 place de la Madeleine 75008 Paris

Tél. 01 43 12 85 30 – Fax 01 47 42 14 92
www.ojd.com

Progimark (salon CRM) et SEMO (salon des études)
Organisé par MM Salons
31/35 rue Gambetta 92154 Suresnes
Tél. 01 41 18 68 88 – Fax 01 45 06 29 81
www.groupemm.com

PROMO RESEARCH
15, rue de Curzay 95880 Enghien les Bains
Tél. 01 34 12 32 61
www.cles-promo.com

Presse quotidienne régionale
www.pqr.org

Points de ventes – Groupe liaisons
1, avenue Edouard Belin 92856 Rueil Malmaison
Tél. 01 41 29 99 99
www.pointdevente.com

S

SNPP Presspace
www.presspace.com

Groupe Stratégies
2 rue Maurice Hartmann – BP 62 92133 Issy-les-Moulineaux CEDEX
Tél. 01 46 29 46 29
www.strategies-online.com

Syndicat national de la publicité Télévisée (SNPTV)
www.snptv.org

Syntec – Chambre Syndicale des Société d'Études et de Conseils
3, rue Léon Bonnat 75016 Paris
Tél. 01 44 30 49 20 – Fax 01 40 50 92 80
www.syntec-management.com

SEVPCD - Syndicat des Entreprises de VPC et à distance
60, rue de la Boétie 75008 Paris
Tél. 0142 56 38 86 – Fax 01 45 63 91 95
www.fevad.com

T

TNS Secodip
2, rue Françis Pédron 78241 Chambourcy CEDEX

Tél. 01 30 74 81 44
www.secodip.fr
Spécialiste du panel consommateur avec Consoscan qui mesure les achats de 8 000 ménages
Éditeur du célèbre Marketing Book (500 pages 1900 euros HT)

U

Union des Journalistes et Journaux d'Entreprise
www.ujjef.com

UDA Union Des Annonceurs
53, avenue Victor Hugo 75116 Paris
Tél. 01 45 00 79 10 – Fax 01 45 00 55 79
www.uda.fr

W

Cabinet Pascal WILHELM & Associés
29, Avenue Hoche 75008 PARIS
Tél.01 53 93 92 30 – Fax 01 53 93 92 31
www.p-wilhelm.com
Spécialiste du droit de la communication

Lexique

Acceptabilité :

(1) ratio qui donne le degré de compréhension d'un message. L'acceptabilité est facteur de la qualité de la communication, autant que de la prédisposition de la cible à écouter ou entendre le message.

(2) méthode de test, pendant la conception d'un produit, pour savoir si l'idée elle-même satisfait certaines attentes du consommateur cible. Le test d'acceptabilité fait partie d'une série de filtres avant le lancement d'un produit nouveau.

trade acceptance

Accroche : slogan, invitation à lire un texte. L'accroche respecte la copy stratégie, elle utilise une approche positive lorsqu'elle rassure le consommateur ou, négative lorsqu'elle souligne un risque ou une menace.

catch line

Achat d'espace : fonction de réserver, de négocier et de payer l'espace publicitaire sur un support. Cette fonction est réalisée par une centrale d'achat d'espace ou une agence de publicité mandatée par un annonceur. Aujourd'hui de plus en plus d'annonceurs utilisent les conseils des centrales et paient l'espace directement auprès des supports.

media buy

Acheteur : profession à part entière dont le nom varie suivant les métiers ; il choisit les fabricants les plus aptes à remplir les conditions de vente.

(1) personne payant le produit au niveau d'une centrale d'hypermarchés ou d'une société régionale de distribution, l'acheteur référence les produits des fabricants et négocie les conditions de vente. Au niveau d'un magasin l'acheteur est le chef de rayon qui référence les produits.

(2) dans les arts graphiques, l'acheteur est un chef de fabrication qui sous-traite certaines phases de la réalisation (reliure, sous-titrage...). La fonction achat d'art quant à elle, référence les photographes, illustrateurs, mannequins…
(1) customer / (2) buyer

Action : dans la vie suit la réflexion, dans le marketing suit la recommandation. C'est la résultante indispensable d'une stratégie qui concoure à la réalisation d'un objectif de l'entreprise. (2) : voir conatif. Voir Plan d'action.
action

Affichage : média de masse par excellence sans autre sélectivité que géographique ; affichage extérieur, intérieur, mobile.
billboard/outdoor advertising

Agence de publicité : société de service mandatée par un annonceur pour concevoir, réaliser et mettre en place les campagnes de communication. Le secteur de la communication est en difficulté et de grands regroupements d'agences ont eu lieu (Euro-RSCG). Certaines agences sont spécialistes en promotion ou en marketing direct, d'autres sont généralistes. A l'intérieur de l'agence les fonctions sont réparties en commercial (chef de publicité), créatif, fabrication et administratif. La rémunération des agences : 15 %, honoraires, sur objectif.
advertising agency

Agrément : indication du plaisir de la cible à être exposée au message. Voir Acceptabilité.
agreement

AIDA (Attention, intérêt, désir, action) : modèle d'apprentissage du consommateur pour passer de l'ignorance totale d'une offre à son achat. Les étapes sont l'attention, l'intérêt, le désir et l'achat. Ce modèle est utilisé pour la création des messages publicitaires. Un produit nouveau a besoin d'attention ; un produit existant d'intérêt et de désir ; un produit connu de stimulation pour passer à l'acte d'achat.
attention / interest / desire / action

Annonce : message publicitaire, imprimé, radio, télévisuel ou à l'affiche.
advertisement

Annonceur : celui qui paye la publicité pour faire connaître et valoir sa marque, par extension celui qui paye les sondages, le design, l'impression, le routage. En principe c'est le client de l'agence, mais

de plus en plus d'annonceurs achètent directement sans intermédiaire. Dans le jargon de l'agence un annonceur est appelé budget.
advertiser

Anomal : se dit d'un bien acheté peu fréquemment, contrairement à un produit ou service banal. Par exemple : produit antimite ou téléviseur.
anomalous product

APE (Activité principale de l'établissement) : voir NAF.

Appel d'offre : cahier des charges auquel les entreprises soumissionnent dans l'espoir de gagner le marché. Pour les agences de communication l'appel d'offre est appelé une spéculative ou une compétition.
invitation to tender / request / comparative bid

Argumentaire de vente :

(1) book (papier ou multimédia) élaboré par le chef de produit à destination de la force de vente, il sert à présenter les produits aux prospects.

(2) scénario comprenant les réponses aux objections possibles d'un interlocuteur, utilisé pour les entretiens en face à face, mais aussi pour le téléphone et le mailing ou les nouveaux médias interactifs. Pour une enquête, c'est un guide d'entretien.
sales claim / selling point

Asile colis : hébergement de messages de promotion dans un colis de livraison, même si les produits n'ont aucun lien.
bounce back

Assortiment : liste des produits proposés à la vente, elle est plus ou moins longue suivant la politique de l'enseigne (Auchan assortiment long, Intermarché assortiment court).
assortment

Attaché de presse : personne ou entreprise chargée des relations avec les journalistes. Un (plus souvent une) attaché(e) de presse peut être interne ou externe à l'entreprise.
press attaché

Attitudes : sentiment positif ou négatif envers un produit, une marque, une entreprise, une idée ou un marché. La communication essaie de créer une perception favorable du produit pour que l'attitude soit positive.
attitudes

Attractivité : potentiel d'une zone de magasin ou d'une famille de produits à drainer les consommateurs. L'attractivité comporte plusieurs indices : indice de passage, indice d'achat.

appeal

Audience : ensemble des personnes potentiellement exposées à un message, c'est-à-dire tous les lecteurs d'un magazine, tous les auditeurs d'un programme. L'audience utile pour un annonceur est la partie de l'audience générale qui correspond à sa cible de communication (utilisée dans le calcul du GRP). Le rapport entre l'audience utile et l'audience du support est le coefficient d'affinité duplication (les lecteurs ou auditeurs communs). La fiabilité des études d'audience est garantie par le CESP (Médiamétrie pour la TV), ce qui permet aux médias d'établir leurs tarifs et aux annonceurs de choisir les supports en fonction d'une connaissance précise de l'audience. Un point d'audience (sur la cible 4 ans et plus) en télévision représente en France 500 000 personnes.

media audience

Audit (masculin) :

(1) marketing : analyse de la stratégie, des moyens et des actions de l'entreprise.

(2) légal : travail du commissaire aux comptes pour vérifier les comptes de l'entreprise.

(1) marketing audit / (2) financial audit

Autocollant : moyen peu onéreux d'annoncer une opération promotionnelle sans imprimer de nouveaux conditionnements. Souvent posé automatiquement par une encolleuse, il faut alors qu'il soit livré en rouleau. Lorsque l'autocollant n'est pas possible, la pose d'un manchon, une collerette ou une oreillette est à envisager. Dans le cas d'une offre spéciale, il faut veiller à ce que l'autocollant contienne un nouveau code barres pour distinguer le produit.

sticker

Aveugle (test) : c'est une comparaison de produit sans en connaître la provenance, dans le but d'obtenir le jugement le plus impartial possible.

blind product test

Banque de données : base de données accessibles par minitel, internet ou par consultation en accès direct.

data bank

Baromètre d'image : série de données récoltées régulièrement, qui donnent une indication de l'évolution de l'image de l'entreprise.
image trend survey

Bartering : échange avec une chaîne de télévision d'espace publicitaire contre des programmes. Les grands lessiviers financent des séries télévisées, les "soap opera", qu'ils échangent contre de l'espace publicitaire aux chaînes de télévision. Par exemple : la série Riviera est fournie par Unilever.
bartering

Base de données : regroupement d'informations sous une forme structurée pour en permettre des tris, des comparaisons, l'impression d'étiquettes et de messages personnalisés, l'extraction, le regroupement en segments.
database

Base de données marketing : ensemble d'informations, mémorisées et traitées par ordinateur, décrivant des clients et prospects avec leurs comportements spécifiques (par exemple Monsieur Jacques Durant, adresse, téléphone, aime la pêche, la photo, achète ses produits en grandes surfaces).
marketing database

Base line : slogan de signature et de conclusion d'un texte publicitaire. Voir Signature.
base line

Belle page : page de droite d'une publication, aussi appelée recto. C'est la page vers laquelle se dirige naturellement l'œil, donc prisée pour les publicités. Pour l'achat d'espace, la majoration pour une parution sur un recto tend à disparaître.

Benchmarking : principe marketing de comparaison aux meilleures entreprises pour élever le niveau de qualité des prestations de l'entreprise ; les comparaisons sont faites par rapport à des repères d'entreprises non concurrentes.
benchmarking

Blancs (produits) : (1) gros électroménager : machine à laver, réfrigérateur, équipement de la cuisine.

(2) distribution : produits inventés par Carrefour, premier essai de marque de distributeur ou marque d'enseigne.

(3) espace sans impression pour mettre en valeur les photos ou texte.
(1) white goods / (3) white space

Blister pack : Coque.
blister pack

Body copy : Voir Texte.
body copy

Borne interactive : partie d'un ordinateur accessible aux passants, qui permet l'interrogation sur un sujet spécifique (conseils d'achat, orientation dans un magasin, présence d'un exposant dans un salon...). C'est la PLV moderne.
interactive born

Bouche à oreille : communication gratuite générée par des utilisateurs, des prescripteurs... " On dit " que quelques agences sont spécialisées dans cette méthode de communication. Ce type de communication face-à-face (par rapport à une communication impersonnelle) est efficace si le message est positif et si les personnes qui véhiculent le message sont influentes.

Voir Prescripteur.
word-of-mouth

Bouillon : invendus dans la presse, qui passent au pilon (destructeur).
unsold copies

Box-palette : élément de PLV ; habillage d'une palette par un carton de présentation qui permet de disposer directement les produits sur la surface de vente. Ce procédé évite aux distributeurs le déballage et la mise en rayon.
display bin / display case

Brainstorming : méthode de créativité de groupe où aucune censure n'est faite, et où chacun exprime ce qui lui passe par la tête. Assez proche de la méthode associative, qui peut être pratiquée seul contrairement au brainstorming.
brainstorming / synectics / blue sky

Briefing :

(1) général : mise à niveau sur une même base d'information avant une action.

(2) communication : explication de la question posée, et à résoudre par un prestataire de service. Dans le cas d'un brief de l'annonceur vers l'agence, le chef de produit briefe le chef de publicité, qui transmet les éléments aux créatifs et aux média-planners.
briefing

Bruns (produits) : produits électroniques, télévision, hi-fi, vidéo. Vient de la couleur, imitation bois, des téléviseurs et meubles hi-fi d'autrefois.
brown goods

Budget de vente :
(1) calcul du chiffre d'affaires annuel avec les dernières prévisions de ventes connues.
(2) quota à atteindre par chaque vendeur pour réaliser son objectif et obtenir une prime.
sales budget

Budget marketing : dépenses marketing, souvent reconduites d'une année sur l'autre, plus intelligemment calculées par rapport aux actions à entreprendre et aux résultats attendus ou encore par rapport à la concurrence. Ce chiffre est souvent exprimé en pourcentage du chiffre d'affaires ou en valeur absolue par unité vendue.
marketing budget / marketing allocation

Bus mailing : publipostage groupé sous forme de carte postale, généralement ciblé sur des secteurs précis du business to business. Le bus mailing fait aussi son apparition sur des cibles grands publics (mère d'enfant en bas âge).
card pack / cooperative mailing / shared mailing

Business to business (*B to B*) : marché de professionnels à professionnels par opposition au marché grand public. Le mix-média des marchés B to B est principalement centré sur la presse pro.
business to business

Cadeau d'affaire : objet ou service (vacances, billet d'avion, place de spectacle) offert par une entreprise en quantité limitée, non déductible fiscalement et non porteur d'un message. Pratique interdite pour les professions libérales. La TVA est récupérable si la valeur ne dépasse par 200 F HT.
corporate gift

Cadeau publicitaire : objet de faible valeur (fiscalement déductible dans une limite de valeur) portant obligatoirement la marque, un logo ou un message publicitaire.
advertising gift

Campagne : désigne toute la période d'action de communication, de promotion, de remise de prix, de sponsoring... L'organisation des actions et de leurs interactions est orchestrée par le plan de campagne.

L'axe des actions tout au long de la campagne est régie par la copy stratégie et par l'objectif de réalisation du plan marketing.
campaign

Cannibalisation : autoconcurrence de produits substituables d'une même entreprise.
cannibalization

Caractère : forme des chiffres et des lettres. Les grands types de caractères sont droits, à empattement, gothiques. Synonyme police, typo.
typeface / font

Catégorie Management : nouvelle méthode de gestion des produits par segment de marché, par opposition à une gestion unitaire et individuelle d'un produit ou d'une marque. Le category manager gère une offre (tous les produits et/ou services) répondant à une même attente ou à un même besoin.

Centrale d'achat : (1) comité de référencement d'une chaîne de magasins. (2) mandataire effectuant l'achat d'espace pour le commercial.
buying group / media buying service

Centre commercial : groupe de magasins de détail d'au moins 5000 m^2, avec ou sans locomotive (en général un hypermarché) ; les galeries marchandes et les centres de magasins d'usine en font partie. Il existe 600 centres commerciaux.
shopping centre

Chaîne de valeur : décomposition du produit ou service en différents éléments (service annexe, disponibilité, SAV, prix, etc.) et concentration sur l'élément le plus significatif pour l'acheteur, au détriment délibéré de tous les autres. Cette analyse vise à identifier la combinaison d'élément la moins chère possible sans perte de valeur pour le consommateur.
value analysis

Chaîne graphique : étapes successives pour passer d'une idée aux documents de contrôle prêts à imprimer ; les étapes sont, dans l'ordre, les suivantes : saisie des textes, mise en page, retouche photographique, imbrication, imposition, bon à tirer.

Chaîne volontaire : groupement de point de vente en vue de centraliser les achats, la gestion, la formation...Chaque associé reste indépendant financièrement et juridiquement.
affiliated retailer

Chapeau ou chapô : sous-titre ou première ligne d'un paragraphe en caractère gras, incitant à la lecture car il permet des points de repère et donne des points d'entrée possibles dans le texte.

Chef de groupe : dirige, conseille et contrôle plusieurs chefs de produits. Il est responsable de la consolidation des résultats de toutes ses marques.

group manager

Chef de marché : responsable marketing de plusieurs produits qui s'adressent à un même segment de clientèle. Plusieurs chefs de marché interviennent sur le même produit, vendu dans des circuits différents.

market manager

Chef de produit : responsable du marketing-mix et du cycle de vie d'un produit ou d'une marque. Synonyme : chef de marque. Voir Chef de marché.

product manager / brand manager

Chef de publicité :

(1) interlocuteur du chef de produit, représentant une agence de publicité et par extension un prestataire de service pour le marketing.

(2) vendeur d'espace publicitaire représentant un support.

(3) collègue du chef de produit, salarié de l'entreprise, responsable de la communication.

(1) account executive / (2) advertising manager

Chemin de fer : décomposition d'une brochure d'un magazine en autant de schémas que de pages pour avoir un aperçu global. Notamment la place précise des annonces publicitaires et des textes rédactionnels. Le chef de publicité du support voit le chemin de fer avant impression et peut réagir sur le choix des emplacements pour ses clients.

flatplan

Cible : segment de population homogène par un ou plusieurs critères communs (âge, profession, lieu de résidence...), choisi par l'entreprise comme destinataire privilégié de l'offre ou du message. Le cœur de cible est une plus petite partie du segment désignée comme prioritaire.

target

Client : premier acheteur des produits de l'entreprise, le plus souvent le client est un distributeur.

customer

Club : regroupement de consommateurs ou de prescripteurs sélectionnés et spécialement animés par le fabricant en vue d'une meilleure fidélité à la marque.
club

Co-advertising : publicité conjointe d'un distributeur et d'un fabricant ; de plus en plus actuelle, elle fait partie du trade-marketing.
cooperative advertising

Code barres : code à treize chiffres, les deux premiers désignent le pays (30 à 37 pour la France), les cinq suivants le code européen du fabricant ou du distributeur, les cinq autres la référence du produit, le dernier est réservé à la clé. Lors d'une promotion il faut éditer un nouveau code barre et cacher l'ancien. En 1994, 93 % des hypermarchés et 60 % des supermarchés sont équipés de caisses à lecture de code barre. La Poste utilise le code barres pour le tri du courrier.

Les routeurs utilisent le code barres pour repérer les différents documents qui entrent dans une même enveloppe. Les transporteurs utilisent le code barres pour suivre individuellement l'acheminement des colis.

Code pays + CNUF(code national unifié fournisseur)+CIP (code interface produit)+clé
UPC code / bar code

Cognitif - affectif - conatif : trois phases d'une théorie de l'apprentissage qui correspondent respectivement à la connaissance, l'attitude et le comportement.
cognitive-affective-conative

Cohésion : c'est l'élément essentiel, union des hommes, cohérence des idées, pour que toute la stratégie porte ses fruits.
cohesion

Collection : méthode promotionnelle basée sur la volonté des consommateurs de compléter la collecte commencée, même si la valeur est très faible. C'est un outil de fidélisation par excellence. La collection peut être un but en soi ou donner la possibilité d'obtenir un cadeau ou un produit gratuit.
collection / bonus plan

Communication : information fournie dans le but de changer un comportement, une attitude, plus généralement transmission d'un message à une personne qui en accuse réception.
communication

Communiqué de presse : dossier de présentation réalisé par un attaché de presse ou directement par l'entreprise pour venter les mérites de son offre. S'il est intéressé le journaliste en tirera un article, sans aucune facturation.
press release

Comportement : centre de toutes les réflexions marketing ; c'est l'ensemble des actes (lectures, achats, habitudes...) réellement effectués par le consommateur, sans qu'on cherche à les expliquer.
behaviour

Compte clé : voir Responsable des grands comptes.
key account

Concept : représentation abstraite d'un produit, d'un service ou de leur bénéfice. Les concepts complexes ont moins de chance de réussite car leur communication est délicate.
concept

Concours :

(1)technique de promotion des ventes faisant appel à la sagacité du consommateur et permettant donc l'obligation d'achat. Le concours entre dans la catégorie des loteries sans hasard. Les principaux utilisateurs de concours sont les supports de presse.

(2)défi entre les commerciaux pour dépasser les objectifs de vente et gagner une prime spéciale.
contest

Concurrence : ensemble des entreprises et organisations qui offrent le même produit ou un produit substituable, quelle que soit la cible de commercialisation. L'étude de la concurrence (concurrence directe, proche, éloignée) fait partie de l'étude de marché.

La création d'un observatoire de la concurrence permet de suivre l'évolution de chaque acteur du marché.
competition / competitor

Conditionnement : enveloppe en contact direct avec le produit, à l'exclusion des surenveloppages éventuels. Une promotion vient souvent perturber le conditionnement ; le conditionnement permet de constituer des lots de deux produits ou plus. Voir Lot.
packaging

Consommateur : individu utilisant un produit dans le but de satisfaire un de ses besoins. C'est le destructeur de l'offre d'un fabricant. On

distingue les non-consommateurs absolus et relatifs. Le consommateur actif a utilisé le produit dans les derniers mois.
consumer

Contact utile : part de l'audience d'un média faisant partie de la cible d'un annonceur.
effective reach

Contribution : part des frais fixes de l'entreprise (frais généraux) supportée par une marque. Une marque non rentable peut être conservée pour sa contribution.
contribution margin

Contrôle de gestion : préparation et suivi des budgets de l'entreprise ; explication des écarts le cas échéant.
management control

Cooptation : méthode de recrutement par les salariés eux-mêmes.

Copy strategy : résumé de la stratégie de communication rédigé par l'agence et approuvé par l'annonceur. Ce document (généralement une page) sert de plate-forme de communication. Il décrit principalement le bénéfice consommateur, la cible, l'objectif, la tonalité, le style, le support de la promesse, les contraintes, reason why... Quelques agences ont développé des modèles de copy-stratégie qui sont universellement utilisés (DDB, Synergie) ; le d'autres ont eu leurs heures de gloire comme la star stratégie de Jacques Séguéla.
copy strategy / platforme

Coque : coque plastique collée à un carton enfermant et protégeant le produit en permettant l'accrochage en linéaire. Constitue une bonne protection contre le vol et un très bon support de promotion. De nombreux produits existent en plusieurs versions de packaging dont le blister, vrac, étui. La coque permet aussi de regrouper plusieurs produits pour une vente en lot. Autres appellations : blister. Une variante est la double coque soudée haute fréquence où deux coques plastiques sont soudées ensemble (ce qui permet de nombreux changements de packaging).
blister pack

Corner : coin d'un magasin accordé à une entreprise pour vendre ses produits, parfumerie des grands magasins. Synonyme : bergerie.

COS (Coefficient d'occupation des sols) : permet de comparer la densité d'implantation des gondoles par rapport à la surface de vente (Leclerc 45 %, Auchan 22 %).

Coupon : technique de promotion des ventes par diffusion de bons de réduction à valoir sur l'achat d'un produit chez le distributeur. Ces bons de réductions peuvent prendre la forme de papier ou de carte magnétique, ils peuvent être distribué par la presse, par le produit, en sortie caisse, par un échantillon ou par une animatrice en rayon.
coupons

Couponning croisé : le coupon est porté par un autre produit que celui qui est promotionné ; souvent le porteur est très connu et l'offre porte sur un produit en lancement ou moins connu.
cross couponing

Courbe d'expérience : effet du temps et de la connaissance du marché, des fournisseurs, de l'environnement, des techniques de production qui entraînent une baisse des prix de revient. C'est une notion différente de l'économie d'échelle qui est seulement proportionnelle aux quantités produites.
experience curve

Coût pour mille : ratio du prix du support par l'audience, servant de critère de choix entre différents supports ; le coût pour mille est généralement calculé par rapport à la cible de l'annonceur.
cost per thousand (CPM)

Couverture :

(1) édition :première page d'un document (deuxième, troisième et dernière de couverture).

(2) média : pourcentage de l'audience d'un support sur une cible donnée.

(3) panel : indice de fiabilité.

(4) communication : nombre de personnes touchées au moins une fois par une campagne de communication. La couverture et la répétition permettent de juger de l'efficacité d'un plan média.

(1) cover, inside front cover, backcover

Création : donne la qualité à un message. C'est l'aboutissement d'une bonne stratégie marketing et d'une bonne relation annonceur agence.
commercial design / package design

CRM (Consumer Relationship Management) : Interconnexion des systèmes d'informations de l'entreprise (gestion, comptabilité, logistique, production et marketing) pour suivre toute la relation d'un client et de l'entreprise. Les outils couramment utilisés sont : automatisation de la force de vente, développement de services interactifs sur Internet, mise en place de web call center, etc. Le CRM consiste à orienter les systèmes de gestion par rapport aux besoins des clients plutôt que sur les contraintes de production et facturation. Le CRM valorise chaque client, en analysant son comportement passé (historique des achats, calcul du panier moyen, etc.) pour prédire les « efforts » que l'entreprise doit consacrer pour mieux le fidéliser.

Cross-selling : voir Vente croisée.
cross selling / Inter-selling

CSP (PCS) : regroupement de la population suivant l'activité et la profession. L'INSEE propose 8 classes de CSP (découpable en 24 et 42 sous classes).

Les 8 classes principales sont : 1 agriculteur - 2 artisans, commerçants, chef d'entreprise - 3 cadres et professions intellectuelles supérieures - 4 professions intermédiaires - 5 employés - 6 ouvriers - 7 retraités - 8 sans activités.

Les chômeurs ayant travaillés sont comptés dans la classe de leur dernier emploi.
social classes

Cycle de vie : la forme la plus détaillée de ce concept comprend sept phases, lancement, adoption, croissance, maturité, saturation, déclin et éventuellement relancement...Le profit (en cumul) dégagé par le produit est négatif jusqu'à la fin de la croissance. Le concept de cycle de vie existe pour un produit, mais aussi pour un marché. La stratégie des entreprises vis-à-vis du cycle d'un marché consiste à choisir un point d'entrée et un point de sortie.
life cycle

CYMK : cyan (bleu), yellow (jaune), magenta (rouge), black (noir) sont les quatre couleurs primaires pour l'impression en quadrichromie.

DAGMAR (Defining Advertising Goals for Measured Advertising Results) : modèle d'apprentissage du consommateur soumis à une pression publicitaire. Selon le modèle DAGMAR le consommateur passe par les stades cognitif (connaissance) puis conatif (comportement).

DAS (Domaine d'activité stratégique) : département autonome d'une grande entreprise, souvent en relation avec un couple produit / marché.
Strategic Business Units (SBU)

Day After Recall : voir Réminiscence.
day After Recall

Debriefing : réunion postérieure à une action pour faire le point et, comme toute réunion, donne lieu à un compte rendu.
debriefing

Décile : division en dix parties d'effectifs égaux d'un ensemble d'individus ; permet une meilleure connaissance et appréciation de la population.
decil

Déduplication : (1) la déduplication d'audience consiste à retirer les auditeurs communs à plusieurs supports prévus dans un même plan média.
(2) la déduplication de fichier consiste à éliminer les vrais et les faux doublons lors d'un regroupement de fichiers, ou d'une saisie d'adresses. La déduplication peut se faire intra liste ou inter liste.
controlled duplication/ dedup

Demande : c'est l'ensemble des produits qui peuvent être achetés, à un prix donné, par les acteurs du marché. L'élasticité de la demande par rapport au prix (ou au revenu) exprime la variation des quantités achetées en fonction des baisses ou des hausses de prix (ou de revenu). La demande théorique doit être manipulée avec précaution car elle comprend une partie d'acheteurs non-solvables (la demande théorique de voiture haut de gamme intègre une bonne partie d'intentions d'achat qui ne seront jamais réalisées) ou encore des acheteurs qui n'ont pas la capacité de décision (enfant, personnel administratif) et finalement le produit peut ne pas être disponible dans la zone considérée.
demand

Démarque (connue et inconnue) : pourcentage des vols, des erreurs d'inventaire, casse et détérioration par rapport au CA du magasin. Le taux de démarque dépasse rarement 4 % du CA dans les magasins traditionnels et 10 % en GMS.
shrinkage, shoplifting

Design : beauté fonctionnelle, ou style ergonomique.
design

Destructeur : voir Utilisateur.
user

Diffusion : nombre d'exemplaires effectivement distribués, même gratuitement, toujours inférieur au tirage ; la différence constitue le

bouillon. La diffusion est contrôlée par Diffusion Contrôle (par exemple OJD).
readers-per-copy / circulation

Distribution : (1) point de rencontre entre le produit et l'acheteur (offre et demande). Il existe différents types de circuits de distribution (long ou court) qui correspondent à des méthodes de vente choisies par le fabricant (vente par grossiste, vente direct, VPC). La politique de distribution est un élément du marketing-mix. Le refus de vente est interdit sauf dans le cas de produits réglementés. La publicité télévisée est interdite aux distributeurs.
(2) répartition d'une observation
distribution

Distribution numérique (DN) : indicateur du panel distributeur (Nielsen), qui exprime le nombre de magasins dans lesquels le produit est présent par rapport au nombre de magasins de l'univers. Si le produit est présent dans deux magasins sur un univers de dix, la DN est de 20.
numeric distribution

Distribution valeur (DV) : souvent confondue avec la DN ou tout autre indicateur, la DV exprime la qualité de la distribution d'un produit. C'est le rapport des chiffres d'affaires des magasins dans lesquels le produit est présent par rapport au CA total des magasins de l'univers (le chiffre d'affaires pris en compte est celui de la classe de produit). Si les deux magasins dans lesquels le produit est présent réalisent 50 % du CA de l'univers, la DV est de 50.
value distribution

Distriscopie : étude de l'avis des distributeurs d'un produit sous un angle qualitatif (qualité des relations, du service, de la logistique, etc.).

Document de contrôle : épreuve.
proof

Donnée primaire : information ad hoc, spécialement collectée par une entreprise. Données de première main.
primary data

Donnée secondaire : information existante, utilisée par l'entreprise au travers d'une banque de données par exemple. Source : INSEE, Banque de France, magazines professionnels, syndicat de fabricants... Données de seconde main.
secondary data

Dossier de presse : voir Communiqué de presse.
press file

Dumping : voir Vente à perte.
dumping

Duplication : consommateur commun à deux marques, produits audience qui appartient à deux supports, et qui sont touchés deux fois si le message apparaît dans les deux supports. La duplication augmente la fréquence mais pas la couverture. Voir Déduplication, procédé de reproduction proche de la photocopie. Ce procédé est rentable à partir d'un certain nombre d'exemplaire par originaux (environ 30).
audience overlap / duplication

EAN : voir Code barres
European Article Numbering

Échantillon : (1) produit en petit conditionnement pour essai.
(2) étude : quota de population à toucher dans une enquête pour être représentatif de la population cible, par opposition au tirage aléatoire.
(1) sample / trial size

Échantillonnage : (1) technique promotionnelle de distribution d'échantillons qui permet d'obtenir une introduction rapide d'un produit.
(2) méthode utilisée pour prélever un échantillon de personne à interroger.
sampling

Échantillonnage croisé : technique promotionnelle consistant à offrir un échantillon d'un produit en lancement ou peu connu, pour tout achat d'un produit à forte rotation.
cross sampling

Écrémage : politique de prix élevé pour limiter volontairement l'accès au produit ; cette politique peut être temporaire pour l'introduction sur le marché ou continuelle pour marquer un positionnement. Le terme écrémage consiste à cibler les meilleurs consommateur comme on prend la crème du lait. Contraire : pénétration.
skimming pricing / prestige pricing

EDI (Echanges de données informatisées) : système de communication entre distributeurs et fabricants, visant à réduire le coût de traitement des opérations (commandes et paiements), et les temps de livraison. Le plus connu des systèmes EDI est Allegro. Cet automa-

tisation des échanges évitant les doubles saisies, grâce à une structure de message normalisée, s'étend à tous les domaines.
electronic data interchange

Édition : communication sous forme de papier imprimé.
edition

Ekta : photo en positif (les couleurs sont visibles contrairement à un négatif) translucide ; existe en trois tailles : diapo, moyen format et grand format (24x36-xx-4x5'-8x10', 4,5x6 ou 6x6).
slide

Élasticité prix : réaction de l'acheteur par rapport au prix. Faible ou nul, ce ratio indique que les variations de prix n'affectent pas les quantités vendues. L'élasticité prix est souvent négative – plus le produit est cher moins il est acheté - mais quelquefois positive -plus le produit est cher plus il est acheté (effet Veblen pour les produits de luxe).
price elasticity / elasticity of demand

Emballage : protège les produits et leurs conditionnements pendant le transport, le stockage. L'emballage sert d'unité de vente à la distribution ; la plus petite unité d'emballage est le SPCB, l'unité supérieure est le PCB (respectivement Sous Par ComBien et Par ComBien).
packaging

Emballage prime : le conditionnement du produit est réutilisable et constitue un cadeau. Le célèbre verre à moutarde.
re-usable packing

Empathie : qualité de se mettre à la place de son interlocuteur, ou consommateur, pour mieux le comprendre. qualité impérative pour un chef de produit.
empathy

Encart : jeté ou agrafé dans un magazine, le lecteur peut le conserver. Il entre en compte dans la pagination publicitaire, et l'annonceur paye à la fois un droit d'asile et le surcoût d'expédition en plus de l'impression de son encart.
insert

Enseigne : nom commercial du distributeur.
trade name

Entrepôt (distribution par) : plate-forme logistique de stockage des distributeurs qui dispatchent eux-mêmes les produits dans leurs

magasins au lieu de laisser livrer les fabricants directement le point de vente. Généralement les distributeurs font payer ce service obligatoire entre 8 et 12 % du prix d'achat. De plus, ce type de distribution oblige les commerciaux à réaliser des ventes indirectes difficiles à suivre.
warehouse

Éperluette : "&" aussi appelé ampersand.
ampersand

ERP (Entreprise Ressource Planning) : système de gestion global de l'entreprise qui prend en compte la totalité des données utiles pour les commerciaux et les clients. L'ERP s'oppose aux logiciels de gestion classiques orientés vers la facturation et le contrôle de gestion. La mise en place du CRM nécessite l'implantation d'un ERP en phase préalable

Esquisse : crayonné rapide pour présenter une idée.
rought

Étude d'urbanisme commercial : étape rendue obligatoire pour l'implantation d'une grande surface. Consiste à étudier les points de vente proches et la population environnante.

Étude de marché : méthode d'investigation qui permet de connaître les publics dont dépend l'entreprise, par exemple le potentiel et l'opportunité d'une introduction possible de produits. Immense fourre-tout, qui cache parfois un manque évident d'idées ou de capacité de jugement et de décision.
market survey

Étude de notoriété et d'image : enquête auprès de différents publics (acheteurs, consommateurs, prescripteurs, etc.) pour connaître leurs avis sur l'entreprise, ses hommes et ses produits. Le premier point consiste à vérifier qu'ils connaissent bien l'entreprise "ne serait ce que de nom". Le deuxième point cherche à cerner l'imaginaire créé autour du nom.
image - awareness study

Étude de positionnement de produit : voir Test de concept.

Étude de satisfaction de la clientèle : enquête auprès de sa clientèle pour connaître les sources de satisfaction et d'insatisfaction. Les résultats peuvent apparaître dans un baromètre de l'entreprise si l'enquête est régulière.
customer satisfaction study

Étude documentaire : première étape d'une étude de marché qui consiste à trouver toutes les données secondaires existantes.
desk research

Étude quantitative – qualitative : respectivement moyens de connaître les opinions pour la première, et moyens de les expliquer pour la seconde. Le quantitatif est fondé sur l'interrogation d'un grand nombre de personnes de l'échantillon, le qualitatif se concentre sur un très petit nombre de personnes.
L'étude quantitative recueille des résultats chiffrés, se traduisant par des pourcentages, le traitement des données permet ensuite de croiser les résultats aux différentes questions.
L'étude qualitative recueille des informations non chiffrées à l'aide de technique d'entretien face-à-face ou de groupe, et de questions ouverte et non-directives.
quantitative - qualitative study

Événementielle (communication) : utilisation d'un événement existant ou création d'un événement propre pour soutenir un message.
event communication

Facing : nombre de références visibles sur un linéaire (seule l'unité visible en première ligne compte) ; donne lieu à de belles bagarres de la part des merchandiseurs.
facing

Feedback
(1) publicité : retour d'information de la part d'un récepteur exposé à un message. Signal de réaction à un message.
(2) commercial : retour de l'information des commerciaux terrains.
feedback

Fiche technique : document imprimé décrivant le produit de manière exhaustive. Les fiches techniques sont généralement regroupées dans un classeur. Synonyme : fiche produit.
product file

Fichier : liste simple de noms et d'adresses ne demandant qu'à devenir une base de données marketing par enregistrement des comportements.
file

Fidélisation : stratégie qui consiste à plus s'occuper des clients acquis que des prospects.
fidelization

Folder test : insertion d'une annonce en test parmi d'autres annonces réelles.
folder test

Force de vente : équipe chargée des relations avec la clientèle directe et indirecte, de la vente ou de la prescription-conseil à ces intermédiaires. La force de vente peut être externe (VRP multicarte, force de vente supplétive, force de vente d'un grossiste) ou interne (salariés). La méthode de rémunération de la force de vente varie suivant le type de produit, son cycle de vente, la répartition négociation/conseil.
sales force / personal selling

Format : taille d'une annonce, d'une affiche, durée d'un spot radio ou TV. Dans la presse, on distingue encore le format utile du plein papier. Marketing Direct : Dans le marketing direct, on distingue le format des fichiers et des étiquettes.
Format de fichier pour la récupération de données ou d'illustrations.
size of advertisement / format

Frais techniques : dépenses fixes pour passer de l'idée au document de contrôle. Les nouvelles technologies font diminuer les frais fixes de gravure, composition, montage de film.
technical costs

Franchise : système commercial où le franchiseur est propriétaire d'une marque, et le franchisé d'un local (ou d'une clientèle). Le franchisé paye une licence au franchiseur pour l'exploitation de la marque, son assistance centrale et éventuellement pour la publicité nationale.
franchise

Franco : concerne généralement le transport et indique que celui-ci est gratuit à partir d'une certaine quantité commandée, poids, chiffre d'affaires.
free port

Frein : motif réel ou non qui empêche d'agir, principalement de consommer un produit.
brake / dissuading factors

Fréquence : (1) média : nombre de fois qu'une personne de la cible à une chance d'être touchée.
(2) marketing : nombre d'achat effectués dans une période donnée, certaines opérations de marketing direct ont pour objectif

d'augmenter la fréquence d'achat des clients, certaines opérations de communication proposent de nouvelles utilisations du produit qui augmenteront à terme la fréquence d'achat.
(3) général : c'est le nombre de vibration d'une onde électromagnétique, par extension désigne les bandes de fréquence VHF permettant de diffuser des émissions de radio.
frequency

Fulfillment : gestion physique des réponses et des retours d'une opération promotionnelle. Les principales phases sont la réception, l'ouverture, la saisie, le traitement, l'édition, la réponse, le paiement par virement ou par chèque, le maintien de la base de données.
fulfillment

Gamme de produits : la gamme est une division du segment qui représente la variété de l'offre et les catégories différentes. La gamme de produit peut être large ou profonde s'il y a beaucoup de lignes de produits. Sur le segment des dentifrices enfants, il y a la gamme des dentifrices ludiques (ou des dentifrices médicaux).
Voir segment et ligne.
product range / line

Géotype : typologie fondée sur la commune d'habitation, c'est une classification des 36 000 communes françaises. Étape suivante : l'îlotype.
geodemographics

GLA (Gross leasing aera) : surface brute louée d'un centre commercial.
gross leasing aera

Glissant : se dit des totaux ou des moyennes qui sont faits sur les douze derniers mois, sans tenir compte de l'année calendaire. Ce procédé permet de lisser les effets saisonniers et de ne laisser apparaître que les tendances lourdes.

GM (Grands magasins) : magasin à rayons multiples, avec un large assortiment. Principalement : Samaritaine, Nouvelles Galeries, Galeries Lafayette, Printemps, BHV et Bon Marché.
department store

GMS : tout magasin de vente au détail en libre service d'une surface de plus de 400 m^2. Hypermarchés, supermarchés, magasins populaires, grands magasins, grandes surfaces spécialisées.
superstores

Gondole : meuble de 1,33 mètre sur une hauteur variable suivant l'enseigne et le rayon.
island shelf / gondola

Goodwill : attitude de bonne volonté (de client, prescripteur, journaliste, distributeur) qui s'entretient par différentes actions directes et indirectes. Traduction financière de la puissance marketing de l'entreprise qui prend en compte les éléments immatériels ne figurant pas dans le bilan.
goodwill

Gratuit (presse) : journaux distribués gratuitement, l'impression et la diffusion sont financées par la vente d'espaces publicitaires et les PA (petites annonces).
free press

Grossiste : intermédiaire dans les circuits de distribution longs. Son rôle est commercial et logistique. Son utilité est de plus en plus discutée.
wholesaler

GRC (Gestion de la relation client) : voir CRM.

GRP (coût) : c'est le prix que paie un annonceur pour toucher 1% de sa cible.
gross rating point

GSA (Grande surface alimentaire) : hypermarchés, supermarchés et supérettes.
food department store

GSS : type de commerce appliquant les méthodes des grandes surfaces sur un métier précis, souvent filiale de groupement d'hypermarchés. Leur surface de vente est supérieure à 400 m^2, ils sont spécialisés en bricolage, habillement, électroménager, équipement de la voiture, jardinage, sport…
specialty merchandise wholesaler

Hard discounter : magasin de vente de détail dont l'assortiment est très court et constitué de marques premiers prix (Leader price, Lidl).
discount retailing / hard discount

Hors média : se dit des actions qui ne font pas seulement appel à l'achat d'espace comme la promotion, la PLV, le parrainage...
below-the-line

Hypermarché : magasin vendant au détail et en libre service, d'une surface de vente de plus de 2500 m^2, l'assortiment proposé varie entre 25 000 et 42 000 références. Le plus grand hypermarché français est un Carrefour (Portet sur Garonne) de 25 000 m^2 et le premier hypermarché (15/06/63) est aussi un Carrefour à Sainte Geneviève des Bois.

Il existe 1100 hyper en France, une fois sur deux dans un centre commercial.
hypermarket / superstore

Icone : (masculin sans accent circonflexe sur le 0) : représentation graphique d'un programme ou d'un lien ou d'un fichier.

Îlot : en merchandising, système de présentation des produits qui empêche le consommateur d'avancer en ligne droite.
display stand / island display

Îlotype : segmentation d'une population suivant leurs adresses, les zones urbaines françaises sont divisées en 220 000 zones homogènes d'une centaine de familles.
census tracking

ILV (Informations sur le lieu de vente) : constitué par toute l'information à l'attention du consommateur dans le but de faciliter son choix. L'ILV est généralement prise en compte par le distributeur, avec l'aide (financière et technique) des fabricants. Voir PLV
point-of-sale information

Image : illustration

Publicité : représentation mentale générée par un objet, une marque ou tout autre signe. L'image inclut la réputation de l'entreprise.
image

Impact : effet d'un message sur une cible, au centre de toutes les mesures d'efficacité publicitaire, pour analyser le souvenir laissé par un message.
recall

Impulsion (achat d') : achat non prévu et non raisonné, éventuellement stimulé par la PLV.
impulse buying

In-pack : cadeau promotionnel offert directement à l'intérieur de l'emballage. Les célèbres cadeaux Bonus ou Kinder.
in pack

In situ : observation sur le lieu d'achat, de consommation, d'utilisation.
in situ

Incentive : voir Stimulation.
salesmen incentive

Informatique : de plus en plus utilisée dans le marketing mais aussi tout au long de la chaîne graphique. Le marketing utilise la puissance de

calcul (tableur, base de données) et le tout numérique guette les professions de l'impression (CAO, PAO, DAO, 3D, images de synthèse...).
data processing

Innovation : (1) politique d'une entreprise qui investit plus que ses concurrents en recherche et développement.
(2) produit qui apparaît nouveau au yeux du consommateur.
(3) innovation significative : qui correspond à un lancement d'un nouveau produit. Innovation non-innovante : correspond à des relancements de produits déjà existants ou à des améliorations de détails.
innovation

Interne (communication) : élément essentiel et indispensable à la culture d'entreprise.
internal communication

Interview : (féminin) : entrevue face à face ou téléphonique dans le but de recueillir l'avis d'une personne pour une enquête ou un article rédactionnel.

Investissement : c'est sous cet aspect qu'il faut considérer le budget marketing et communication. Malheureusement trop de financiers les classent dans la catégorie des dépenses. Les derniers développements de la finance tendent à intégrer le capital image de la marque au même titre que les machines, c'est enfin la reconnaissance du marketing et de la communication.
investment

Invitation : document précisant les lieux, date et heure de rendez-vous pour une manifestation. La plupart des invitations précisent aussi le thème de la rencontre, un plan est souvent apprécié.

Journal d'entreprise :
(1) interne : journal d'information et de liaison entre les salariés d'une entreprise.
(2) externe : journal d'information pour les clients et consommateurs (Apple, Sony ont de superbes journaux destinés aux clients).
house organ

Juridique : fonction qui prend de plus en plus d'importance, dans les règlements de promotion, les contrat de licensing, les droits de la propriété artistique.
legal

Kakemono : affiche suspendue utilisée en PLV

Key account manager : voir Responsable des grands comptes.
key account manager

KISS (Keep It Short and Simple) : formule mnémotechnique américaine pour clarifier ses idées avant de pratiquer le marketing, science du bon sens.

Know-how : savoir faire de l'entreprise, proche de la vocation, du métier de base.
know-how

Knowledge management (KM) : consiste à tirer le meilleur parti des informations, documents, expériences et expertises présentes dans l'entreprise pour améliorer la réutilisation et le transfert de connaissances, la formation, la productivité, la réactivité et l'innovation. Le Knowledge Management vise aussi à améliorer la qualité et la rapidité de la réponse client. Le KM entre dans le concept de business intelligence (gestion de la connaissance).

Label : gage de qualité généralement donné par un organisme interprofessionnel (INAO pour les vins).
seal of quality

Leader (meneur) :

(1) **marketing** : premier dans un domaine, entreprise en vue pour ses techniques et méthodes, en conséquence sa part de marché est importante. L'avantage d'être leader est de voir associés dans l'esprit du consommateur le produit et la marque. Le leader a des facilités publicitaires et profite plus que les autres de tout accroissement du marché. Généralement les prix pratiqués par le leader sont des prix de référence sur lesquels sont basées les politiques tarifaires des challengers et suiveurs.

(2) **distribution (locomotive)** : c'est le magasin principal d'un centre commercial qui draine la majeur partie des visiteurs. La locomotive crée le trafic du centre.

(3) **publicité** : article principal d'une publication ou titre principal d'une annonce.

leader, dominante firm / lead-in

Leader d'opinion : fait souvent partie du cœur de cible, c'est un acteur avec un rôle de conseil informel vis-à-vis des consommateurs. Les leaders d'opinion forment une partie des prescripteurs.
opinion leader

Légende : malgré (ou grâce à) son petit corps, c'est la partie la plus lue d'un document imprimé après le titre et les chapeaux.
caption / legend

Lettrine : première lettre d'un chapitre ou d'un paragraphe composé en corps supérieur par rapport au texte, attire l'œil et incite à la lecture du paragraphe.

Ligne de produits : subdivision d'une gamme. Les produits d'une ligne répondent sensiblement au même besoin, mais avec des variétés ou formules différentes, des conditionnements différents. Plus les variantes sont nombreuses plus la ligne est profonde.
product line

Linéaire (sensibilité au) : Le rapport des ventes par le linéaire autilisé. Le linéaire développé est la mesure des tablettes de chaque étagères.
shelf facing

Lobbying : technique de pression (douce) sur les pouvoirs politiques ou les organisations professionnelles. L'origine vient du couloir (lobby) de la chambre des députés americains où les discussions avant un vote étaient nombreuses et décisives.
lobbying

Locomotive : voir Leader.
leader

Logo : emblème, blason d'un produit ou d'une entreprise. "La marque a des signes, un logotype a une musique, une odeur, une couleur".
logo

Lot : principe de vente de produits regroupés dans un même emballage. Lot de deux (twin pack), jumelé (produits différents), croisé... ; la constitution de lot ne doit pas apparaître comme un vente forcée.
lot

Loterie : technique de promotion des ventes basée sur le hasard. Le gain n'étant pas certain, l'achat du produit porteur n'est jamais obligatoire.
lottery / sweepstake

Magasins populaires : point de vente d'au moins 400 m^2, en libre service, d'un assortiment limité dans les rayons bazar, textile et alimentaire. Principalement Prisunic, Monoprix, Uniprix. Les leaders Prisunic et Monoprix s'entendent pour ne pas être présent dans les mêmes villes.
one price store

Mailing : voir Publipostage.
mailing, direct mail shot

Management : art de conduire collectivement une entreprise vers le succès.
management

Manchon : fourreau en plastique thermorétractable utilisé pour la mise en vente de lots de deux produits (ou plus), ou pour servir de bague d'inviolabilité.
sleeve

Mapping ou analyse multidimensionnelle : représentation graphique de la position d'une marque ou d'un groupe de personnes selon deux axes. Le choix des axes fait suite à une analyse factorielle des correspondances, pour déterminer les plus significatifs. Cette représentation sous forme de carte est principalement utilisée pour les segments et typologies de consommateurs.
mapping perceptual map / market mapping study

Maquette :

(1) publicité : proposition créative de l'esquisse (rough) à la maquette finalisée, représente toutes les étapes de la création. De plus en plus informatisées, ces étapes font partie de la chaîne graphique.

(2) presse : principe de mise en page qui sert de référence et de charte graphique à tous les numéros suivants.

layout

Marché : lieu physique d'échange ou de troc (la place du marché), par extension ensemble des offres et demandes pour un type de produit. Un marché se défini par rapport à une technique : marché de l'acier, par rapport à la satisfaction d'un besoin : marché des ouvre-bouteilles, ou par rapport à un segment de population : marché des buveurs de soda. La bonne définition d'un marché est le premier travail de l'homme de marketing.
market

Marché test : méthode de test, avant un lancement important, essayant de créer les conditions les plus proches possible de la réalité pour la mise en situation du produit. Le produit est disponible dans des magasins réels, la publicité est faite dans des médias locaux, les consommateurs ont un comportement d'achat qui permet d'extrapoler les parts de marché définitives sur le marché total. C'est un test très coûteux, de plus en plus remplacé par des modèles de calcul de part de marché prévisionnelle.

Synonyme : marché témoin.

test market

Marge : la marge connaît des définitions diverses suivant les entreprises, les règles comptables n'ont pas trouvé de définition unique. De manière générale c'est la différence entre un prix de vente et un coût ; suivant les cas - coût d'achat, coût de production, coût de production et de commercialisation, ensemble des charges fixes et variables. Il est économiquement viable de commercialiser un produit à marge négative, s'il apporte sa contribution aux charges fixes de l'entreprise.

margin

Marketing : transformation de satisfaction chez le consommateur en profit pour l'entreprise.Le marketing désigne à la fois une philosophie de l'entreprise (tournée vers le marché) et l'ensemble des moyens destinés à améliorer la position de l'entreprise.

marketing

Marketing de réseau : utilisé, sans fondement, pour désigner la vente directe à un réseau de relations (par exemple Tupperware, NSA). Dans ce type de vente multiniveau l'acheteur d'un produit devient vendeur du même produit.

network marketing

Marketing différencié : se dit d'une politique marketing qui adapte son mix en fonction des segments de marché ciblés. À l'opposé, le marketing non-différencié s'appuie sur les marchés de masse où le même produit (avec le même mix) séduit toute la cible.

Marketing direct : partie du marketing visant à construire une relation personnelle et durable dans le but d'offrir un produit (service ou bien). C'est à la fois un mode de dialogue et un moyen de vente dont les retombées sont mesurables et dépendent largement de la qualité du fichier utilisé.

direct marketing

Marketing mix : dosage variable des différentes actions marketing. Traditionnellement 4P (produit, prix, promotion-publicité et distribution), évoluant vers un ensemble plus complexe comprenant le trade marketing et la segmentation.

marketing mix

Marque : moyen de différencier son offre de celle des concurrents. Ce moyen est représenté par un nom, un sigle, un dessin, et sa puissance est résumée par la notoriété et l'image. La construction d'une marque et de son territoire est un des objectifs du marketing. La marque est enfin reconnue par les financiers comme un actif à évaluer dans la vente d'une entreprise (sous le nom de goodwill).
brand

Marque ombrelle : marque déclinée sur plusieurs produits, qui sert d'élément de cohésion et éventuellement de caution. Elles se sont beaucoup ces dernières années, permettant ainsi aux entreprises de réaliser des économies sur leurs budgets de communication.
umbrella trademark

Matrice BCG : analyse du portefeuille de produits selon la part de marché relative, la progression de ce marché et le poids du CA dans l'entreprise. Cette matrice distingue quatre familles de produits : star, vache à lait, dilemme, poids morts.
BCG matrix

MDD (Marque de distributeurs) : comprend la marque d'enseigne (le produit porte le nom du magasin), la marque de distributeur (nom créé par le distributeur pour commercialiser certains produits). Cette pratique, qui transforme le distributeur en fabricant, prend de plus en plus d'importance et ces marques obtiennent des scores significatifs (plus de 25 % du marché en alimentaire). Les MDD se distinguent des marques premier prix et des marques nationales qui portent le nom d'un fabricant.
private branding / distributor brand / private lab

Me too product : produit copié sur un concurrent, pratique longtemps décriée mais aujourd'hui couramment utilisée. Sous le nouveau nom de benchmarking, ce ne sont plus les suiveurs qui copient les leaders, mais les leaders qui se copient d'un marché à l'autre.

Les entreprises qui pratiquent une politique de me too sont plutôt des suiveurs sans volonté d'innovation.
me too product

Mécénat : culturel, caritatif, sportif ou scientifique sont les formes du mécénat, proche du parrainage avec un message moins mercantile.
corporate sponsorship

Média : (1) véhicule et support du message permettant une diffusion massive de l'information. Divisé en grands médias (TV, radio, affichage, presse), médias standards (communication écrite, PLV, salon,

journal interne) et nouveaux médias (Minitel, Internet, borne, programme interactif).
(2) marketing : la partie média d'un plan marketing comprend l'achat d'espace et les frais inhérents à la communication média. C'est la partie supérieure du budget (above the line).
advertising medium / above-the-line

Média planning : voir Plan média.
Média planning

Merchandising : ensemble des méthodes d'amélioration de la rotation des produits en linéaire. Les efforts conjoints des distributeurs et fabricants pour amener la bonne quantité de produit, au bon moment, au bon endroit (pour le consommateur) et au bon prix.
merchandising

Message : contenu de la communication, axe principal du discours.
message

Méthode de vente : principe pour échanger de l'argent contre un produit, comprend la vente directe, la VPC, la vente en face à face, la vente par circuit court ou long...
sales strategy

Mise en page : art de l'harmonieuse disposition du texte et des images sur un format défini.
layout

Motivation :
(1) besoins et freins d'une population qui expliquent les vraies raisons de ses actions.
(2) management : sans motivation, pas d'action. Les salariés, la force de vente, les distributeurs sont sensibles aux efforts de motivation tels que la reconnaissance officielle de leurs rôles respectifs, cadeaux, prime, stimulation…
motivation

Multimédia : principe de mélange du texte, d'images fixes et animées, du son et autres séquences, l'intérieur d'un même message ou d'une séquence.
multimedia

NAF (Nomenclature d'activités française) : le code NAF remplace le code APE, il est composé de trois chiffres et une lettre qui désignent l'activité principale de l'entreprise, les produits sont désignés par un code CPF (classification des produits française), les trois premiers chiffres de ces deux codes correspondent. Le code NAF est utilisé comme critère de segmentation des entreprises pour des opérations de marketing direct.

standard industrial classification (SIC)

Niche : segment de marché très petit où il est possible d'avoir un positionnement exclusif. Le rôle du marketing est de découvrir ces niches et d'adapter l'offre de l'entreprise pour qu'elle apparaissent comme sur mesure pour la cible. Généralement la politique de prix est élevée.

niche

NMPP (Nouvelles messageries de la presse parisienne) : distributeur exclusif de fait des journaux, magazines... Coût de la distribution versé aux NMPP : 50 % de la valeur faciale.

Non-consommateurs absolus et relatifs : les premiers ne consommeront jamais le produit, les seconds consomment des produits de substitution et peuvent donc à tout moment devenir consommateurs de la marque. Les efforts publicitaires porteront sur cette seconde cible.

absolute non-user

Norme : prescription technique obligatoire pour un produit ou une méthode de production. L'application des normes existantes est la responsabilité des équipes techniques, mais l'anticipation des futures normes doit être suivie par le chef de produit. Ces règles sont édictées par NF, AFNOR, ISO, CSTB...

Certaines normes sont internes : internes à une entreprise, à une profession, à un syndicat, aux membres d'une association. Par exemple : l'ADF (association dentaire française) appose son logo sur les dentifrices qui en font la demande, qui payent leur cotisation et qui répondent à certaines particularités.

standard / seal of approval

Notoriété : variable exprimant la (re)connaissance d'une marque. La notoriété est le premier stade du processus d'adoption ou d'apprentissage. La notoriété n'est ni positive, ni négative, c'est simplement la reconnaissance d'une marque. Calculée lors d'une enquête quantitative, la notoriété est spontanée si l'interviewé ne consulte pas la liste des marques ou des sociétés (question ouverte), sinon elle est assistée (question fermée). Le top of mind est la première marque citée spontanément.

awareness

NPAI (N'habite pas à l'adresse indiquée) : partie d'un publipostage qui revient à l'envoyeur faute de trouver son destinataire (maximum 3 % dans le cas d'une location de fichier).
undeliverable as addressed

Observatoire de la concurrence : tableau de bord réalisé en interne pour suivre l'évolution de la concurrence. Les informations proviennent surtout du terrain via la force de vente, elles doivent être synthétisées et analysées par le chef de produit puis retournées à la force de vente pour être utilisées en argumentaire de vente.
competition observatory

ODE, ODV : occasion d'entendre et occasion de voir un message. Par exemple : nombre total de personnes passant devant une affiche dans la rue ou le nombre total d'individus devant la TV.
exposure / opportunity-to-see

ODR (Offre de remboursement) : remboursement de tout ou partie d'un achat. L'ODR peut être immédiate ou différée, elle est honorée en échange d'une ou plusieurs preuves d'achat (code barres, ticket de caisse). L'ODR est un très bon moyen de connaître le prix de vente final au consommateur et de constituer un fichier.
refund offer / rebates / boxtop offer

OGILVY David : père et pape du marketing direct. *La publicité selon Olgivy* est *le* livre à lire en communication et marketing direct.

OJD (Office de justification de la diffusion) : association interprofessionnelle qui contrôle depuis 1922 le nombre d'exemplaires vendus de chaque support (avec la répartition abonnement / kiosque, province / Paris).
audit bureau of circulation (ABC)

Omnibus : enquête collective, où chaque annonceur pose ses propres questions, au même échantillon de personnes, pour en partager les frais. Chaque client a l'exclusivité des résultats des questions qu'il a posées. Le coût d'une question posée à 2 000 personnes par minitel est de 3 000 francs.
omnibus

On pack : la prime, le cadeau, le bon est porté sur l'emballage, contrairement à la prime in pack qui se trouve à l'intérieur de l'emballage. L'avantage du on pack est sa visibilité.
on pack

One shot : opération ou phénomène qui ne se produit qu'une fois. Par exemple : les frais d'un plan de licenciement ne portent que sur un

exercice, ou encore les bénéfices d'une vente exceptionnelle. Voir Panel.
oto, one time only one shot

Pack shot : photo du produit en gros plan pratiquement sans mise en scène, par extension plan séquence à la fin d'un film de publicité.
pack shot

Package : ensemble de prestations ou produits faisant partie d'un tout indissociable et parfois en promotion. Par exemple : forfait avion, plus transfert, plus visite, plus hôtel, plus accès au parc de loisir... pour un prix unique. Ou encore un ordinateur, ses périphériques, les logiciels et connexions. synonyme : bundle.
package / bundle

Packaging : voir Conditionnement.
packaging

Pagination :

(1) publicité : nombre de page de publicité par magazine, y compris les encarts. Le rapport entre le rédactionnel et la pagination publicitaire est défini légalement.

(2) édition : manière d'inscrire le numéro des pages.
page setting

Palette : plateau de transport qui permet une manutention facile (par chariot élévateur), de tous types de produits. Dimension standard 80 x 120 cm, existe aussi en demi format 80 x 60 cm. Les palettes européennes sont consignées, d'autres palettes sont perdues, il est possible de fixer des plots sous une caisse pour la rendre transportable.
pallet / skid

Panel : étude à intervalles réguliers portant sur le même échantillon d'individus en posant les mêmes questions. Ce type d'étude, une fois extrapolée, permet de suivre les évolutions d'achat, de vente. Ce type d'étude existe pour différentes cibles : panel consommateur (Secodip), panel distributeur (Nielsen), panel d'audience (Audimat), panels spécialisés (pharmacie, industrie, etc.). Les entreprises sont abonnées à différents panels, il est aussi possible d'acheter un one-shot qui correspond à une seule période.
panel

PAO (publication assistée par ordinateur) : mise en page, illustration, traitement de l'image sur ordinateur. Les logiciels de mise en page permettent de nombreuses modifications à tous les stades de la chaîne graphique et le tout numérique s'étendra bientôt jusqu'à l'impression. Les coûts (frais techniques) et les délais de l'impression ont été diminués grâce à la PAO.

Les deux logiciels généralement utilisés sont Page Maker et XPress.

desktop publishing / CAD

PARETTO (loi de) : observation fréquente, mais pas systématique, sur un tri décroissant des clients où on constate que 80 % du CA est réalisé avec 20 % des clients.

80/20 rule

Part de marché : mesure de la performance de l'entreprise. Ratio des ventes du produit par rapport aux ventes totales du marché, cette part de marché peut être exprimée en volume (quantité) ou en valeur (chiffre d'affaires). Attention au marché de référence choisi, une entreprise peut toujours s'autoproclamer leader sur une ville ou sur une famille de produits limités.

share of market / brand share

Part de marché détenteur : c'est la part de marché d'une marque dans les magasins où elle est présente. Ce ratio permet des comparaisons entre marques avec des distributions différentes. Un challenger peut avoir une part de marché détenteur supérieure au leader, ce qui signifie que dans un point de vente donné le challenger réalise des ventes supérieures au leader, mais que le leader est présent dans plus de points de vente.

holder market share

Part de voix : mesure de la pression publicitaire d'une entreprise par rapport aux autres entreprises du même marché (sur un produit ou une gamme de produits).

share of voice (SOV)

PCS (Professions et catégories sociales) : segmentation de la population en huit catégories - exploitants agricoles, artisans, cadres, professions intermédiaires, employés, ouvriers, retraités, autres ; remplace le CSP.

social classes

PDP : profit direct du produit.

DPP (Direct Product Profit)

Pénétration :

(1) pourcentage de personnes de la cible touchées par une action. C'est aussi l'audience d'un média auprès d'une cible précise.

(2) marketing : pourcentage mesurant l'infiltration d'un produit, d'une marque dans la population (généralement exprimé en pour mille). La notion de pénétration est plus proche de la notion d'utilisation que d'achat.
penetration / depth exposure / brand developpement

Pénétration (stratégie de) : politique agressive d'augmentation des volumes de ventes. Généralement accompagnée de bas prix, pour permettre l'accès du produit au plus grand nombre, d'une couverture maximale des circuits de distribution et d'une communication massive.
penetration strategy

PERT (Program Evaluation and Review Technic) : méthode précise de planification permettant de visualiser, par un réseau, les goulots d'étranglement et les chemins critiques.
PERT

Petites annonces : annonces classées, représentent une partie des revenus publicitaires des quotidiens et des journaux gratuits.
small ads / classified ads

PGC : produits de grande consommation.
mass market product

Phoning : voir Prospection téléphonique.
phoning

Pictogramme : dessin simple pour évoquer visuellement des concepts, synonyme : idéogramme.
pictogram

Pige : (1) étude : relevé des campagnes de publicité des concurrents (et plus généralement d'un programme), classé par média et par période, permet une approximation du budget communication (en prix brut) de la concurrence. Des piges existent aussi en hors-média (promotion, ISA).
(2) général : unité de travail pour les free lance et les journalistes.
clipping office

Pilote : essai d'un questionnaire, d'un argumentaire sur un petit nombre de personnes pour effectuer les dernières modifications.
pilot

PIMS program (Profit Impact of Marketing Strategy) : programme de recherche américain initié par General Electric dans le but de connaître les implications du marketing sur le profit de l'entreprise.

Cette base de données regroupe plusieurs centaines d'entreprises (encore plus de DAS) et les performances en terme de part de marché sont sans cesse recoupées avec les ratios financiers.
PIMS

Pionniers : ce sont les utilisateurs précoces d'un produit innovant, représentent 10 % de la population.
early adopters

Plan de campagne : ensemble organisé des actions de communication ayant chacune un sous-objectif concourant à réaliser l'objectif principal.
advertising schedule

Plan de communication : programme d'utilisation des moyens publicitaires (médias, hors-médias) pour atteindre l'objectif fixé par le plan marketing.
communication plan

Plan marketing : rapport explicatif des objectifs et la justification des moyens pour les atteindre. Les stratégies sont expliquées et déclinées en tactiques d'actions, avec leurs résultats prévisionnels. La rentabilité est au centre du plan marketing et toute action recommandée apporte sa pierre à l'édifice du profit. Au delà de la rentabilité le plan marketing a comme objectif général la satisfaction de la clientèle, du consommateur, le renforcement de la position de l'entreprise vis-à-vis de ses concurrents directs ou indirects.
marketing plan

Plan média : science du choix et du dosage, dans le temps, des différents médias pour obtenir le maximum d'efficacité sur la cible pour un budget donné. Le média planner établit le plan média pour une campagne de communication.
media plan - media scheldue

Plaquette : document imprimé en quadrichromie généralement de bonne qualité.
brochure

Plus produit : bénéfice que le consommateur retire de l'utilisation du produit. Le plus produit doit être différent par rapport à la concurrence et suffisamment attractif pour changer les comportements.

PLV (Publicité sur le lieu de vente) : méthode de communication qui favorise l'achat d'impulsion et le rappel de la communication générale de la marque. La PLV est une composante de la politique de communication de l'entreprise, généralement cantonnée à tort, vers les réductions de prix ou offres spéciales. La PLV utilise surtout du carton (box palette, caisse), de l'acier (présentoir fil, stop rayon) ou encore du plastique.

La PLV est de plus en plus remplacée par l'ILV à la demande des distributeurs qui préfèrent une information générale sur le marché et ses segments plutôt que sur les marques.

point of sale advertising / material / display

PNL (Programmation Neuro-Linguistique) : méthode d'observation et d'interprétation des réactions de son interlocuteur, pour agir en conséquence. La PNL succède à l'analyse transactionnelle.

neurolinguistic programming

Politique de prix (tarifaire) : manière d'établir un prix de vente (par rapport à la concurrence, par rapport aux coût de production, par rapport aux volontés des consommateurs) et plus généralement les conditions tarifaires (grille de remise, attribution de remise différée, remise quantitative ou de fonction). Les conditions commerciales sont les mêmes pour tous les clients, aucune discrimination n'est admise, pas plus que la fixation du prix de revente.

De nombreux éléments interviennent dans une politique tarifaire : la disponibilité, les délais de livraison, les garanties, le SAV, la maintenance, le suivi de la gamme...Le prix de certains produits influence, non seulement la demande sur le produit considéré, mais aussi sur les autres produits du marché. Par exemple : le prix de l'essence influence la demande sur le marché des voitures, celui des logiciels influence les ventes d'ordinateurs…

price policy

Pop-up : message surgissant, par un système de collage ou de ressort, utilisé en marketing direct. Ce système est très coûteux et l'effet produit doit se justifier.

pop-up

Portefeuille de produits : ensemble des produits gérés de l'entreprise. Différentes méthodes (matrice BCG) permettent de classer les produits selon leurs potentiels de développement et leurs possibilités de rentabilité.

portfolio of products

Positionnement : exprime la manière dont on veut que le produit et la marque soient perçus par la cible. Lorsqu'il est mal fait au départ l'entreprise essaye de repositionner le produit, ou retire le produit de la vente. Il est nécessaire de mesurer régulièrement l'écart entre le positionnement voulu et le positionnement perçu par le consommateur.

positioning

Post-test : mesure de l'impact d'une campagne, notamment en terme de mémorisation, d'attribution à la marque et d'intention d'achat.

posttest, post

Pré-test : mesure de la qualité - impact, reconnaissance, agrément, compréhension, crédibilité - d'un message avant la sortie de la campagne. L'abus de pré-test a tendance à rendre la création stérile.

prétest, pre

PréAO : logiciel permettant de réaliser des documents (diapositives, transparent, papier) servant de support à une réunion.

Premier prix : produit généralement sans marque vendu à prix très bas. Les produits premiers prix constituent la base de l'assortiment des grandes surfaces avec les MDD et les marques nationales.

first price / price appeal product

Prescripteur : personne faisant souvent partie des cibles prioritaires de communication pour sa capacité à influencer le comportement des utilisateurs et consommateurs. Médecin, architecte, professeur mais aussi leader d'opinion. Il joue un rôle important dans les décisions d'achat mais n'est pas décideur.

opinion leader / influencer

Press book : classeur de présentation utilisé par les fonctions créatives pour montrer leurs meilleurs travaux.

press book

Prévision des ventes : estimation des ventes généralement faite par le marketing avec les indications des vendeurs, des données passées, de la connaissance du marché et des futurs actions. La prévision peut concerner uniquement les commandes livrées où les ventes réelles aux clients ; dans le premier cas les prévisions sont utiles pour planifier la production, dans le second elles sont utiles pour bâtire le latest estimate ainsi que les différents budgets.

sales forecast

Prime : objet, service ou avantage donné gratuitement à l'occasion d'une promotion, strictement réglementée par la loi (moins de 7 % du prix d'achat, mais de nombreux systèmes permettent de passer outre ce pourcentage). La prime peut être directe ou différée, dans tous les

cas elle est utilisée pour déclencher des actes d'achat supplémentaires.
premium

Prime différée : le cadeau est reçu après l'achat et envoi de la ou les preuves d'achat.
rebates

Prime directe : le cadeau est reçu au moment de l'achat. Il peut être à l'intérieur de l'emballage (in-pack) ou à l'extérieur (on-pack).
on-pack premium / in-pack premium

Prime time : horaire de forte écoute. A la radio de 7h00 à 9h00, à la télévision de 19h00 à 22h00 (précédé du day-time et suivi du night-time).
prime time

Prix coûtant : prix net toutes remises déduites. Ne sont pas déduites, les primes de fin d'années et le remises ne figurant pas sur la facture. La vente en dessous du prix coûtant (dumping) est interdite.
cost price

Prix d'appel : prix bas sur certains articles en vue de générer du trafic et de vendre éventuellement des articles à meilleur taux de marque.
reduced price

Prix magique : 99,90 F, 149 F, 485 F, 990 F.
odd-even-pricing

Prix psychologique : c'est l'équilibre entre un prix trop élevé non justifié (par la qualité, la marque) et un prix trop bas qui attire les soupçons sur la qualité.
psychological price

Prix sortie d'usine : prix de revient d'un produit hors frais de commercialisation et investissements publicitaires.
factory price/ex-works

Produit : bien ou service offert par une entreprise au marché. Le produit comprend le bien ou le service lui-même mais aussi son conditionnement, son positionnement et tous les services annexes qui s'y rattachent (SAV, assistance, livraison, échange, financement).
Les produits sont classés en PGC, équipement, bien durable, bien de production, anomal.
product

Promesse : élément principal de la copy stratégie.
claim

Promotion des ventes : ensemble des actions qui poussent le produit vers l'acheteur.

sales promotion

Promotion girafe : offre d'une quantité supplémentaire de produit (20 % en plus).

special offer

Prospection téléphonique : utilisation du téléphone pour les enquêtes d'opinion, les qualifications de fichiers, la vente directe, la prise de rendez-vous. En terme de coût et d'efficacité, la prospection téléphonique se place entre la visite et le publipostage.

phoning, telemarketing

Publi-reportage, publi-rédacti : espace publicitaire acheté au prix normal (plus les frais de conception et technique) dans un support qui assure lui-même la rédaction de l'annonce. Ces annonces doivent porter la mention "publicité" et ne doivent pas être confondues avec le "rédactionnel" suite à un communiqué de presse qui est l'avis d'un journaliste impartial.

advertorial / public relation

Publicité : ensemble des moyens qui concourent à exercer une action sur une cible pour changer le comportement. De manière générale, la publicité est non personnelle, elle s'adresse au plus grand nombre. Elle est souvent complétée par d'autres actions : promotion marketing direct.

advertising

Publipostage : action d'envoyer le même message à un groupe de personnes (au-delà de 1 000 exemplaires identiques, La Poste accorde un tarif spécial).

mailing

Pull/Push : stratégies consistant à pousser (Push) le produit dans les mains du consommateur (par exemple par la promotion des ventes) ou à attirer (Pull) le consommateur vers le produit (par exemple par la publicité).

pull / push strategy

QA/NA (Quantité achetée / Nombre d'acheteurs) : les quantités vendues par l'entreprise sont le résultat des QA x NA. Si on multiplie par le PV (prix de vente) ont obtient le CA.

CA/NC

Quartile : division d'une population en quatre parties d'effectif égal, statistique particulièrement utile pour les séries à variance élevée.
Quartile

Recherche et développement : département de l'entreprise chargé d'effectuer toutes les recherches nécessaires à l'amélioration des produits existants ou au lancement de nouveaux produits. Ce département est souvent centralisé sur un seul et unique site où sont effectuées les recherches fondamentales et les applications industrielles.
R & D

Reconnaissance : capacité d'une marque, d'un logo, d'un message à évoquer un produit ou une fonction précise. Voir Notoriété.
recognition

Rédemption : taux de remonté d'une opération.
redemption rate / redemption / response

Régression (droite de) : méthode de calcul permettant de mesurer si deux phénomènes sont liés.
regression analysis

Relations publiques : type de communication institutionnelle en direction des prescripteurs (journaliste, leader d'opinion, personnalité, homme politique, actionnaire, analyste financier...). Les RP cherchent à faire comprendre et à faire accepter les positions d'une entreprise auprès d'un public précis, auprès duquel elle batit un rapport de confiance.
public relation

Réminiscence : souvenir d'un message, d'une publicité, d'une émission. La réminiscence peut être spontanée (unaided) ou aidée (aided).
recall / day after recall

Remontée : le taux de remontée donne une indication sur le succès d'une opération de marketing direct qu'il faut confirmer par le taux de transformation en achat.
feedback

Renouvellement : le renouvellement ouvre un nouveau marché par rapport au marché de premier équipement (par exemple : marché de première monte pour les pneumatiques) : nouvel achat, souscription ou réinscription d'un client.
repeat purchase renewal

Responsable des grands comptes : cadre commercial chargé des clients importants, principalement du référencement des produits en centrales d'achat et des négociations de remises de fin d'année.
key account manager

Revue de marque : exercice annuel présenté par le chef de produit, qui consigne dans un rapport tous les événements importants de la marque et analyse les faits et causes.
brand review

Rotation des stocks : ratio de gestion indiquant le nombre de fois où le stock a été vendu. La différence entre la rapidité de la vente du stock et les délais de paiement constitue le principal revenu des grandes surfaces.
stock turnover

Routage : action comprenant la mise sous pli, affranchissement, tri, dépôt en poste, gestion des NPAI. Si le routage est sous-traité à un spécialiste, on peut prévoir des adresses pièges pour s'assurer que les délais sont bien respectés.
routing, dispatching

Royalties : redevance payée au propriétaire d'une marque, dans le cadre d'un contrat de licence, d'une franchise ou de l'exploitation d'un brevet.
royalties

ROYER : loi du 29 décembre 1973 réformée le 5 juillet 1996 réglementant l'implantation des grandes surfaces (au dessus de 300 m^2), cette loi a contribué à des pratiques douteuses pour l'obtention de permis et a conduit à une politique de rachat d'enseigne.

RRR : remise rabais ristournes accordés immédiatement ou en fin de période à un distributeur par un fabricant. Les réductions dépendent de la politique commerciale de l'entreprise et doivent être accordées sans discrimination. Les réductions sont justifiées par les cycles de ventes, les qualités du client, les quantités commandées…
disounts / rebate

Saisie : introduction dans un fichier informatique de données telles que les noms et coordonnées d'un prospect. La saisie peut être automatisée par transfert de données ou saisie par scanner et reconnaissance optique de caractères.
data collection / input

Scanner :

(1) système de lecture des codes barre à 11 ou 13 chiffres par crayon optique, douchette, lecteur fixe.

(2) chaîne graphique : appareil d'analyse numérique d'une image et décomposition en quatre couleurs primaires.

(1) scanner

Scoring : méthode de calcul d'aide à la décision, pour l'acceptation d'un dossier de crédit ou d'assurance, basée sur une typologie et des statistiques de remboursement.

scoring

Screening : méthode d'évaluation, par une série de filtres avant le lancement d'un produit.

screening

Segment (de marché) : division du marché par rapport à une cible ou à une utilisation. Sur le marché des dentifrices il y a le segment des dentifrices pour enfants (ou anti-tartre).

segment

Segmentation : découpage de la population avec des critères prédéfinis, dans le but de former des groupes bien différentiables les uns des autres et le plus homogène entre eux. Pour être utilisable le segment doit être accessible, mesurable et rentable.

segmentation

Sell in : vente du fabricant au distributeur (ce qui entre en stock magasin).

sell in

Sell out : vente du distributeur au consommateur (ce qui sort du stock magasin).

sell out / sell through

Signature : phrase qui reprend en fin de message les arguments forts, la vocation et les métiers de l'entreprise.

base line

Single source : principe de remontées d'information en provenance d'une seule sources pour mieux comprendre les phénomènes d'interdépendance entre la publicité, le prix du produit, le type de point de vente, la zone géographique. Cette méthode d'enquête est possible grâce au développement de l'informatique de sortie de caisse.

single source

Size impression : effet d'optique obtenu par un design approprié donnant une fausse impression de grande taille.
size impression

Slogan : étymologiquement cri de guerre, le slogan est la formule choc pour vanter les mérites d'une marque, d'un produit, d'un homme politique, ou de tout autre cause. Le slogan est continuellement répété jusqu'à l'identification totale à la marque.
claim / slogan

Sociostyle : typologie mise au point par le CCA et Bernard Cathelat, sous forme de mapping présentant les styles de vie. Débouche maintenant sur les Eurostyle.
lifestyle group

SONCAS : sécurité, orgueil, nouveauté, confort, argent, sympathie sont les démarches à suivre dans un processus de vente.

Sondage : enquête quantitative sur un échantillon représentatif de la population, dont le résultat peut être extrapolé à la population totale avec un intervalle de confiance. Les réponses sont recueillies en face-à-face, par téléphone, par courrier, par minitel...
survey

Sortie de caisse : présentoir (display) disposés entre les caisses de sortie des grandes surfaces pour générer les achats d'impulsion.
point-of-purchase displays

Sourcing : politique d'achat mondiale "au moins disant". Par extension l'out-sourcing consiste à faire faire à l'extérieur ce qui est, ou pourrait, être fait dans l'entreprise, avec l'avantage de la flexibilité.
sourcing

Spéculative : appel d'offre d'un annonceur envers plusieurs agences. Les annonceurs peuvent demander des propositions très finalisées ou simplement des réflexions stratégiques, il est d'usage de ne pas demander à plus de quatre agences de concourir et de verser une indemnité pour le temps passé à réfléchir au problème posé. Il est interdit d'utiliser les idées des agences non retenues, elles sont couvertes par la loi sur la propriété artistique.
pitch

Split run : test, en cas d'hésitation entre deux annonces différentes pour une même campagne de publicité, qui consiste à insérer les deux créations dans un magazine et à interroger les lecteurs sur la mémorisation.
split run test

Sticker : voir Autocollant.
sticker

Stimulation : motivation des vendeurs (internes ou externes) par la possibilité de gagner quelques avantages non financiers.
incentive

Store check (relevé de linéaire) : action de visiter les points de vente afin de relever certaines informations (prix, nombre de facing, disposition...).
store check

Storyboard : découpage plan par plan d'un film avec toutes les indications de jeu d'acteur d'effets spéciaux et de dialogue. Ressemble à une bande dessinée.
storyboard

Stratégie : ensemble des actions visant à atteindre un objectif. Les différentes étapes et phases sont inscrites dans un planning.
strategy / strategic planning

Sweepstack : Concours très attractif où il n'y a qu'un seul gros lot à gagner.
sweepstack

TAT (Thematic Apperception Test) : voir Test projectif.
TAT

Taux de marque : marge d'un distributeur entre son prix d'achat net au fabricant (toutes remises déduites) et son prix de vente HT au consommateur.
markup

Taux de pénétration

(1) consommation : nombre d'utilisateurs réels par rapport au nombre d'utilisateurs potentiel. La notion de taux de pénétration est plus large que la part de marché. Cette dernière se limite au achats sur une période alors que le taux de pénétration prend en compte la possession, l'usage.

(2) communication : nombre de personnes exposées au message par rapport à la cible visée.

penetration rate

Territoires de marques : définit le potentiel de développement de la marque aux yeux des consommateurs. Plus le territoire de marque

est étroit, plus la marque doit se concentrer sur son savoir-faire sans chercher de diversification.
brand territory

Test d'acceptabilité : voir Test de concept
pretesting

Test de concept : évaluation d'un produit avant sa fabrication en terme d'utilité, de prix, d'acceptabilité, d'intention d'achat. Utile pour déterminer un positionnement optimal.
concept test

Test de frustration (de Rosenzvald) : voir Test projectif.
Rosenzwieg test, picture frustration study

Test projectif : méthode de conduite d'entretien lors d'étude qualitative où on propose à l'interviewé des dessins, des photos ou des formes non structurées. Les interviewés projettent dans les images leur propre personnalité et livrent plus facilement l'information recherchée. Le TAT et le test de frustration utilisent cette technique.
folder, projective test

Test sémiologique : test portant sur l'évocation de l'écrit. Utilisé principalement sur les noms de marque.
test semiologico

Test sensoriel : test utilisé pour recueillir des informations sur l'aspect, la couleur, le goût, les bruits et autres éléments parasites du produit. Par exemple : le bruit "sourd et rassurant" d'une portière de voiture ou la texture "douce et soyeuse" d'un emballage de produit cosmétique.

Texte : développe l'argumentation dans une annonce, il doit être en harmonie avec la stratégie. Les textes longs font vendre, les textes courts rêver. Le texte se distingue des titres, sous-titre, drapeau, légende, logo, illustration, photo...
body copy / text

TG (Tête de gondole) : emplacement au début et à la fin de chaque rayonnage dans un libre service, généralement les produits en promotion sont en TG.
end-aisle display

Titre :

(1) élément fondamental d'une communication écrite, il est inventé par le concepteur-rédacteur, un bon titre augmente sensiblement le nombre de lecteur du texte.

(2) position d'une personne : M, Mme, Me, Dr,.
(1) headline (2) title

Torture test : mise en condition extrême pour prouver l'efficacité d'un produit. Par exemple : tremper un tissus synthétique dans le chocolat pour démontrer l'efficacité d'une lessive.
torture test

TPV (Terminal point de vente) : ordinateur permettant les opérations de facturation de connexion et surtout de statistique.
point-of-sale terminal

Tracking : suivi continu de l'image des marques par enquêtes hebdomadaires auprès des cibles de l'entreprise ; synonyme : observatoire.
tracking

Trade-marketing : nouvelle composante du marketing où les efforts sont orientés vers le distributeur. Il comprend les promotions distributeur, la logistique, le co-advertising et l'EDI. C'est une prise en compte des besoins spécifiques du distributeur en terme d'effort marketing de la part du fabricant.
trade marketing

Tri croisé : principe de base de l'exploitation des enquêtes. Nombre de personnes ayant répondu oui (ou X) à deux questions. Tri à plat ou tri filtré sont les deux autres principes de tri.
cross tabulation

Turn-over : rotation naturelle du personnel d'une entreprise. Par extension se dit des consommateurs quittant une marque.

Typologie : regroupement de personnes ayant le même comportement, le point de départ est l'individu, contrairement à la segmentation dont le point de départ est un critère prédéterminé du comportement.
consumers typology

Usage et attitude : type d'enquête qualitative pour connaître la fonction que remplit un produit chez certaines personnes ainsi que leurs comportements d'achat.
Usage and attitude

USP : technique publicitaire consistant à communiquer sur un seul avantage du produit à la fois.
unique selling proposition

Utilisateur : acteur du marché, destructeur du produit ou du service, souvent différent de l'acheteur.
end consumer - ultimate user

Variance : c'est l'amplitude de la fluctuation par rapport à la moyenne, utilisée entre autre pour les prévisions de ventes, analyse de séries et segmentation. Plus la variance est importante, moins la moyenne est significative. Synonyme : covariance ou écart type.
variance analysis

Veblen : effet décrit par Thorstein Veblen d'élasticité prix positive, c'est-à-dire plus un produit est cher plus il se vend, c'est un effet du snobisme aussi appelé comportement ostentatoire. Certaines marques se sont appuyées sur ce phénomène, par exemple : Joy de Patou - “Le parfum le plus cher du monde”. Phénomène aussi appelé : produit ostentatoire.
prestige pricing

Vente à domicile : méthode de vente aux particuliers où l'acte d'achat se conclut au domicile du consommateur, vente régie par une loi spéciale avec un délai d'une semaine pour l'annulation. Elle utilise les médias télévision, catalogue, téléphone, porte à porte.
in-home shopping

Vente à perte : pratique interdite (sauf accord d'une autorité pour cessation d'activité ou obsolescence), voir Prix coûtant.
sale at a loss

Vente croisée : le support de vente est constitué par un élément extérieur, facture, bon de livraison, lettre d'accueil, relevé de compte bancaire...
cross selling

Vente directe : vente dans laquelle il y a un contact physique entre l'acheteur et le fabricant (*via* un VRP).
direct sales

Verbatim : exposé intégral des commentaires des interviewés, citation.
verbatim, word for word

Vidéo : utilisation de plus en plus souple grâce au montage sur ordinateur avec génération d'effets spéciaux. Les documents multimédia sont de grands consommateurs de vidéo.
video

Vocation : métier de base de l'entreprise.
core business

Winner per store : promotion avec un tirage au sort dans le magasin pour faire gagner un lot.
winner per store

Zéro (budget base zéro) : principe de calcul de budget par rapport au minimum nécessaire. Contrairement au budget en valeur absolue, le budget base zéro différencie bien les éléments récurrents et l'exceptionnels.
zero base budgeting

Zone de chalandise : périmètre d'attractivité situé autour d'un lieu de vente

Zone froide (chaude) : parties d'un magasin classées selon leurs fréquentations.

Zone Nielsen : division de la France en 5 ou 9 zones correspondant à un potentiel identique, les découpages des secteurs forces de vente leurs correspondent souvent, pour faciliter les contrôles.
DMA designated market aera

Quelques citations utiles pour mettre en valeur certaines présentations

Un peu de culture ne nuit pas, vous trouverez donc quelques citations classiques ou originales pour agrémenter vos dossiers, rapports et présentations. Certaines s'appliquent plus spécifiquement aux études et enquêtes, d'autres étayent les débats sur la stratégie ou sur le développement de l'entreprise et les changements d'habitudes qui y sont liés. Ces citations vous permettront de globaliser et parfois de dépassionner un débat… n'en abusez pas, on vous traiterait de beau parleur et…

Plus on parle, moins on agit…

Scott Adams

Pour comprendre le client il faut avant tout se réunir entre spécialistes du marketing et discuter de ce qu'on ferait si on était suffisamment bête pour être client.

Alain (Émile Chartier, dit)

Rien n'est plus dangereux qu'une idée, quand on n'a qu'une idée.

Anonyme

Pour durer, il vaut mieux flotter que résister.

Communiquer c'est vérifier que l'autre à compris.

Beaumarchais

Prouver que j'ai raison serait accorder que je puis avoir tort.

Benton & Bowles (agence)

Si ça ne vend pas, c'est pas créatif.

Henri Bergson

Il faut agir en homme de pensée et penser en homme d'action.

Claude Bernard

Il ne suffit pas de dire : je me suis trompé ; il faut dire comment on s'est trompé.

Bible

N'abandonne pas un vieil ami, le nouveau ne le vaudra pas.

Marcel Bleustein

La publicité est une fée. Elle peut changer les citrouilles en carrosses, elle peut transformer Cendrillon en princesse, mais la seule chose qu'elle est incapable de faire, c'est d'inventer Cendrillon elle-même, c'est-à-dire l'idée.

Seuls les clients sont ininflammables (Après l'incendie de Publicis son agence de publicité).

Bossuet

Nos vrais ennemis sont en nous-mêmes.

Un défaut qui empêche les hommes d'agir, c'est de ne pas sentir de quoi ils sont capables.

F. Bouquerel

Il n'y a de ventes réelles que celles qui sont faites aux consommateurs, lesquels achètent un bien sans intention de le revendre et le détruisent par l'usage. Les ventes antérieures, au sens économique, ne sont que des pseudoventes.

Albert Brie

Le dernier mot dans une affaire est toujours un chiffre.

Gilles Brochen

C'est justement quand tout va bien qu'il faut changer.

J Claretie

Tout homme qui dirige, qui fait quelque chose, a contre lui ceux qui voudraient faire la même chose, ceux qui font le contraire, et surtout la grande armée des gens beaucoup plus sévère qui ne font rien.

Colin P

L'affiche est un télégramme qui saute à l'œil.

Terence Conran (Sir)

Les gens ne savent pas ce qu'ils veulent jusqu'à ce qu'on leur propose.

Pierre Corneille

Fuyez un ennemi qui sait votre défaut.

Bill Cosby

Je ne connais pas la clé du succès mais celle de l'échec est d'essayer de plaire a tout le monde.

Honoré de Balzac

La puissance ne consiste pas à frapper fort ou souvent, mais à frapper juste.

Charles de Gaulle

La chose la plus importante pour diriger, c'est de n'attribuer aucune importance aux choses qui n'ont aucune importance.

Jean de La Fontaine

Nous ne croyons le mal que quand il est venu.

Delacroix

Il y a deux choses que l'expérience doit apprendre : la première, c'est qu'il faut beaucoup corriger ; la seconde, c'est qu'il ne faut pas trop corriger.

Descartes : Discours de la méthode

Diviser chacune des difficultés en autant de parcelles qu'il se pourrait, et qu'il serait requis pour mieux les résoudre.

Auguste Detœuf

La publicité, c'est la gloire du riche ; la gloire, c'est la publicité du pauvre.

Il n'y a de certain que le passé, mais on travaille avec l'avenir.

Albert Einstein

La théorie, c'est quand on sait tout et que rien ne fonctionne. La pratique, c'est quand tout fonctionne et que personne ne sait pourquoi.

Il est plus difficile de désintégrer un préjugé qu'un atome.

Flaubert

Le mot ne manque jamais quant on possède l'idée.

Foch

Ne me dites pas que ce problème est difficile. S'il n'était pas difficile, ce ne serait pas un problème.

Foch (Maréchal)

Accepter l'idée d'une défaite, c'est être vaincu.

Sigmund Freud

Les grandes choses peuvent se manifester par de petits signes.

Galilée

Mesurer ce qui est mesurable et rendre mesurable ce qui ne l'est pas.

Bill Gates

Dans l'entreprise il est important de faire en sorte que personne n'ait peur d'être pénalisé pour des erreurs commises.

Les consommateurs qui votent avec leur porte monnaie ont tendance à apporter leur soutien à des points de vente qui répercutent leur gains de productivité sur les prix.

André Gide

Toutes les choses sont dites déjà ; mais comme personne n'écoute, il faut toujours recommencer.

Il n'y a pas de problèmes ; il n'y a que des solutions. L'esprit de l'homme invente ensuite le problème.

Si je n'affirme pas d'avantage, c'est que je crois l'insinuation plus efficace.

Edmond et Jules Goncourt

La statistique est la première des sciences inexactes.

Le commerce est l'art d'abuser du besoin ou du désir que quelqu'un a de quelque chose.

Bernard Grasset

La solution du bon sens est la dernière à laquelle songent les spécialistes.

Jean Grenier

Le plus fructueux est le commerce oriental : rien dans la boutique, mais on peut vous procurer tout. L'important n'est pas la marchandise, mais le client.

Jean Guitton

Le secret de tout l'art de s'exprimer consiste à dire la même chose trois fois. On dit qu'on va la dire, on la dit, on dit qu'on la dite.

Héraclite

Comme ils ne savent pas écouter, ils ne savent pas parler non plus.

Steve Jobs (Fondateur d'Apple)

Faire simple est probablement l'objectif le plus sophistiqué du monde.

Mathieu Kassovitz

L'important c'est pas la chute, c'est l'atterrissage.

J.-M. Keynes

La consommation, ne craignons pas de répéter cette vérité, est la seule fin et l'unique objet de toute l'activité économique.

Arthur Kœstler

Les idées nouvelles comme les maladies infectieuses ont besoin d'une période d'incubation avant que tout leur effet se fasse sentir.

Lee Lacocca (président de Ford Motor)

La vitesse du patron est celle de l'équipe.

Joseph Léonard

C'est faire le plus grand des excès que de n'en faire aucun.

Elmer G. Leterman

La vente commence quand le client dit non.

Aaron Levenstein

Les statistiques, c'est comme le bikini. Ce qu'elles révèlent est suggestif. Ce qu'elles dissimulent est essentiel.

Abraham Lincoln

Vous pouvez tromper tout le monde une fois, quelque-uns tout le temps, mais vous ne pouvez tromper tout le monde tout le temps.

Si je disposais de neuf heures pour abattre un arbre, j'en emploierais six pour affûter ma hache.

Ling

Ne me parlez pas de vos efforts, parlez-moi de vos résultats.

Groucho Marx

Je trouve la télévision très éducative. Chaque fois que quelqu'un l'allume, je vais dans une autre pièce pour lire un livre.

Grâce aux médias, on arrive de nos jours à vendre toutes sortes de marchandises de toutes sortes trop belles pour être honnêtes. Les gens achètent parce qu'on les conditionne jusqu'à la moelle en les trompant sur toute la ligne.

Bien des idées ont d'abord paru stupides et par la suite se sont révélées de grandes contributions au bien-être de l'espèce humaine.

Albert Maurois

Les affaires sont un mélange de guerre et de sport.

Marshall Mc Luhan

Quand la production et la consommation seront en complète harmonie et préconçues avec la totalité des désirs et des efforts, la publicité sera éliminée elle-même par son propre succès.

Molière

La grande règle de toute les règles c'est de plaire.

Le chemin est long du projet à la chose.

Montaigne

Il faut pousser une porte pour savoir qu'elle est close.

Napoléon

L'art d'être tantôt très audacieux et tantôt très prudent est l'art de réussir.

David Ogilvy

Vendre ou mourir.

Partener (agence)

Si vous dites mal ce que vous faites bien, tout le monde pensera que vous le faites mal.

Pascal

Si l'on allait à la source, on verrait avec étonnement qu'il y enseigne tout le contraire.

J'ai fait cette lettre longue que parce que je n'ai pas eu le loisir de la faire plus courte.

La véritable éloquence se moque de l'éloquence.

Péricles

Celui qui a des idées mais ne sait pas les exprimer n'est pas plus avancé que celui qui n'en a pas.

Ross Perot (Candidat à la Maison Blanche)

Dans mon entreprise, quand on voit un serpent on le tue. Dans certaines, on appelle un consultant un serpent.

Alexis Piron

Le bon sens du maraud quelquefois m'épouvante. Molière, avec raison, consultait sa servante.

Protagoras

Sur toute chose on peut faire deux affirmations exactement contraires.

Proverbe

Mieux vaut gagner dans le commerce de paille que perdre dans celui de l'or.

Ce n'est pas le puits qui est trop profond, c'est la corde qui est trop courte.

Si tu veux des résultats dans l'année, sème des graines. Si tu veux des résultats pendant dix ans, plante un arbre. Si tu veux des résultats pendant la vie, développe les hommes.

Publilius

Ce que l'on craint arrive plus facilement que ce qu'on espère.

Ernest Renan

Quand on a le droit de se tromper impunément, on est toujours sûr de réussir.

Retz (Cardinal de)

Les hommes ne croient jamais les autres capables de ce qu'ils ne le sont pas eux-mêmes.

Il y a très loin de la velléité à la volonté, de la volonté à la résolution, de la résolution au choix des moyens, du choix des moyens à l'application.

Il n'y a rien dans le monde qui n'ait son moment décisif, et le chef-d'œuvre de la bonne conduite est de connaître et de prendre ce moment.

Revlon (DG)

Je sais qu'une moitié de mon budget publicitaire ne sert à rien, mais je ne sais pas laquelle.

Rivarol

Sur vingt amis, dix-neuf disent du mal de vous, et le vingtième, qui en dit du bien, le dit mal.

Edmond Rostand

Grimper par ruse au lieu de s'élever par force ? Non, merci. Dédier, comme ils le font tous Des vers aux financiers… Non, merci.

Jean-Jacques Rousseau

Généralement, les gens qui savent peu parlent beaucoup, et les gens qui savent beaucoup parlent peu.

Sénèque

Ce n'est pas parce que les choses sont difficiles que nous n'osons pas. C'est parce que nous n'osons pas qu'elles sont difficiles.

Sénèque (aussi attribué à Guillaume d'Orange)

Il n'y a pas de vent favorable pour celui qui ne sait pas où il va.

Stendhal

Le courage consiste à choisir le moindre mal, si affreux qu'il soit encore.

Sun Tzu (à lire sur www.artdelaguerrre.com)

Celui qui connaît son ennemi et se connaît lui-même mènera cent combats sans risque.

La capacité de déboucher sur la victoire en changeant et en s'adaptant selon l'adversaire est la marque du génie.

Celui qui excelle à résoudre les difficultés les résout avant même qu'elles ne surgissent.

De même que l'eau n'a pas de forme stable, il n'existe pas de conditions permanentes.

Serge Uzzan

La répétition fait la réputation.

Paul Valery

C'est en copiant qu'on invente.

Jan Van Aal

L'identité d'un produit est issue de la convergence de deux vérités. La vérité objective et la vérité subjective. La vérité objective recouvre les caractéristiques techniques du produit, ses performances. La vérité subjective, elle, rassemble tout le reste : la marque du fabriquant et son image, le nom du produit et sa rémanence, l'emballage du produit et ses connotations, le prix d'achat et sa valeur psychologique, etc.

Aujourd'hui, dans le foisonnement des produits nouveaux, peu d'entre eux, méritent vraiment ce qualificatif. Les vrais nouveaux produits deviennent exceptionnels.

Flavius Végéce

Celui qui juge sainement de ses forces et de celles de l'ennemi est rarement battu.

Savoir saisir les occasions est un art encore plus utile à la guerre que la valeur.

Paul Watzlawick

La sécurité est la plus grande ennemie des mortels.

Deux fois plus n'est pas nécessairement deux fois mieux.

Emile Zola

Savoir où l'on veut aller, c'est bien ; mais il faut encore montrer qu'on y va.

Index

047456 - (I) - (2) - OSB-80° - ALM - MMC

Achevé d'imprimer sur les presses de la
SNEL S.A.
rue Saint-Vincent 12 – B-4020 Liège
tél. 32(0)4 344 65 60 - fax 32(0)4 341 48 41
avril 2004 - 31466

Dépôt légal : avril 2004
Dépôt légal de la 1re édition : 1er trimestre 1996
Imprimé en Belgique